KB205415

가나안 성도의 회복을 위한 전략적 연구 보고서

가나안성도 전도전략

저자 이경선

도서출판사 TOBIA

가나안 성도의 회복을 위한 전략적 연구 보고서

가나안성도 전도전략

1판 1쇄: 2019년 9월 20일

저자: 이경선
책임편집: 강신덕
편집: 오인표
디자인: 오인표 김진혁
홍보/마케팅: 김일권 지동혁
펴낸이: 오세동
펴낸곳: 도서출판 토비아
등록: 426-93-00242
주소: 04041) 서울특별시 마포구 와우산로 73(홍익빌딩 4층)

ISBN: 979-11-89299-14-9 03230
책값은 뒤표지에 있습니다.

가나안 성도의 회복을 위한 전략적 연구 보고서

가나안성도 전도전략

저자 이경선

도서출판사 TOBIA

감사의 인사

나를 전도자의 길 위에 서게 하신 사랑하는 이들에게

좁은 우물 안이 삶의 전부라고 생각하고 살아가던 저를 하나님께서는 신학의 길로 이끌어 주시고 다양한 경험과 훈련 속에 저의 세계를 넓혀가기 시작하였습니다. 그리고 생각하지도 못한 박사 과장을 밟게 하시면서 저의 학문의 세계까지도 넓혀 주셨습니다. 더디기만 한 저의 걸음을 언제나 인내와 사랑으로 격려해 주시고 이끌어 주시는 하나님 아버지께 모든 감사와 영광을 올려드립니다.

또한 하나님의 대사로 저를 섬겨주셨던 많은 분들이 계셨습니다. 먼저 부족하기만 한 저를 하나님의 사람으로 세워질 수 있도록 끊임없는 깨우쳐 주시고 지도해 주신 하도균 교수님과 채경선 교수님께 진심으로 감사를 드립니다. 신앙의 뿌리가 되는 모교회인 서현교회의 김두성 원로 목사님과 김세광 목사님, 김미화 사모님을 비롯한 모든 성도님들께 감사드립니다. 또한 박사 논문을 잘 마무리하고 사역의 현장에서 실천할 수 있는 기회를 허락해 주신 유일교회 김현석 목사님과 모든 성도님들께도 감사드립니다. 그리고 언제나 지지해 주시고 삶의 고민을 나눠 주시는 바울비전교회 지용승 목사님과 박미애 사모님께 감사드립니다.

전도자의 길과 학업을 응원해 주시고 축복해 주시는 하영일 목사님과 전도학 모든 동역자분들께 진심으로 감사드립니다. 특별히 김메아리 전도사님, 도인선 전도사님, 윤숙자 전도사님의 따뜻한 사랑과 격려가 늘 큰 힘이 되었습니다. 또한 설문 조사를 널리 알려 주시고 설문 조사에 참여해 주신 모든 분들께 감사드립니다. 특별히 가나안 성도 모임에 참석하도록 허락해 주시고 가나안 성도를 만날 수 있도록 도와주신 목사님과 인터뷰에 응해주신 가나안 성도님들께 감사드립니다. 너무나도 많은 분들이 성심성의껏 도와주셔서 설문 조사를 진행할 수 있었습니다. 그리고 통계 분석을 도와주신 허미옥 집사님 감사합니다.

가장 든든한 중보기도자이자 삶의 울타리가 되어 주는 아버지와 가족들, 그리고 세 분의 이모님과 경하에게 감사의 마음을 전합니다. 평생을 눈물과 사랑으로 키워주시고 먼저 하늘나라로 떠나가신 늘 그리운 어머니께 감사와 사랑의 마음을 올려드립니다.

마지막으로 부족한 논문이 책으로 나올 수 있도록 많은 조언과 격려를 아끼지 않으신 토비아의 강신덕 목사님과 책을 편집해 주신 오인표 전도사님께 감사를 드립니다.

2019년 전도자의 길 위에서

이경선

차례

감사의 글 4
차례 6
추천사 12
머리말 23

제1부 가나안 성도에 대한 이해

I. 가나안 성도의 발생과 이해 32

1. 가나안 성도의 발생 배경 35
 1) 사회적 요인-세속화와 탈세속화 35
 2) 교회 내적 요인-세속주의와 교권주의 40
 3) 개인적 요인-주체성과 탐구성 43
2. 가나안 성도의 외국 사례 46
 1) 유럽의 가나안 성도 46
 2) 미국의 가나안 성도 48
 3) 한국의 가나안 성도와의 비교 51
3. 가나안 성도에 대한 이해 54
 1) 가나안 성도의 정의 54
 2) 가나안 성도의 분류 58
 3) 가나안 성도의 현황 및 한계 61

II. 가나안 성도의 주요 특징과 전도적 과제 65

1. 가나안 성도의 주요 특징 67
 1) 이탈 과정에서 나타나는 특징 67
 2) 구원관과 복귀의사에서 나타나는 특징 70

3) 세속화와 제도화에 대한 생각에서 나타나는 특징 ········· 73
2. 복음 전도에 대한 가나안 성도의 문제 제기 ········· 76
1) 교회론에 대한 문제 제기 ········· 76
2) 구원론에 대한 문제 제기 ········· 80
3) 전도론에 대한 문제 제기 ········· 83
3. 가나안 성도를 위한 전도적 과제 ········· 86
1) 가나안 성도를 위한 전도론 - 복음전도의 필요성 ········· 86
2) 가나안 성도를 위한 구원론 - 복음전도의 대상으로서 가나안 성도 ····· 89
3) 가나안 성도를 위한 교회론 - 복음전도의 주체로서 교회 공동체 ········ 91

제 2 부 가나안 성도에 대한 조사

별지. 가나안 성도 설문 조사를 위한 연구 설계 ········· 96

III. 가나안 성도의 교회 이탈에 따른 결과 ········· 102

1. 가나안 성도의 교회 이탈 시기와 이탈 원인 ········· 103
1) 교회 이탈 시기 및 경과 기간 ········· 103
2) 고민 기간 및 상담자 ········· 108
3) 교회 이탈 원인 및 이탈 영향 요인 ········· 111
2. 전도에 대한 반응 및 교회 재출석 의사 ········· 118
1) 전도에 대한 반응 ········· 118
2) 교회 재출석 의사와 교회 불출석 이유 ········· 126
3) 교회 선정 요소와 교회 생활 욕구 ········· 130
3. 교회 이탈 원인과 재출석 의사에 따른 특징 ········· 137
1) 교회 재출석 의사에 따른 불출석 이유 ········· 137
2) 교회 재출석 의사에 따른 교회 생활 욕구와 교회 선정 요소 ········· 141
3) 교회 이탈 원인에 따른 교회 재출석 의사와 불출석 이유 ········· 144

IV. 가나안 성도의 종교 성향에 따른 결과 152

1. 가나안 성도의 구원관 및 종교 성향 154
1) 가나안 성도들의 구원의 확신 154
2) 가나안 성도들의 구원관 및 종교 성향 159
3) 가나안 성도들의 타 종교 및 교회에 대한 이미지 165
2. 교회 이탈 후 경과 기간에 따른 특징 171
1) 경과 기간에 따른 재출석 의사의 변화 171
2) 경과 기간에 따른 불출석 이유의 변화 173
3) 경과 기간에 따른 구원의 확신과 종교 성향의 변화 175
3. 종교 성향에 따른 특징 177
1) 종교 성향에 따른 재출석 의사 177
2) 종교 성향에 따른 불출석 이유 180
3) 종교 성향에 따른 구원관의 특징 182

별지. 가나안 성도에 대한 설문 조사에서 나타난 특징 요약 186

제 3 부 가나안 성도 전도 전략

V. 가나안 성도를 위한 전도학적 접근 194

1. 1차적 복음전도의 핵심으로서 회심 196
1) 복음전도와 회심의 관계 196
2) 회심의 즉각성과 점진성 198
3) 가나안 성도의 회심을 위한 과정 201
2. 2차적 복음전도의 핵심으로서 제자도 204
1) 복음전도와 제자도의 관계 204
2) 제자도의 과정과 목표 206
3) 가나안 성도의 신앙 성숙을 위한 제자도 208

3. 복음전도를 위한 교회 공동체의 역할 210
1) 복음전도와 교회 공동체의 관계 210
2) 가나안 성도를 위한 교회 공동체의 변화 215
3) 가나안 성도를 위한 대안 공동체의 필요 220

VI. 가나안 성도를 위한 효율적인 전도 전략 226

1. 가나안 성도를 위한 전도 원칙 227
1) 전도의 패턴: 나가는 전도를 통한 끌어오는 전도 228
2) 전도의 방법: 주체적 탐구를 통한 명제적 복음 제시 231
3) 전도의 내용: 십자가 복음을 통한 하나님 나라의 복음 236
2. 가나안 성도의 회심을 위한 전도 전략 240
1) 구원의 확신 유무에 따른 3단계 회심 전략 240
2) 종교 성향에 따른 4단계 회심 전략 244
3) 이탈 기간에 따른 3단계 회심 전략 249
3. 가나안 성도의 신앙 성숙을 위한 전도 전략 253
1) 재출석 의사에 따른 4단계 신앙 성숙 전략 254
2) 이탈 원인에 따른 4단계 신앙 성숙 전략 258
3) 종교 성향에 따른 4단계 신앙 성숙 전략 264

에필로그 271
설문지 275
참고문헌 285

[표 차례]

<표 1> 개별 접촉한 10명의 응답자의 특성 98
<표 2> 응답자의 인구학적 통계 100
<표 3> 전도의 내용에 따른 반응 126
<표 4> 재출석 의사에 따른 불출석 이유 138
<표 5> 불출석 이유에 따른 재출석 의사 140
<표 6> 재출석 의사에 따른 교회 생활 욕구 142
<표 7> 재출석 의사에 따른 교회 선정 요소 143
<표 8> 이탈원인에 따른 재출석 의사 147
<표 9> 교회 이탈 원인에 따른 불출석 이유 150
<표 10> 구원의 확신 변화 158
<표 11> 현재 구원의 확신에 따른 구원의 의미 162
<표 12> 점과 타로, 윤회 사상에 대한 이미지 167
<표 13> 교회에 대한 이미지 170
<표 14> 경과 기간에 따른 교회 재출석 의사 172
<표 15> 경과 기간에 따른 불출석 이유 174
<표 16> 경과 기간에 따른 구원의 확신 변화 176
<표 17> 경과 기간에 따른 종교 성향 변화 177
<표 18> 종교 성향에 따른 교회 재출석 의사 179
<표 19> 종교 성향에 따른 교회 불출석 이유 181
<표 20> 종교 성향에 따른 현재 구원의 확신 183
<표 21> 종교 성향에 따른 구원의 의미 185

[그림 차례]

<그림 1> 교회 출석 기간 105
<그림 2> 교회 이탈 시기 106
<그림 3> 교회 이탈 후 경과 기간 108

<그림 4> 고민기간 109
<그림 5> 상담자 110
<그림 6> 교회 이탈 원인 113
<그림 7> 교회 이탈에 영향을 미친 요인(1순위) 116
<그림 8> 교회 이탈에 영향을 미친 요인(2순위) 117
<그림 9> 전도 받은 횟수 119
<그림 10> 전도자 119
<그림 11> 전도 받은 내용 122
<그림 12> 전도에 대한 반응 123
<그림 13> 교회 재출석 의사 126
<그림 14> 교회 불출석 이유 130
<그림 15> 교회 선정 요소(1순위) 133
<그림 16> 교회 선정 요소(2순위) 134
<그림 17> 교회 생활 욕구 136
<그림 18> 교회 이탈 전 구원의 확신 154
<그림 19> 교회 이탈 후 구원의 확신 157
<그림 20> 구원의 의미 160
<그림 21> 종교 성향 163
<그림 22> 기독교 모임 참석 의사 166

추천사

냉철함과 깊이 그리고 뜨거운 눈물의 책

하도균 교수
서울신학대학교 전도전략연구소장

4차 산업혁명시대로 접어들며, 교회 안과 밖으로 신앙의 이상 징후들이 보이기 시작하였다. 80년대 종교사회학자 윌슨이 주장하였듯이, 현대사회에는 무종교인들이 늘어가고 있으며 탈종교적 현상이 늘어가고 있다. 또한, 교회 안에 있던 구성원들이 교회 밖으로 나가 교회 출석을 하지 않으며 자신들만의 공동체를 구성하여 그들이 원하는 예배를 드리며 신앙생활을 하고 있다. 일명 '가나안 성도'들이다. 현대사회가 무종교인들이 늘어가고 탈 종교화 되어가고 있다는 현상만 해도 교회의 숨통이 터질만한 사건인데, 교회 안의 구성원들이 교회 밖으로 나가 교회의 비판세력이 되어가고 있으니 그야말로 교회는 그 영향력을 잃어가며 만신창이가 되어가고 있는 듯 하다. 무엇이 잘못된 것일까? 어디서부터 회복을 시작하여야 하나?

가장 중요한 일은, 먼저 교회를 점검하고 교회를 갱신하는 일이다. 교회의 갱신 없이는 교회가 구성원들에게도, 또한 현대사회에도 어떠한 영향력을 끼칠 수 없기 때문이다. 그렇다면 효율적인 교회 갱신을 위하여 무슨 일부터 해야 할까? 필자가 생각하기에는 교회 공동체를 뛰쳐나간 '가나안 성도'들에 관한 연구가 우선적이라고 생각한다. 교회 안의 구성원들이 교회에 불만을 가지고, 또는 상처를 입고 뛰쳐나갔다면, 그들이 무슨 이유로 교회를 뛰쳐나갔으며, 교회는 그들에게 어떠한 상처를 주었고, 또한 교회가 알지 못하는 구태연한 구조적 틀은 어떠한 것이 있는가?를 살펴보지 않고 교회를 갱신할 수 없는 일이며, 사회에 영향력을 끼칠 수 없기 때문이다.

이러한 필요에 부응하는 적절한 서적이 출판되었다. 이경선 박사가 '가나안 성도'를 연구하여 서술한『가나안 성도 전도 전략』이라는 책이다. 실제로 이 저서는 이경선 박사가 사랑과 눈물을 가지고 직접 가나안 성도들의 모임을 찾아다니며, 함께 예배드리고 교제하며, 그들의 눈높이에 맞추어 질문을 던지고 답을 얻으며 연구하여 집필한 저서이다. 가나안 성도가 출현한 지는 이미 몇 년이 되었지만, 한국 교계에서 그들을 연구하여 본격적으로 책을 출판하는 것은 몇 권되지 않는다. 그 가운데에서도 이경선 박사가 저술한 저서는 통계를 사용하여 현재까지 시중에 나와 있는 가나안 성도들을 연구하고 분석한 가장 구체적이고 체계적인 책이며, 또한 가장 최근의 통계를 담고 있다는 데에 가장 중요한 의의가 있다. 통계는 객관적이 자료이고, 증거이다. 한국교회는 이 통계 자료에 주목해야 한다. 개인의 신앙적인 목소리를 담은 것이 아니라, 가나안 성도들의 목소리를 모아 객관적 자료로 담은 것이기 때문이다. 이 자료는 한국교회가 지금 어떠한 방향으로 나가고 있는지, 그리고 어떠한 문제점들을 가지고 있는지, 또한 어떠한 변화가 요구되고 있는지 그 내용을 담고 있다.

본 저서의 또 다른 장점으로는, 가나안 성도들을 연구함으로 개신교 공동체와 무종교 집단의 경계에 서 있는 사람들의 특징들을 분석하고 제시하였기에, 무종교인들의 특징과 그들을 향한 효율적인 복음 전도의 기초를 마련하였다는 점에서 시기적절한 내용을 담뿍 담고 있다고 하겠다. 가나안 성도들을 잘 알 수 있다면, 그들을 통하여 막막하였던 무종교인들에 대한 효율적인 복음적 접근이 가능하다는 이야기이다. 또한 본 저서는 교회 공동체의 건강함이 얼마나 개개인의 신앙 성장과 성숙에 영향을 끼치는지도 밝혀내었다. 그러나 무엇보다도, 가나안 성도들이 교회 밖의 사람들이라기보다도, 하나님의 사랑을 경험하였던, 그러나 그리스도인들의 관심과 사랑이 먼저 필요한 동일한 구성원으로 보면서 그들을 회복시키고 세우려 하는 복음 전도의 관점에서 방법과 대안 제시는 가장 탁월함이 묻어 있다고 할 수 있다.

냉철함과 깊이 있는 학자적 분석이 묻어 있는 저서! 그러나 가나안 성도들을 향한 눈물과 애절함이 담겨 있는 사랑의 저서가 한국교회의 현주소를 점검해주고 효율적으로 갱신하는데 존귀하게 사용되리라 확신한다.

추천사

가나안 성도의 전도를 위한 가이드북

김현석 목사
대전 유성 유일교회 담임

저희 교회의 부목사이신 이경선 목사께서 2018년 8월 20일에 서울신학대학교 대학원 박사과정 실천신학 전공 졸업논문이 "가나안 성도의 교회 이탈 특징과 종교 성향에 따른 효율적인 전도전략연구"였는데, 이번에 그 논문을 기반으로 『가나안 성도 전도 전략』이라는 책으로 출간 되게 된 것을 진심으로 축하하고 감사를 드립니다.

목회를 하면서 우리 한국 교회에 "실천신학" 각 분야의 전문적인 이론과 실제가 적용되어 더욱 더 질이 좋은 목회를 하면 좋겠다는 생각을 끊임없이 하고 있습니다. 본인도 30년 전에 서울신학대학교 대학원에서 실천신학 석사논문 "목회자의 치유적 사역에 관한 연구"를 썼고, 리버티 박사과정 실천신학 전공 졸업논문으로는 "멘토링을 통한 교회적용방법론에 관한 연구"를 써서 실제적으로 목회에 적용하며 질적인 목회를 추구하고 왔는데, 이번에 이경선 박사의 논문을 정리한 책은 우리 한국 교회의 가나안 성도에 관한 문제를 해결 할 수 있는 귀한 책으로 추천을 하게 되었습니다.

이경선 박사는 가나안 성도에 관한 전문가인 김선일, 정재영 교수의 지도를 잘 받았고, 그 분들의 책을 통해 도전을 받았습니다. 이경선 박사는 사회가 발달해 감에 따라 종교의 역할과 기능이 축소되고, 세속화 된 것이 이미 한국 교회에도 나타났고, 무종교인의 비율이 종교인들보다 비율이 높으며, 한국 교회 안에 출석하지 않는 가나안 장년성도가 23.3%(2017년), 가나안 성도 중 대학생들이 28.8%가 교회에 출석을 하지 않는 문제를 지적하면서 전도학적인 입장에서 가나안 성도들을 더 중요한 전도 대상자로 보았습니다. 이 문제가 해결이 된다면 가나안 성도들의 교회 이탈을 막고, 가나안 성도들이 다시 교회로 돌아 올 수 있는 대책을 세울 수 있게 될 것입니다. 이경선 박사는 가나안 성도들의 교회 출석 기간을 4년 이하로 연구하였고, 특별히 교회를 떠난 후 2년을 기준으로 교회를 다시 나가고 싶은 마음과 구원의 확신이 급격히 줄어드는 것을 연구 하였습니다.

가나안 성도는 개신교 집단과 무종교 집단의 경계에 서 있는 사람들이고, 그들은 종교 다원주의적인 성향을 가진 비율이 높고(40.8%), 구원의 확신이 낮아 교회 재 출석 의사도 낮게 되었는데, 이 책은 그들에게 더 강력한 구원의 확신을 갖게 할 교육이 필요한 것을 느끼게 하였습니다. 또 그들에게 내세의 삶이 어떻게 중요한 가를 가르쳐야 하고, 교회 출석에 대한 의무와 신앙의 강요가 아닌, 역기능이 나타나지 않도록 해야 하는 것을 지적하고 있습니다. 이경선 박사는 또한 가나안 성도들의 교회 재 출석의 비율이 56.25%로 조사 되었는데 2년을 경과하면 급속히 줄어들기 때문에 한국 교회는 그 전에 초청과 만남과 긍정적인 동기 부여를 통해 회심과 신앙의 성숙을 이루어 나가야 하는 것을 여러 데이터와 설문과 통계로 지적하고 있습니다.

이 책은 한국 교회의 가나안 성도 전도 전략에 큰 충격과 도전을 줄 수 있고, 이 책을 통해 모든 지 교회들의 가나안 성도 전도 전략에 가이드북이 될 것으로 확신하며 기쁨으로 추천합니다.

추천사

“가나안 성도”를 “진짜 가나안 성도”로 만들기를 바라며

박명수 교수
서울신대 현대기독교역사연구소장

최근 한국교회에는 이상한(?) 신조어가 등장했다. 그것은 “가나안 성도”이다. 처음 듣는 사람들은 이해할 수 없을 것이다. 가나안 성도는 교회에 “안 나가”는 성도를 부르는 말이다. 이 가나안 성도는 이제 한국교회의 중요한 흐름 가운데 하나이다. 한국교회가 제도화되고, 세속화되면서 여기에 대한 반발로 가나안 성도가 생겨난 것이다. 이들은 기독교 신앙을 포기하지 않으면서도 교회에는 나가지 않는다.

지금까지 한국 신학은 서구신학이 제기하는 질문들을 반복하였다. 하지만 이런 신학연구는 한국교회가 직면하고 있는 현실을 제대로 보지 못하고, “남의 다리만 긁는” 것이었다. 이런 한국 신학의 현실 가운데서 이경선 박사는 한국교회의 가장 중요한 문제 가운데 하나인 “가나안 성도”의 문제를 연구하고, 여기에 대한 대책을 제시하였다.

이 책은 이경선박사가 서울신학대학교 대학원에서 박사학위 논문으로 제출한 것을 책으로 발전시킨 것인데, 이 책의 특징 가운데 하나는 사회과학적인 분석을 통하여 가나안성도의 실상을 밝힌 것이다. 지금까지 기독교에 대한 연구들이 주로 객관적인 근거가 없이 추상적인 주장으로 가득 차 있었지만 이 책은 사회과학적인 조사방법을 통하여 보다 가나안 성도의 객관적인 모습을 확인하였다.

필자는 이 책을 통하여 가나안 신자들이 진짜 가나안 신자가 되기를 바란다. 원래 성경의 가나안은 애굽을 떠난 이스라엘 백성들에게 하나님이 약속한 땅이다. 그래서 찬송가에는 "나 가나안 복지 귀한 성에 들어가려고" 라는 가사가 있다. 교회에 안 나가는 신자들이 이 책을 통해 다시 교회에 나가서 하나님이 주시는 축복, 즉 가나안 복지에 들어갈 수 있기를 바란다.

현재 한국교회의 주요한 과제 가운데 하나는 "교회에 안 나가는 가나안 신자를 어떻게 다시 교회로 돌아 올 수 있게 할 것인가?"이다. 이런 문제를 가지고 고민하는 목회자, 교회지도자, 신학자들은 반드시 이경선박사의 이 책을 읽어야 할 것이다.

추천사

전도 신학의 정립과 구체적인 전도 전략 수립

최현종 교수
서울신학대학교 종교사회학 교수

내가 속한 교단의 '십자군 전도대'라는 단체에서 일한 적이 있다. '십자군 전도대'의 주요 임무는 개척교회 혹은 미자립 교회의 담임 사역자를 돕고, 특별히 전도 훈련 및 직접 전도를 하는 것이었다. 나름대로 몇 가지 전도에 대한 훈련도 받고, 개인적인 노력도 기울여 보았지만 언제나 전도는 힘겨운 것이었다.

전도가 특별한 방법론이나, 개인의 노력만으로 되는 것은 아니다. 그럼에도 불구하고 우리는 그러한 방법의 개발이나, 노력의 경주에 소홀할 수 없다. 이경선 박사의 본서는 이러한 노력의 소산이고, 현대의 상황에서 어떻게 좀 더 효과적으로 전도할 수 있을지 하나의 길을 제시해 주고 있다. 특별히 기독교 신앙을 가지고 있음에도 교회에 나가지 않는 소위 '가나안 성도'들이 증가하는 현실 속에서, 이들의 종교적 성향을 사회과학적 방법을 통해 분석하고, 그들이 갖고 있는 문제에 맞추어 전도적 과제를 설정하며, 나아가 이들을 위한 전도 신학의 정립과 구체적인 전도 전략 수립을 본서는 시도하고 있다.

앞서 언급한 바처럼 방법론 혹은 분석만으로 모든 이들을 전도

할 수는 없다. 하지만 이경선 박사의 본서가 '가나안 교인'들을 이해하고, 그들을 다시 교회로 이끄는 데 있어 중요한 하나의 방법을 제시하고 있음에 본서는 충분히 추천할 만한 가치가 있다고 생각한다.

머리말

가나안 성도에게 한걸음 다가서다

마틴 아트킨스(Martyn Atkins)는 계몽주의를 기준으로 계몽주의 이전의 사람들과 계몽주의 아래 있던 사람들, 그리고 그 이후 포스트모던 사람들의 특징이 나누어진다고 이야기한다.[1] 계몽주의 이전의 사람들은 "나는 속한다. 그러므로 나는 존재한다."라고 말했다는 것이다. 그런데 계몽주의의 영향 아래 있는 사람들은 "나는 생각한다. 그러므로 나는 존재한다."라고 말했다는 것이다. 그리고 포스트모던 사람들은 "나는 느낀다. 그러므로 나는 존재한다, 나는 의심하다. 그러므로 존재한다."고 말한다는 것이다. 소속됨으로 자신의 존재를 확인하는 시대가 지나고, 과학적 증명으로 자신의 존재를 확인하던 시대도 지나, 이제는 의심하고 느끼는 것으로 자신의 존재를 확인하는 시대가 된 것이다. 가나안 성도는 바로 이러한 포스트모더니즘의 영향 아래 더 이상 교회에 소속되는 것으로 신앙의 정체성을 확인하지 않고, 신앙의 문제를 의심하고 새로운 의미를 찾아가면서 신앙 정체성을 확인하는 사람들

1) George Hunter III, 『켈트 전도법』, 황영배, 윤서태 역 (경기: 한국교회선교연구소), 173-74.

이라고 할 수 있다.

전도자로 훈련 받으면서 나의 관심은 교회 안의 명목상의 신자나 교회를 빠져 나가는 사람들에게 있었다. 어떤 종교보다도 더 뜨거운 전도의 열정을 가진 한국 교회가 구령의 열정을 가지고 많은 사람들을 전도하여 교회로 돌아오게 하고 있지만, 또 한편으로는 많은 사람들이 교회를 빠져 나가고 있으며 그 숫자가 점점 더 늘어나고 있다는 현실에 대한 고민이 컸던 것이다. 한 영혼을 구원하는 것이 얼마나 어려운 일인지를 실감하고 있는 전도자로서 그렇게 어렵게 전도한 영혼들이 교회를 떠나는 것에 대한 아픔이 있었고, 다시 그들을 돌아오게 하는 일에 관심이 많았던 것이다. 그런데 그들이 단순한 탈락자가 아니라 가나안 성도일 수도 있다는 것을 깨닫게 된 것이었다.

그렇게 어느새 박사 논문의 주제는 가나안 성도에 맞춰지고 있었다. 하나님께서 박사 학위 과정으로 이끌어 주신 이유를 물으며 오랫동안 박사 논문의 주제를 위해 기도해 왔었는데 전혀 생각해 보지도 않았던 주제를 선택하게 된 것이었다. 여전히 교회 밖에서 신앙생활이 가능하다는 가나안 성도들의 주장에 대해 거부감을 가지고 있는 상태에서 가나안 성도는 너무나 어렵고 부담스러운 주제가 아닐 수 없었다. 그래서 주제를 바꿔 보려고 몇 번을 고민했지만 결국은 가나안 성도로 결론이 나곤 했다.

막상 가나안 성도들을 설문 조사 하려고 하니 가나안 성도를 찾는 것이 쉽지 않았다. 교회를 이탈한 사람들은 많이 있었지만 가나안 성도라는 조건에 만족하는 사람들을 찾는 것은 쉽지 않았고, 그

때까지도 가나안 성도에 대한 연구들이 매우 적었기 때문에 연구의 방향을 정하는 것도 쉽지 않았다. 그래서 직접 가나안 성도들을 만나러 다니기 시작하였다. 가나안 성도들과 직접 부딪혀야 그들의 목소리를 제대로 담아 낼 수도 있고, 논문의 방향도 정할 수 있을 것이라고 생각했기 때문이다. 먼저는 가나안 성도에 대해 문제의식을 가지고 오래전부터 모임을 가져온 세속 성자 모임에 참석했다. 내가 참석한 기간 동안 세속 성자 모임은 다양한 분야의 가나안 성도들이 자신의 이야기를 직접 들려주는 시간으로 구성되었다. 나는 간접적으로 전해 듣던 이야기들을 직접 그러한 삶을 살아가는 사람으로부터 전해 들으면서 내 안의 고정관념들이 깨져나가기 시작하였다. 그들은 내가 전혀 살아보지 않았던 삶을 살아가고 있었지만 그들도 나와 똑같이 그저 평범한 사람이었다. 그럼에도 불구하고 대중과 다른 모습 때문에 너무나 큰 고통을 당하고 있었던 것이다. 그동안 그런 현실들을 외면하고만 있었던 나의 모습이 얼마나 편협하고 유치했었는지를 새삼 깨닫는 시간이었다.

그리고 가나안 성도들을 위한 목회를 하고 계시는 목사님을 만나 그 목사님의 소개로 가나안 성도들을 일대일로 만날 수 있는 기회를 가질 수 있었다. 그들이 들려주는 이야기를 들으면서 그들이 가지고 있는 아픔과 슬픔을 느낄 수 있었다. 무엇보다 다른 생각을 가지고 있다는 이유만으로 교회 지도자들로부터 교회에서 나가라는 말을 듣고 교회를 떠날 수밖에 없었다는 이야기를 전해 들으면서 너무나 분노할 수밖에 없었다. 그러나 내가 그 자리에 있었다면 나도 동일한 반응을 보일 수 있었다는 것을 곧바로 깨달을 수 있었다.

그들이 계속해서 다른 목소리를 내면서 교회를 혼란에 빠뜨린다고 한다면 나 역시도 그들이 떠나기를 바라는 마음이 있었을 것이다. 교회 전체의 구성원을 위해서 그들이 교회를 나가는 것이 더 낫다고 판단할 수 있는 것이다. 그러나 그렇게 교회 밖으로 내 던져진 이들이 교회에 대해, 더 나아가 기독교 신앙에 대해 마음의 문을 닫지 않으리라는 보장이 어디에 있을까? 그리고 교회 밖으로 나간 그들이 어디에서 신앙생활을 하면서 기독교 신앙에 대해 더 깊이 알아가면서 성숙해 나갈 수 있을까? 나와 생각이 같고 나에게 맞춰 줄 수 있는 사람들만 교회를 나올 수 있다면 과연 그 교회가 구원의 방주가 맞는지 되묻지 않을 수 없는 것이었다.

나의 박사 논문은 그 지점에서 방향을 잡았다고 할 수 있다. 적어도 직접 우리의 손으로 교회 밖으로 사람들을 내몰지는 말아야 한다는 생각에서 출발한 것이다. 교회 밖에 있는 사람들에게 예수 그리스도를 전하는 것이 기독교인의 최고의 사명인데, 예수 그리스도에 대해 알아가고 싶어서 교회로 들어온 사람들을 우리의 손으로 교회 밖으로 밀어낸다는 것은 아무리 생각해도 수긍할 수 없는 일이기 때문이다.

그래서 나의 선입견을 다 내려놓고 박사 논문을 써 내려가기 시작했다. 교회가 무조건 잘못되었고, 가나안 성도들의 주장이 다 옳다는 것이 아니다. 그러나 가나안 성도들이 교회 밖으로 나가서 교회 밖에서도 신앙생활이 가능하다고 주장하게 된 이유들에 대해서 객관적으로 듣고 우리가 당면한 현실을 진지하게 받아들이고 고민해 보자는 것이다. 그렇기에 이 책을 읽는 독자들에게 한 가지를 당부하고 싶다. 적어도 가나안 성도에 대한 어떤 선입견도 내려놓고 이 책을 읽어 주기를 바라는 것이다. 그리고 판단은 그 다음에 내리기를 바라는 것이다.

가나안 성도들의 다양한 특성들을 이해하고 교회 이탈을 방지하기 위한 먼저 그동안 가나안 성도들에 대해 이루어진 선행 연구를 바탕으로 문헌 연구를 진행하였다. 그리고 보다 효율적인 전도 전략을 수립하기 위해 사회과학 연구방법론의 하나인 서베이 조사방법을 통해 실증적 연구를 진행하였다. 서베이 조사 방법은 객관적 관찰이 가능한 사상(事象)을 정확하게 측정하여 수량화하고 객관화하는 경험적 연구 방법이기 때문에 가나안 성도의 현상과 특징을 파악하는데 적절한 틀을 제공해 줄 수 있기 때문이다.

이와 같은 연구를 위해 본 서는 총 3부로 구성되었다. 먼저 1부에서는 가나안 성도에 대한 이해를 돕기 위해 선행 연구를 바탕으로 하여 가나안 성도에 대한 정의를 내려보고, 가나안 성도들의 현황을 살펴볼 것이다. 또한 가나안 성도가 발생하게 된 배경을 사회적, 교회 내적, 개인적인 요인들을 통해 살펴볼 것이며, 가나안 성도 현상과 비슷한 유럽과 미국의 사례를 살펴볼 것이다. 그리고 2013년 가나안 성도에 대한 최초의 설문 조사를 통해 나타난 가나안 성도들의 특성에 대해 살펴보고, 가나안 성도들이 한국 교회에 던지고 있는 주요 현안을 전도적인 입장에서 다루어 볼 것이다.

이러한 이해를 바탕으로 2부에서는 본격적으로 가나안 성도를 위한 설문 조사와 그 결과들을 설명하고 있다. 가나안 성도에 대한 설문 조사는 크게 두 부분으로 나눠서 분석하였는데, 첫 번째는 가나안 성도들이 교회를 이탈하는 과정과 그 원인에 대해 분석하였고, 두 번째는 가나안 성도들의 구원관과 종교 성향에 대한 응답들을 분석하였다. 그리고 이러한 조사 결과를 가지고 3부에서는 가나안 성도들을 위한 효율적인 전도의 전략을 세워 보았다.

이제 가나안 성도의 현상은 한국교회에 너무나 익숙한 현상이 되었다. 이런 가나안 성도에 대한 실증적 연구를 통해 학문적인 작업의 기초를 놓은 것은 정재영 교수이다. 정재영 교수는 조성돈 교수와 함께 2010년 가나안 성도 18명을 심층 면접하고, 가나안 교회 세 곳을 탐방하여 참여 관찰한 후 집담회를 통해 참여자들의 이야기를 들은 내용들을 연구하여 발표하였다. 그 후 2011년 7월부터 1년간 20명을 추가 심층 면접하여 가나안 성도들의 특징을 "강요받는 신앙에 대한 부담감"을 가지고 있고 "소통 단절의 문제"를 겪었으며 "신앙과 삶의 불일치"를 고민하고 "자기 식으로 신앙을 표현"하는 이들이라고 정리하였다.

그리고 2013년 2월에는 가나안 성도 316명을 설문 조사한 결과를 토대로 정재영 교수는 가나안 성도들이 신앙의 정체성이 없는 '명목상의 신자'도 아니며, 교회를 자주 옮겨 다니는 '교회 쇼핑족'도 아니라는 사실을 밝혀내고 있다. 또한 가나안 성도들이 교회를 떠난 이유와 현재 신앙 상태, 그리고 세속화의 경향에 대해 분석하면서 가나안 성도들은 교회라는 제도 자체를 거부하거나 무교회주의를 추구하는 사람들이 아니라 기존 교회가 지나치게 제도화되는 것에 대한 저항으로 교회를 떠난 사람들이라고 평가하였다.

본 연구는 이러한 연구들을 기초로 하여 가나안 성도들이 교회를 이탈하는 것을 방지하고 가나안 성도들이 신앙을 잃어버리고 완전히 기독교를 떠나지 않을 수 있도록 전도의 전략을 세우는 것을 목표로 가나안 성도들의 구원관과 종교 특성에 더욱 초점을 맞추어 연구를 진행하였다. 그리고 설문 조사를 통해 밝혀진 가나안 성도들의 특성에 맞는 실제적이고 구체적인 전도의 전략을 제시해 보고자 하였다. 이러한 연구를 통해 가나안 성도에 대한 연구가 더욱 활성화되기를 바라며, 한국 교회가 가나안 성도의 이탈을 막고 다시 교회로 돌아오게 할 수 있는 다양한 방법들을 찾아내고, 더 나아가 무종교인을 위한 연구에도 도움이 될 수 있기를 기대해본다.

제1부

가나안 성도에 대한 이해

I. 가나안 성도의 발생과 이해

종교사회학자들은 사회가 발달해 감에 따라 종교의 역할과 기능이 축소되고 마침내 종교가 사라지는 시대를 맞이하게 될 것이라고 예측하였다. 이미 유럽은 세속화가 상당히 진행되어 사회학자 필 주커먼(Phil Zuckerman)은 스칸디나비아의 사례를 들며 비종교적인 분위기 속에서도 얼마든지 도덕적이고 풍요로운 사회가 만들어질 수 있다고 주장하기도 하였다.[1]

그런데 한국 사회 역시 이러한 종교의 쇠퇴 시대로 들어서고 있다는 통계 결과가 발표되었다. 2015년 인구센서스의 종교 인구 통계 발표에 따르면, 2005년 46.7%였던 무종교인의 비율이 2015년에는 56.1%로 무려 9.4%나 증가했을 뿐만 아니라 종교인의 비율과의 차이도 12.2%에 달하고 있는 것으로 나타났다.[2] 이렇게 한국 사회에서 다시 무종교인의 비율이 종교인의 비율보다 높아지면서 한국 사회도 종교가 쇠퇴하는 시기를 맞이했다는 진단이 나오고 있는 것이다.

---

1) 더 자세한 내용은 Phil Zuckerman, 『신 없는 사회』, 김승욱 역 (서울: 마음산책, 2012)을 참조하시오.
2) 최현종, "탈물질주의와 포스트모더니즘을 통해 살펴본 다음 세대의 종교 이해,"『오늘의 사회, 오늘의 종교』(서울: 다산출판사, 2017), 17.

이렇게 종교가 쇠퇴하고 있는 상황을 더 자세히 설명해줄 수 있는 현상이 종교 이탈이라고 할 수 있는데, 2017년 한국기독교목회자협의회의 조사에 따르면 무종교인들 중에 과거 종교를 가졌던 사람들의 비율은 43.5%로 2004년의 33.7%보다 9.8%나 높아졌으며, 이러한 종교 이탈자 중에서 개신교의 이탈 비율은 66.0%나 되는 것으로 나타났다.[3)]

종교 이탈의 가속화와 함께 새롭게 종교로 입문하려는 사람들도 줄고 있는 것으로 나타난다. 같은 조사에서 무종교인들에게 향후 신앙 의사를 물어본 결과 무종교인들의 21.0%만이 종교를 가질 의사가 있다고 응답한 것으로 나타났는데, 이 비율은 1998년 32.0%에서 2004년 23.0%로, 그리고 2017년에는 21.0%로 떨어진 수치였다.[4)] 따라서 오늘날 한국 사회에서 종교가 쇠퇴하는 현상은 종교를 이탈하는 사람들이 증가하고 있기 때문이며, 또 다른 한편으로는 종교로 입문하려는 사람들 역시 줄어들고 있기 때문이라고 할 수 있는 것이다.

그런데 2015년 인구센서스 발표에서 또 하나 놀라운 사실은 무종교인이 증가하면서 불교와 천주교는 감소하고 있는 것으로 나타난 반면, 개신교만은 1.5% 증가한 것으로 나타났다는 것이다. 2005년 인구센서스의 발표에서는 개신교만이 감소하는 것으로 나타났고, 그 이후로 개신교의 주요 교단의 통계조차도 뚜렷한 감소세를 나타내고 있었기 때문에 이러한 결과에 대해 개신교 내부에

---

3) 한국기독교목회자협의회, 『한국기독교분석리포트: 2018 한국인의 종교생활과 의식조사』 (서울: 도서출판 URD, 2018), 43-44.
4) 위의 책, 46.

서조차 반신반의하는 반응이 나타났다.

그렇기에 정말 개신교가 증가했다면 그 원인이 무엇인지 설명하려는 시도들이 있었는데, 한 특별 포럼에서 지용근 소장은 개신교가 증가한 원인으로 조사방법의 문제, 종교적 충성도의 문제, 자연 증가분, 이단 및 가나안 교인의 증가, 설문지의 문제일 것이라 추측하였다.[5] 두 번째 발표 주자로 나선 정재영 교수 역시 개신교의 증가는 자연 증가분, '탈교인', 즉 가나안 성도의 증가, 비주류 교단의 성장, 이단 교도의 성장으로 볼 수 있다고 설명하면서 기성 종교인은 줄고 무종교인과 가나안 성도와 같은 비활동 신자가 증가되고 있다고 진단하고 있다.[6]

결국 개신교의 증가는 기성 종교인의 증가라기보다는 이단이나 비주류 교단의 성장과 교회를 나가지 않는 가나안 성도의 증가로 볼 수 있는 것이다. 실제로 한국기독교목회자협의회의 발표에 따르면 교회에 출석하지 않는 가나안 성도가 2012년 10.5%에서 2017년에는 23.3%로 12.8%나 증가 된 것으로 조사되었다.[7] 또한 한국복음화협의회가 대학생들을 대상으로 한 설문에서도 신앙을 가진 대학생 중 28.3%가 교회에 출석하지 않는다고[8] 응답하고 있

5) 더 자세한 내용은 지용근, "종교 인구 조사결과, 신뢰할 만한가?,"('개신교는 과연 약진했는가?' 특별 포럼, 청어람 ARMC, 학원복음화협의회, 한국교회탐구센터, 2017년 1월 5일): 12-16를 참조하시오.
6) 더 자세한 내용은 정재영, "인구센서스에 나타난 종교 인구 변동의 의미: 한국의 종교 상황, 이렇게 변하고 있다," ('개신교는 과연 약진했는가?' 특별 포럼, 청어람 ARMC, 학원복음화협의회, 한국교회탐구센터, 2017년 1월 5일): 17-18, 21를 참조하시오.
7) 한국기독교목회자협의회, 『한국기독교분석리포트: 2018 한국인의 종교생활과 의식조사』, 80.
8) 학원복음화협의회, 『청년 트렌드 리포트: 우리 시대 청년들은 무엇으로 사는가』 (서울: IVP, 2017), 157.

어 젊은 세대의 가나안 성도 증가 추세는 더욱 심각한 것으로 나타나고 있다. 이는 2015년 인구센서스의 발표에서 20대의 무종교인 비율이 가장 높은 것으로 나타난 것과 같은 흐름이라고 할 수 있을 것이다.

따라서 이번 장에서는 이렇게 가나안 성도가 발생하게 된 배경과 함께 가나안 성도에 대한 정의를 살펴보려고 한다. 그리고 유럽과 미국의 가나안 성도의 사례를 통해 한국의 가나안 성도에 대한 이해를 돕고자 한다. 가나안 성도가 급속도로 증가하고 가나안 성도에 대한 관심이 높아지고 있는 이 시점에서 가나안 성도의 현상을 어떻게 이해하고 바라보아야 하는지 그 방향을 제시해 보고자 하는 것이다.

1. 가나안 성도의 발생 배경

1) 사회적 요인 - 세속화와 탈세속화

종교 사회학자들은 가나안 성도의 출현이 종교가 쇠퇴하는 세속화의 흐름과 관련이 있다고 진단한다. 종교 쇠퇴론의 대표적인 학자인 브라이언 윌슨(Bryan R. Wilson)은 세속화를 "종교적 사고, 수행, 그리고 제도가 사회적 중요성을 상실하는 과정"으로 규정한다.[9] 종교가 담당했던 교육, 복지, 정치와 같은 영역들이 전문적

9) Bryan Wilson, Religion in Secular Society(London; C.A.Watts & Co., 1966); 이

인 제도로 분화됨에 따라 종교의 사회적 영향력이 약화되면서 개인들에게도 그 영향력이 줄어든다는 것이다. 즉, 세속화라는 것은 종교의 영향력이 줄어드는 현상인데, 특별히 서구 사회에서는 기독교가 그 영향력을 잃어버리는 현상이라고 할 수 있다. 이러한 브라이언 윌슨의 종교 쇠퇴론은 유럽의 기독교 상황을 잘 설명해 준다. 성공회가 국교인 영국의 경우만 보더라도 전체 인구의 절반 이상이 기독교인이지만 주일에 교회를 출석하는 사람들은 점점 줄어들고 있다. 기독교의 영향력이 사회 전반적으로 줄어들고 있을 뿐만 아니라 개인들도 더 이상 교회에 나가지 않고 있는 것이다.

그러나 미국의 경우는 유럽과는 다르게 '종교의 사사화'라는 형태로 세속화가 이루어지고 있다고 평가된다. 미국은 서구 사회에서 거의 유일하게 기독교의 교세와 활동이 여전히 강하게 나타나고 있는 사회이기 때문이다. 종교의 사사화에 대한 주제는 피터 버거(Peter L. Berger)를 통해 발전하였다. 피터 버거는 미국과 같이 다양한 기독교 종파와 신흥 종교들이 경쟁하고 있는 상황에서는 종교적 세계관이 상대화되고, 종교의 시장이 형성되면서 종교는 개인적인 선택의 문제로 세속화 된다고 이야기한다.[10] 미국 사회도 세속화의 흐름 속에서 종교의 공적인 영향력이 점점 줄어들고 있는 것이다. 그러나 사적인 영역, 개인들에게는 여전히 종교의 영향력은 크게 작용하고 있는 것이다. 물론 최근의 연구들은 미국도 유럽과 같이 기독교가 완전히 쇠퇴하는 현상들이 나타나고 있

원규, "한국 종교의 세속화: 세속화되는 한국교회,"『한국교회의 사회학』(서울: 북코리아, 2018), 20 재인용 하였음.

10) 위의 책, 24.

다고 평가하는데, 특별히 전통적인 주류 교단들이 급격히 무너지고 있다는 것이 그 증거라고 이야기 한다.[11] 그런데 한편에서는 이러한 세속화 이론에 대한 비판의 목소리가 거세게 일어나고 있다. 특별히 아시아와 아프리카에서 일어나고 있는 기독교의 부흥이나 이슬람이나 근본주의 신앙의 부흥, 그리고 새롭게 등장한 신종교 운동은 세속화 이론에 맞는 않는 현상인 것이다.[12] 종교가 쇠퇴될 것이라는 종교 사회학자들의 예상과 다르게 오히려 종교가 부흥하는 현상들이 세계 곳곳에서 일어나고 있는 것이다. 이렇게 세속화의 흐름에 역행하는 종교의 부흥 현상을 탈세속화라고 한다. 피터 버거는 이러한 탈세속화의 흐름을 인정하면서 사회적인 차원의 세속화가 반드시 개인적인 차원의 세속화로 이어지지도 않을 뿐 아니라 어느 지역에서는 세속화가 나타나기도 하지만 다른 한편에서는 세속화가 '반세속화' 운동을 일으키는 요인이 되기도 하였다고 이야기한다.[13] 종교의 영향력이 약해지는 것이 사실이지만 여전히 종교의 영향력이 강하게 나타나는 지역도 있으며, 한편에서는 종교가 그 영향력을 잃어가는 것에 대한 위기의식이 종교를 다시 부흥시키는 원인이 되고 있다는 것이다.

그레이스 데이비(Grace Davie)는 유럽에서 종교가 쇠퇴하고 있다는 주장에 반대하며 여전히 많은 사람들이 기독교 신앙을 고수하고 있을 뿐만 아니라 확신이 없어도 스스로 기독교인이라고 여

11) 위의 책.
12) 탈세속화에 대한 자세한 내용은 다음을 참조하시오. 이원규, "종교의 변화," 『인간과 종교』 (서울: 나남출판, 2006), 76-87; 송재룡, "종교 세속화론의 한계: 탈세속화 테제의 등장과 관련하여," 『사회와 이론』 7(2015): 121-50.
13) 이원규,"한국종교의 세속화: 세속화되는 한국교회," 78-79.

기는 사람들도 많다는 사실을 근거로 유럽에서 기독교인이 감소하는 것을 반드시 종교의 쇠퇴로만 볼 수 없다고 주장한다. 이러한 신앙의 형태를 '소속 없는 신앙(Believing Without Belonging)'이라고 표현하는데,[14] 교회에 정기적으로 출석하고 있지는 않지만 여전히 높은 수준의 신앙을 보여주는 사람들이 존재한다는 것이다.

이와 마찬가지로 미국에서도 탈세속화의 흐름 속에 새로운 형태의 종교성이 등장하고 있다. 1990년대 이후 나타난 'X세대'는 부모 세대와는 다르게 '종교적'이냐 '세속적'이냐는 이분법을 따르지 않고 제도를 불신하고 경험을 신뢰하는 그들 나름의 종교성을 보인다.[15] 이들 중에 영성은 추구하지만 특정한 종교 단체에 소속되지 않고 스스로 종교적인 문제의 답을 찾고자 하는 '영적이지만 종교적이지 않은(spiritual but not religious)' 사람들도 등장하고 있다. 이러한 흐름은 미국 사회 전반에 걸쳐 나타나고 있는데, 1988년 미국 갤럽의 조사에 따르면 "당신은 - 신자든 비신자든 - 교회나 회당에 가지 않아도 훌륭한 그리스도인 또는 유대교인이 될 수 있는가?"라는 질문에 불신자들 중 88%와 신자들 중 67%가 '그렇다'고 대답한 것으로 나타나고 있다.[16]

이와 같이 세속화의 흐름 속에 사회 전반적으로 종교의 영향력

---

14) Grace David, *Religion in Britain Since 1945: Believing Without Beloning* (Oxford: Oxford University Press, 1944); 정재영, 『교회 안 나가는 그리스도인, 가나안 성도를 어떻게 볼 것인가』, (서울:IVP, 2015), 147 재인용 하였음.

15) 양희송, 『가나안 성도, 교회 밖 신앙』, (서울:포이에마, 2014),44.

16) Princeton Religion Research Center, *The Unchurched American*, (Princeton NJ: The Gallup Organization, 1978); 최현종, "제도화된 영성과 한국 종교 지형의 변화," 「종교와 문화」 22 (2012): 139에서 재인용 하였음.

이 감소하고 종교는 개인적인 선택의 문제가 되어가고 있다. 그리고 탈세속화의 흐름 속에 제도권에 속하지 않고도 영성을 추구하는 사람들이 나타나게 된 것이다. 한국의 가나안 성도들이 제도화된 교회를 이탈해 개인적으로 신앙을 탐구하는 모습은 바로 이러한 세속화와 탈세속화의 흐름 속에서 나타나는 현상이라고 할 수 있다. 물론 한국의 경우는 유럽과 미국 사회와는 다른 종교적인 배경을 가지고 있지만 한국 사회도 무종교인이 증가하는 종교의 쇠퇴기로 접어들고 있으며 다양한 방법으로 영성을 추구하는 현상이 나타나고 있기 때문에 이러한 세속화와 탈세속화의 흐름과 무관하지 않다고 할 수 있다.

그런데 한국의 가나안 성도의 세속화와 탈제도화에 대해 연구한 정재영 교수는 한국의 가나안 성도의 경우 아직까지는 신앙이 쇠퇴를 나타내는 세속화의 정도는 우려할 만한 상황은 아니라고 진단하고 있다.[17] 또한 한국의 가나안 성도들에게 나타나는 탈제도화 경향은 한국 교회가 지나치게 제도화 되는 것에 대한 저항일 뿐 제도 자체를 거부하는 탈제도화의 경향이거나 무교회주의를 주장하는 것은 아니라고 진단하고 있다.[18] 따라서 한국의 가나안 성도의 경우 유럽이나 미국과는 달리 개인의 신앙 차원에서의 세속화는 많이 진행되지 않은 것으로 나타나고 있으며, 제도권 교회에 대한 저항의 모습은 나타나고 있지만 완전한 탈제도화 경향을 나타내고 있는 것은 아니라고 할 수 있을 것이다.

---

17) 정재영, 『교회 안 나가는 그리스도인, 가나안 성도를 어떻게 볼 것인가』, 180-81.
18) 정재영, "종교 세속화의 한 측면으로서 소속 없는 신앙인들에 대한 연구," 「신학과 실천」 39 (2014): 601.

2) 교회 내적 요인 - 세속주의와 교권주의

래리 샤이너(Larry Shiner)는 세속화의 의미를 다음의 6가지로 제시한다.[19] 첫째는 종교의 쇠퇴로서 종교적 관심과 참여율이 감소하고 종교제도의 사회적 중요성이 약화되는 현상을 의미한다. 둘째는 '이 세상과의 동조'로서 종교 조직이 제도화, 합리성의 증가로 이 세상적인 것을 닮아 가는 현상을 의미한다. 셋째는 '종교로부터의 사회의 이탈'로 사회가 종교적 영향으로부터 벗어나 자율적인 실재가 되는 것을 의미한다. 넷째는 '종교적 신앙과 제도의 변형'으로 신적인 능력과 힘의 근거가 인간적 창조와 책임성의 현상으로 변형되는 것을 의미한다. 다섯째는 '세계의 비성화'로서 세계가 점차 신비하고 거룩한 성격을 상실하는 과정을 의미한다. 여섯째는 '거룩한' 사회에서 '세속적'사회로의 이행으로 종교성이 강한 사회에서 종교성이 약한 사회로 변화되는 것을 의미한다.

이러한 래리 샤이너의 세속화의 정의에서도 언급되었듯이 세속화되어 가는 과정 속에 종교가 세상을 닮아가는 모습이 나타난다. 그런데 한국 교회는 세상을 닮아가는 모습만 나타나는 것이 아니라 오히려 세상을 적극적으로 따라가는 세속주의가 나타나고 있다. 이러한 세속주의로 말미암아 한국 교회는 교회로서의 본질을 잃어버리고 타락하게 되었고, 가나안 성도들은 이러한 교회의 타락한 모습에 실망하여 교회를 떠난다고 주장한다.

---

19) Larry Shiner, "The Concept of Secularization in Empirical Reserach," *Journal for the Seientific Study of Religion* 6:2 (1967): 207-20; 이원규, "한국종교의 세속화: 세속화되는 한국교회," 18-19에서 재인용하였음.

오늘날 한국 교회 안에서 이런 세속주의적인 모습을 발견하는 일은 너무나도 쉽다.[20] 교회가 성장과 성공을 지향하면서 조직과 시스템을 구축하여 교회를 경영하고 성도를 관리하는 모습은 세상의 조직과 비슷한 것이다. 그러나 이렇게 교회를 경영하게 될 때 오히려 세상의 조직보다 못한 곳이 되어 갈 수도 있다. 이러한 개교회 성장주의는 세속주의 한 단면이라고 할 수 있을 것이다. 교회가 대형화되는 것이 하나님의 뜻이고 하나님의 축복이라고 주장하면서 세상의 경영방식을 교회에 그대로 적용하여 성공을 추구하는 모습에 실망한 사람들은 교회에서 얻고자 했던 영적인 욕구를 충족하지 못하고 교회의 본질과 신앙의 본질을 찾아 오히려 교회를 떠나고 있는 것이다.

이러한 세속주의와 연결되어 나타나는 현상 중의 하나가 교권주의라고 할 수 있는데, 교회 용어 사전을 보면 교권주의에 대해 다음과 같이 정의하고 있다.

> *'교권주의'(教權主義)란 일종의 성직자(성직권) 존중주의로서, 일찍이 로마 가톨릭에서 교황지상주의(papocäsarismus, 교황이 그 직책과 관련해 신앙과 도덕에 대해 엄숙한 선언할 때에 오류를 범할 수 없다는 사상으로, 교회정치적 측면에서는 성직자 서임권이 오직 교황에게 속해 있다고 여김)*

20) 21세기 교회 연구소와 한국탐구센터가 공동으로 발표한 "평신도의 교회 선택과 교회 생활 만족도에 대한 조사"에서 교회 안의 교인들도 한국 교회의 가장 큰 당면 과제는 '세속화/물질주의(39.5%)'라고 응답하고 있다. 지용근, "평신도 교회 선택과 교회 생활에 대한 여론조사 결과보고서," 33.

로 표출된 교회 권력의 절대화 또는 성직자의 부당한 정치적 세력화를 가리키는 말이다. 즉, 교권주의란 부패한 교회지도자들이 자신들의 지위를 일반 신자들과는 다른 특별한 성직이라고 강조하면서(성직자 지위를 우상화함) 권력을 세력화하고 제도화하며, 부와 명예 그리고 세속적 성공을 추구하며 진리를 왜곡하고 교인들 위에 군림하려는 사상이다.[21]

교회가 제 역할을 감당하고 유지되기 위해서는 제도적인 장치들이 필요하다. 그런데 제도가 모든 것의 중심이 되고 제도 자체에 얽매이기 시작하면 교회의 본질을 잃어버리게 될 수 있다. 이렇게 한국 교회 안에서 제도가 오용되는 사례 중의 하나는 교회의 치리를 위해 만들어진 직분제도의 오용인데, 직분자들이 성도들을 섬기는 위치에서 벗어나 성도들 위에 군림하는 모습으로 변질되고 있는 것이다. 특별히 부패한 교회지도자가 세속적 성공을 추구하며 진리를 왜곡하고 교인들 위에 군림하는 교권주의가 오늘날 한국 교회 안에서 쉽게 발견되고 있는데, 그 극단적인 사례가 교회의 세습이라 할 수 있을 것이다.

가나안 성도들의 탈제도화 경향은 제도 자체에 대한 저항이라기보다 이러한 교권주의에 대한 반발이라고 할 수 있다. 가나안 성도들은 목회자가 하나님의 대리자로서 군림하고, 모든 것이 목회자

21) "교권주의," 『교회 용어 사전』, http://terms.naver.com/entry.nhn?docId=2377241&cid=50762&categoryId=51366 (2018년 4월 12일에 검색하였음).

의 뜻에 따라 결정되는 교회 분위기에 답답함을 호소한다.[22] 또한 목회자가 자신의 행위를 정당화하기 위해 하나님의 뜻이나 신학적인 권위를 함부로 사용하는 모습에 실망하고 교회를 떠나는 것이다. 종교개혁자들이 하나님 앞에 선 단독자로서 평신도의 지위를 회복시켰으나 오늘날 한국 교회는 다시 목회자와 평신도 사이를 구분하며 권력을 오용하거나 남용하고 있는 것이다. 그리고 이러한 세속주의와 교권주의가 가나안 성도를 발생시키는 교회 내부의 주요한 원인이 되고 있는 것이다.

3) 개인적 요인 - 주체성과 탐구성

세속화와 탈세속화라는 사회적인 흐름 속에 종교가 사사화되고, 종교성이 탈제도화되는 가운데 가나안 성도가 발생될 수 있는 외부적인 환경이 마련되었다고 한다면, 교회 내적으로는 세속주의와 교권주의에 물들어 타락함으로써 교회의 본질을 잃어버리고 가나안 성도들을 교회 밖으로 밀어 내는 요인이 되었다고 할 수 있다. 그리고 이러한 두 가지 환경적인 요인에, 가나안 성도의 개인적인 특성이 더해져 가나안 성도가 발생하는 주요한 원인이 되었다고 할 수 있다.

사회가 변화됨에 따라 그 사회를 살아가는 개인의 특성도 달라진다. 포스트모더니즘의 사회에서 개인은 더욱 주체적으로 변화

22) 양희송, 『가나안 성도, 교회 밖 신앙』, 77-79.

된다. '우리'라는 집단의식이 사라지고 자신을 찾고 느끼려는 경향이 더욱 강해지는 것이다.[23] 가나안 성도의 중요한 특징 중의 하나는 주체적으로 신앙을 추구하는 사람들이라는 것이다.[24] 교회에서 가르치는 대로 무조건 믿는 신앙이 아니라 스스로 질문하고 진리를 탐구하는 이성적인 믿음을 추구하는 것이다. 이러한 가나안 성도들의 신앙 특성을 양희송은 '길 위의 신앙'이라고 표현한다. 신앙의 질문을 가지고 그 해답을 찾아 순례의 길 위에 서 있는 신앙을 표현하는 것이다.[25]

이러한 가나안 성도들의 이성적인 신앙 추구의 모습은 영적 엘리트주의라고 비판을 받기도 한다. 아는 것이 많아서 따지기 좋아하고, 교회의 신앙적 가르침을 가볍게 여기며 자기 마음대로 해석하려는 경향이 강한 불평분자로 취급되곤 하는 것이다. 그렇기 때문에 가나안 성도들은 교회 안에서 신앙의 의구심을 해소하지 못할 뿐만 아니라 이러한 따가운 시선으로 인해 교회 밖으로 내몰리게 되기도 한다.

영국의 포스트 에반젤리컬 운동의 선구자인 데이브 톰린슨(Dave Tomlinson)은 신경과학자들이 우리 뇌에서 '영적 지성'이라고 부를 수 있는 신경 조직을 발견했다는 사실을 밝히면서 이 신경조직은 존재의 의미에 관한 근원적인 질문을 하고 근원적인 답을 갈구하는 곳이라고 소개한다.[26] 지능지수 IQ와 감성지수 EQ에

---

23) 정재영, 『교회 안 나가는 그리스도인: 가나안 성도를 어떻게 이해할 것인가?』, 144.
24) 조성돈, "가나안 성도를 통해 본 현대인의 영성," 『한국교회를 그러나』 (서울: CLC, 2016) 24.
25) 양희송, 『가나안 성도, 교회 밖 신앙』, 172-75.
26) Dave Tomlinson, 『불량 크리스천』, 이태훈 역 (서울: 포이에마, 2015), 53.

이어 제 3의 지능이라고 불리는 영적 지능 SQ는 “기존의 가치를 인식하는 데 그치지 않고 새로운 가치를 창조적으로 발견하는 지능”이다.[27] 데이브 톰린슨은 SQ가 반드시 종교와 관련 있는 것은 아니지만 하나님의 형상을 따라 창조된 방식의 일부로서 ‘영혼으로 생각하는 것’이라고 주장하면서 가나안 성도들의 영적 탐구를 지지한다. 더 나아가 교회가 믿음을 가르치고 확신을 심어주어야 하는 동시에 이러한 영적 지능이 함양될 수 있도록 믿음에 의문을 품고 탐구할 수 있는 장이 되어야 한다고 주장하는 것이다.

오늘날 사람들은 신앙의 주체성과 탐구성이 점점 더 강해지고 있다. 그런데 이렇게 신앙의 주체성과 탐구성이 강한 사람들을 교회는 불편한 시각으로 바라보기 쉽다. 신앙의 주체성이 강한 사람들은 반항적이며 독립적이라고 생각하는 것이다. 또한 신앙의 탐구성이 강한 사람들은 의심이 많은 불평분자로 오인하는 것이다. 그런데 이러한 사람들이 교회 안에서 신앙의 갈증을 해소하지 못하고 불편한 시선을 느끼게 된다면 교회 밖으로 나갈 가능성은 높아질 수밖에 없는 것이다. 그렇기 때문에 누구든지 기독교의 진리에 대해 탐구하고 알아갈 수 있도록 교회가 열린 마음과 열린 공간을 마련할 수 있다면 가나안 성도의 발생을 미연에 방지할 수 있을 뿐만 아니라 더 많은 영혼들을 다양한 방법으로 심길 수 있을 것이다.

27) “SQ(spiritual quotient),” 『두산백과』 https://terms.naver.com/entry.nhn?docId=1213207&cid=40942&categoryId=31531 (2018년 4월 20일에 검색하였음).

2. 가나안 성도의 외국 사례

1) 유럽의 가나안 성도

유럽에서 일반적으로 가나안 성도로 분류되는 그룹은 이미 언급한 바 있는 '소속 없는 신앙(believing without belonging)인'들이다. 이미 오래전부터 기독교의 영향력 아래 있었던 영국에서 '소속 없는 신앙인'들은 교회 출석률은 저조하지만 여전히 교회와 지속적으로 관계를 맺으며 교회 중심의 생활을 이어나가고 있다.[28] 비록 많은 영국인들이 교회에 소속되어 적극적으로 활동하고 있지는 않지만 여전히 기독교적인 가치를 추구하고 교회와 관련을 맺으며 생활하고 있는 것이다.

그레이스 데이비는 21세기의 영국을 비롯한 유럽의 이러한 신앙 형태를 '대리 종교'라는 용어로 설명한다.[29] 이는 "적극적인 소수가 더 많은 다수를 대표해서 행해지는 종교"라는 뜻으로, "많은 다수들이 소수가 행하는 것을 이해하고 분명하게 승인"하고 있기 때문에 이런 종교적인 형태가 나타날 수 있다고 설명한다. 비록 영국인들은 교회에 출석하지는 않지만 교회를 '공공기관(public utility)'으로 인식하며 교회 지도자들의 목소리에 귀를 기울이고, 출생이나 결혼, 죽음과 같은 통과의례를 행하는 데 있어서 교회는 중요한

---

28) Grace Davie, *Religion in Britain Since 1945: Believing Without Belonging* (Oxford: Oxford University Press, 1994); 채병관, "한국의 '가나안 성도'와 영국의 '소속 없는 신앙인'에 대한 비교 연구," 169-70에서 재인용하였음.
29) 위의 책.

역할을 담당한다. 그렇기 때문에 교회에 소속되어 있지 않아도, 또는 교회에 출석하고 있지 않아도 이들은 기독교적 신앙을 추구하는 신앙인들이라는 것이다.

또 다른 형태의 가나안 성도는 영국의 포스트 에반젤리컬(Post-Evangelical) 운동가들이라고 할 수 있다. 유럽에서는 제도화된 교회를 떠나 독자적인 신앙을 영위하려는 흐름이 일찌감치 나타났는데, 1980년대 영국은 '복음주의의 르네상스'라 불릴 정도로 기독교가 부흥하고 있었지만 부흥의 흐름을 타고 발생하는 문제점들을 비판적으로 바라보며 교회 밖으로 나간 사람들이 있었다.[30] 데이비 톰린슨은 이렇게 교회를 빠져 나가는 사람들이 단순히 개인적인 문제가 아닌 영국 복음주의가 안고 있는 문제 때문에 교회를 떠나는 것이며, 교회를 떠난 후에 어떤 형태로든지 신앙생활을 지속하고 있는 것에 주목하였다. [31]

그래서 그는 제도적인 교회를 떠나 다른 방식으로 신앙생활을 탐구해 가는 사람들과 대화하면서 이들을 영국 교회 갱신의 동력으로 삼고자 포스트 에반젤리컬 운동을 일으키게 되었다. 그리고 교회와 세상의 전통적 경계 선상에서 신앙적·신학적 실험을 지속하면서 교회를 떠난 사람들이 자리매김 할 수 있도록 도왔던 것이다.[32] 이와 같이 포스트 에반젤리컬 운동가들은 제도적인 교회를 떠나 개인적으로 신앙생활을 영위하면서 교회의 본질을 찾고자 노

---

30) 양희송,『가나안 성도, 교회 밖 신앙』, 46.

31) 양희송, "포스트-에반젤리칼(Post-Evangelical)논쟁," http://yangheesong.com/90 (2018년 3월 12일 검색하였음).

32) 양희송,『가나안 성도, 교회 밖 신앙』, 46-47.

력하는 사람들이었던 것이다. 양희송 대표는 이러한 포스트 에반젤리컬 운동가들을 한국의 가나안 성도들이 추구해야 할 이상적인 모습으로 소개하기도 한다.

이와 같이 유럽에서 가나안 성도와 비슷한 사례는 크게 두 가지 그룹에서 찾아볼 수 있을 것이다. 비록 교회에 소속되어 있지는 않지만 여전히 기독교적인 가치들을 추구하며 교회에 소속되어 있는 소수의 신앙인들을 지지하고 동의하는 '소속 없는 신앙인'들이 교회를 떠나 기독교적 신앙을 추구하는 한국의 가나안 성도의 모습과 비슷하다고 할 수 있다. 또한 영국의 복음주의 안에 있는 문제점을 발견하고 그 문제를 해결하기 위해 제도적인 교회를 떠나 실험적인 신앙을 추구하는 포스트 에반젤리컬 운동가들이 교회 안의 문제로 인해 제도적인 교회를 떠나 신앙의 본질을 추구하는 한국의 가나안 성도의 모습과 닮아 있다고 할 수 있다.

2) 미국의 가나안 성도

미국에서도 교회를 이탈하는 사람들이 꾸준히 증가하는 가운데 교회를 떠나 신앙생활을 지속하는 사람들이 이미 오래전부터 존재하고 있었다. 미국에서는 이러한 사람들을 '교회를 떠난 기독교인(Unchurched Christian 또는 Churchless Christian)'이라고 부르며 이들에 대한 연구가 이어지고 있다.

미국의 기독교 전문 리서치 기관인 바나 그룹의 대표 데이비드 키네먼(David Kinnaman)은『청년들은 왜 교회를 떠나는가』라는 저서를 통해서 미국의 청년들이 교회를 떠나는 이유에 대해 분석하면서 비록 젊은이들이 교회를 떠나고 있지만 교회 밖에서 여전히 신앙을 유지하고 있다는 사실을 밝히고 있다. 데이비드 키네먼은 교회를 떠난 사람들을 세 가지 유형으로 나누고 있는데, 첫 번째는 교회 활동은 하지 않지만 여전히 자신을 기독교인으로 여기는 유목민 유형, 두 번째는 믿음을 잃고 스스로를 '더는' 기독교인이 아니라고 말하는 탕자 유형, 세 번째는 여전히 기독교 신앙을 유지하고 있지만 교회와 문화 사이에서 길을 잃은 포로 유형이 있다는 것이다.[33)]

또 다른 책『처치리스(Churchless)』에서는 교회 안팎의 2만 명이 넘는 성인들을 대상으로 인터뷰를 포함한 20회 이상의 설문 조사를 통해 교회 밖 사람들을 연구하고 있다. 이 책에서 데이비드 키네먼은 "교회 밖의 미국인 3명 중 2명이 자신을 영적인 사람이라고 말하며, 절반 이상이 자신의 삶에 신앙이 매우 중요하다고 말하고, 99%가 기독교를 알고 있으며 69%가 기독교를 긍정적으로 생각하지만 거의 절반이 교회에 가는 일에 별 가치를 두지 않는다"고 정리하고 있다.[34)] 또한 비록 교회는 떠났지만 여전히 기독교적인 신앙을 유지하고 있거나 영적인 것을 추구하는 사람들의 비율이 높게 나타나고 있기 때문에 이들을 위한 대책 마련이 시급하다

33) David Kinnaman,『청년들은 왜 교회를 떠나는가』, 이선숙 역 (서울: 국제제자훈련원, 2015), 30.
34) George Barna, David Kinnaman,『처치리스』, 장택수 역 (서울: 터치북스, 2015), 60.

는 것을 밝히고 있는 것이다. 이와 같이 대다수의 미국인들이 여전히 신앙을 중요하게 여기지만 신앙생활과 교회 다니는 것을 별개로 생각하는 비율이 높아지고 있는 것이다.

또 다른 한편에서 나타나는 가나안 성도의 모습은 제도 종교 밖에서 영성을 추구하는 새로운 종교 그룹인 SBNR(Spiritual but not Religious)이라고 할 수 있다. 이러한 SBNR은 미국의 종교 인구 중에서 가장 빠른 속도로 증가하고 있으며 기존의 종교인들 못지않게 종교적이고 영성을 여정으로 이해하는 사람들로서 다양한 종교에서 자신에게 맞는 영성을 개발한다.[35] 따라서 만달라, 명상, 요가, 채식주의, 향 피우기 등 여러 종교에서 실천하고 있는 영성 기법을 시도하고, 독서나 훈련 과정의 참여를 통해 직접적인 영적 체험을 추구하기도 한다.

로버트 풀러(Robert C. Fuller)는 미국인들 중 40% 가까이가 종교 단체에 소속 되어 있지는 않지만 집에서 예배를 드리거나 영적인 삶을 추구하고 있다고 말하면서, 이러한 SNBR(Spiritual but not Religious) 그룹이 최근에 발생된 것이 아니라 19세기 중반부터 있어 온 현상이라고 이야기 한다.[36] 그러나 전통적인 SNBR 그룹과 달리 현대의 SNBR 그룹은 보이지 않는 차원을 강조하는 한편 특정 종교의 세계관이나 교리를 유일한 진리로 수용하지는 않는다.[37] 이러한 SBNR 그룹은 제도 밖에서 영성을 추구한다는 점

35) 중앙일보 중앙SUNDAY 미래탐사팀, 『10년 후 세상: 개인과 삶과 사회를 바꿀 33가지 미래상』(서울: 청림, 2012), 162-64.

36) Robert C. Fuller, *Spiritual, but not religious: understanding unchurched America* (New York: Oxford University Press, 2001).

37) 성해영, "'무종교의 종교(Religion of no Religion)' 개념과 새로운 종교성: 세속적 신비주의와 심층심리학의 만남을 중심으로," 「종교와 문화」 32(2017): 13-16.

에서 한국의 가나안 성도와 비슷한 모습일 수는 있지만 기독교적인 신앙만을 추구하는 것이 아니라 다양한 종교를 혼합하여 받아들인다는 점에서 차이를 보이고 있다.

이와 같이 미국의 경우에는 교회를 떠나 무종교인이 되었지만 여전히 기독교에 대해 호의적인 '교회를 떠난 기독교인'이나 새로운 영성을 추구하는 'SBNR 그룹'이 한국의 가나안 성도와 비슷한 형태라고 할 수 있을 것이다.

3) 한국의 가나안 성도와의 비교

이와 같이 유럽과 미국에서는 이미 오래전부터 한국의 가나안 성도와 비슷한 형태의 종교성을 지닌 사람들이 존재하고 있었다. 영국의 포스트 에반젤리컬 운동에 속한 사람들은 한국의 가나안 성도와 같이 교회의 문제점에 대한 반발로 교회를 떠났다는 공통점을 가지고 있다. 그러나 아직까지 한국의 가나안 성도들은 포스트 에반젤리컬 운동과 같은 뚜렷한 교회 개혁 운동을 일으키지는 못하고 있다는 점에서 차이를 보이고 있다. 물론 양희송 대표와 같이 한국의 가나안 성도가 영국의 포스트 에반젤리컬 운동처럼 한국 교회를 갱신할 수 있는 하나의 동력이 되길 바라며, 가나안 성도 모임을 이어가는 흐름도 있지만 아직까지는 작은 모임 형태로 운영되고 있으며 가나안 성도들의 흐름을 주도하고 있지는 못하고 있다.

또 다른 형태의 '소속 없는 신앙인(believing without belonging)'과 한국의 가나안 성도와의 가장 큰 차이점은 그들을 둘러싼 사회적인 환경이 전혀 다르다는 것이다. 영국 사회는 이미 오래전부터 기독교적 세계관을 바탕으로 문화가 형성되어 있기 때문에 교회를 출석하지 않는다고 해도 기독교적 신앙을 유지하는 것이 어렵지 않다. 이런 현상을 '문화화한 기독교'라고 표현하는데, 따라서 그들은 교회와 좋은 관계를 유지하며, 출생, 결혼, 장례와 같은 인생의 중대한 사건들이 교회를 중심으로 이루어진다.[38] 그러나 한국의 가나안 성도의 경우 교회를 떠나는 순간부터 교회와 불편한 관계 가운데 놓이게 되고 아예 관계를 단절하는 경우가 많다. 아직은 한국 교회에서 가나안 성도를 보는 시각이 불편할 뿐만 아니라 가나안 성도들이 교회를 떠나게 된 이유 중에는 교회에 대한 불만과 저항적인 요소들이 많이 있기 때문이다. 따라서 교회에 소속 되어 있지 않다는 점에서는 같다고 할 수 있겠지만 교회와의 관계에서 가장 뚜렷한 차이점을 보이고 있다.

한편 한국의 가나안 성도와 미국의 교회를 떠난 기독교인(unchurched Christian)은 교회를 떠나 제도권 교회 밖에서 신앙을 유지하고 있다는 점에서 공통점을 가지고 있다고 할 수 있을 것이다. 또한 한국의 기독교적인 상황과 미국의 기독교적인 상황이 비슷한 부분이 많기 때문에 교회를 떠난 기독교인은 한국의 가나안 성도와 가장 비슷한 행보를 보이고 있다고 할 수 있다. 그러나 미

38) 채병관, "한국의 '가나안 성도'와 영국의 '소속 없는 신앙인'에 대한 비교 연구," 「현상과 인식」 40(2016): 171-72.

국의 교회를 떠난 기독교인은 자신들의 정체성을 무종교인으로 표현하는 반면 한국의 가나안 성도들은 여전히 기독교인으로서 정체성을 표현한다는 점에서 차이를 보이고 있다. 이는 미국의 경우 대부분 기독교적인 신앙 배경에서 태어나 자라다가 교회 밖으로 나갔기 때문에 스스로를 무종교인으로 분류하는 경향이 있는 반면, 한국의 경우 무종교인이었다가 기독교인 되었기 때문에 교회 밖으로 나갔어도 기존의 무종교인들과는 다른 신앙적인 특성을 가지고 여전히 기독교인으로서 정체성을 적극적으로 표현한다고 할 수 있을 것이다.

그리고 한국의 가나안 성도는 미국의 SBNR(Spiritual but not Religious) 그룹과도 다른 양상을 보이고 있는데, 미국의 SBNR 그룹이 제도화된 종교를 떠나 영성을 추구한다는 점에서 가나안 성도와의 외형적인 모습은 같을지 몰라도 한국의 가나안 성도들은 참된 기독교적 영성을 추구하기 위해 교회를 떠났다는 점에서 차이를 보인다고 할 수 있다. 미국의 SBNR 그룹은 다양한 종교의 영성을 혼합적으로 추구하지만 한국의 가나안 성도는 기독교 신앙의 본질을 추구하고 있는 것이다. 물론 한국의 가나안 성도들 중에도 종교다원주의적인 성향을 보이는 사람들도 있고, 무종교적인 성향을 보이는 사람들이 있지만 그러나 아직까지는 한국의 가나안 성도들은 교회로 다시 돌아갈 의지를 가지고 있으며 기독교인으로서의 정체성의 혼동을 느끼는 것이지 적극적으로 다른 종교의 영성을 추구하는 것은 아니다.

이와 같이 한국의 가나안 성도와 유럽과 미국의 가나안 성도의 경우 제도권 밖에서 영적인 삶을 추구한다는 공통점을 가지고 있지만 그들을 둘러싸고 있는 사회적인 환경이나 추구하는 목적에 있어서는 차이점을 가지고 있다고 할 수 있을 것이다.

3. 가나안 성도에 대한 이해

1) 가나안 성도의 정의

가나안 성도를 한마디로 정의 내리는 것은 쉽지 않다. 용어의 기원이나 출처가 불분명하고, 자료들도 한정적이기 때문이다. 지금까지의 연구를 통해서 '가나안' 이란 단어를 반대로 뒤집어서 '안 나가'라는 의미로 사용되어진 첫 번째 사례는 함석헌 선생의 글에서 발견되고 있다. 함석헌 선생은 "이상하게도 '가나안'이 거꾸러지면 '안 나가'가 되지 않나? 오늘 한국 교회의 특징을 말한다면 '안 나가' 부대다. 그들은 사회악과 겨루는 역사의 싸움에서 뒤를 빼고 송아지 앞에서 절을 하고, 둘러앉아 노래 부르고 춤추는 것을 예배라고 한다. 그러니 하나님의 발가락인 아래층 사회가 교회에서 빠져나간 것은 당연한 일이다. 빠져 나간 것이 아니라 내쫓은 것이다."[39] 라고 이야기 하면서 이 용어를 사용하고 있다. 함석헌 선생은 교회에서 세상으로 나가지 않는 교인들의 모습을 '가나안'이란

39) 함석헌, "한국 기독교는 무엇을 하려는가?,"「월간 씨알의 소리」(1971. 10), 34; 양희송, 『가나안 성도, 교회 밖 신앙』, 21에서 재인용하였음.

용어로 표현하였는데, 오늘날에는 그와 반대로 교회 밖으로 나가 교회에 나가지 않는 그리스도인들을 풍자적으로 일컫는 말로 '가나안'이라는 단어를 사용하고 있는 것이다.

가나안 성도에 대한 논의를 촉발시켰던 양희송 대표는 교회를 떠난 사람들을 크게 두 부류로 나눈다. 한 부류는 대형교회에서 나타난 여러 가지 문제들로 인해 여기저기 교회를 떠돌아다니는 '부유층(富裕層)'으로 타의에 의해 교회를 떠났지만 다시 교회로 되돌아갈 의사가 있는 사람들이라는 것이다.[40] 그러나 또 다른 부류인 가나안 성도들은 좀 더 자의식이 강하고 교회에 비판적이며 신앙에 대한 문제의식이 강한 사람들로 오랜 고민 끝에 교회에 나가기를 멈춘 사람들이라고 말한다.[41] 양희송 대표는 가나안 성도를 단순한 탈락자들이 아닌 새로운 신앙 운동의 가능성을 가진 이들로 평가하면서 주입식으로 받아들여진 신앙에 문제의식을 가지고 그 해답을 찾아가는 신앙의 여정을 가는 사람들이라고 정의하는 것이다.[42] 그러나 이렇게 의식을 가지고 교회를 떠난 사람들만 가나안 성도라고 정의한다면 의외로 그 숫자가 적을 수 있다. 양희송 대표 역시 교회를 비자발적으로 떠난 가나안 성도와 자발적으로 떠난 가나안 성도를 구분하면서 자발적인 가나안 성도는 숫자가 많지 않을 수 있다고 인정한다.

한편, 종교사회학적인 측면에서 가나안 성도들을 연구한 정재영 교수는 가나안 성도를 "기독교인이라는 정체성은 가지고 있지만

40) 양희송, 『다시, 프로테스탄트』 (서울: 복 있는 사람, 2012), 124-25.
41) 위의 책, 125-26.
42) 양희송, 『가나안 성도, 교회 밖 신앙』, 172-73.

현재 교회는 출석하지 않으면서 개인적으로 신앙생활을 하는 기독교인"이라고 정의하면서,[43] 가나안 성도에 대한 보다 폭 넓은 이해를 제시한다. 정재영 교수는 가나안 성도가 기독교인으로서의 정체성도 약하고 교회에 정착하지 못하는 나일론 신자하고는 다르며, 가나안 성도들이 제도화된 교회에 저항하는 사람들이긴 하지만 교회 자체를 거부하는 무교회주의자들과는 다르다고 보았다.

정재영 교수와 함께 가나안 성도에 대한 연구를 진행한 조성돈 교수는 가나안 성도를 어려서부터 신앙생활을 해 오다가 그들의 변화된 사고를 받아주지 않는 교회와의 갈등 속에서 이탈한 사람들이라고 정의한다.[44] 이러한 조성돈 교수의 가나안 성도에 대한 이해는 모태신앙을 가진 가나안 성도에게 맞춰진 것이기 때문에 가나안 성도에 대한 보다 협소한 이해라고 할 수 있을 것이다.

이와 같이 가나안 성도에 대한 다양한 이해와 정의가 공존하기 때문에 가나안 성도를 한마디로 정의하는 것은 어려운 일이다. 본서에서는 "스스로 기독교인이라고 생각하지만 교회는 출석하지 않는 사람들"을 가나안 성도로 정의하고 가나안 성도들에 대한 연구를 진행하였다. 어떠한 특정한 목적이나 이유를 가지고 자발적으로 교회를 떠난 사람들뿐만 아니라 여러 가지 이유에서 자연스럽게 교회에서 멀어졌으나 다시 교회로 돌아가지 못하고 신앙에 어려움을 겪고 있는 사람 모두를 가나안 성도로 정의하고 그들을 실제적으로 도울 수 있는 방법을 모색하고자 하는 것이다.

43) 정재영, 『교회 안 나가는 그리스도인 가나안 성도를 어떻게 이해할 것인가』, 17-18.
44) 조성돈, "가나안 성도를 통해 본 현대인의 영성," 13-14.

우리 주변을 둘러보면 다양한 가나안 성도가 존재한다. 모태신앙으로 자라났지만 부모 또는 교회와 신앙의 갈등을 겪다가 자신의 신앙을 찾아 가나안 성도가 된 사람들이 있다. 또한 교회 내부의 문제와 갈등으로 인해 어려움을 겪다가 교회를 떠나게 된 사람들이 있다. 개인적인 어려움을 겪고 있지만 신앙 안에서 어떤 위로와 도움도 받지 못하고 오히려 그런 어려움이 신앙의 부족함 때문이라는 비난에 상처받고 교회를 떠난 사람도 있다. 또는 교회 지도자들의 비신앙적이고 독단적인 행동으로 인해 상처를 받고 오랜 시간 고민하다가 교회를 떠나기도 한다. 현실과 동떨어진 신앙에 대해 이의를 제기하다가 비판을 받고 내쫓기는 경우도 있다.

이와 같이 다양한 이유 때문에 많은 사람들이 교회를 떠나고 있다. 이렇게 교회를 떠나면서 기독교 신앙을 버리는 사람들도 많다. 그런데 교회는 떠났지만 기독교 신앙 자체를 부인하지 않는 사람들이 늘고 있는 것이다. 기독교인이라는 자신의 종교적 정체성은 유지하지만 교회에 출석하는 일은 주저하는 사람들이 늘어나고 있는 것이다. 바로 이러한 사람들이 가나안 성도라고 할 수 있다. 이렇게 다양한 가나안 성도를 이해하고 돕기 위해서는 가나안 성도를 좁게 규정하는 것보다는 통합적으로 규정하는 것이 필요할 것이다. 아직은 가나안 성도에 대한 연구가 초기 단계에 있기 때문에 전체적인 관점으로 가나안 성도에 대해 연구할 필요성이 있기 때문이다. 조금 더 연구가 진행된 다음에는 가나안 성도들의 세부적인 그룹을 대상으로 좀 더 전문적인 연구가 필요하리라 생각된다. 그러나 본 서에서는 먼저 가나안 성도를 좀 더 넓게 이해하고 그에 따른 특징들을 살펴보고자 한다.

2) 가나안 성도의 분류

가나안 성도에 대한 다양한 이해가 공존하는 것과 같이 가나안 성도에 대한 분류도 다양한데, 이는 가나안 성도들에게 다양한 특징들이 나타나기 때문이다. 먼저 정재영 교수는 심층 면접을 통해 만난 38명의 가나안 성도들을 유형별로 구분하면 기독교인으로서의 정체성과 구원의 확신이 뚜렷한 '정체성이 뚜렷한 기독교인'과 구원의 확신은 부족하지만 자기 나름의 기독교적 인식을 가진 '문화적인 기독교인', 기독교인이라는 정체성은 없지만 여러 종교에 호감을 갖고 진리를 찾는 '구도자', 그리고 기독교인으로서의 정체성도 없고 종교 자체도 부정적으로 생각하는 '무신론자' 네 가지 유형으로 분류하고 있다.[45)]

'정체성이 뚜렷한 기독교인'으로 분류된 가나안 성도는 성경의 내용들을 있는 그대로 믿는 사람들로 최근에는 다시 교회에 출석한 사람들도 있을 정도로 현재 교회에 다니는 기독교인들과 비슷한 특성을 가진 사람들이라고 볼 수 있다는 것이다. '문화적인 기독교인'으로 분류된 가나안 성도는 구원의 확신은 없지만 기독교의 가르침을 좋아하며 스스로 따르려는 특징을 보이고, '구도자'로 분류된 가나안 성도는 다른 종교에도 구원이 있을 수 있다고 믿는

45) 정재영, "'소속 없는 신앙인'에 대한 연구," 「현상과 인식」 37 (2013): 91.

종교 다원주의적 사고를 가지고 있다는 것이다. 그리고 마지막으로 '무신론자'들로 분류된 가나안 성도는 다시 두 가지로 구분할 수 있는데, 첫째는 교회 다니는 동안에는 기독교인으로서 정체성이 분명했지만 교회를 떠난 이후 무신론자가 된 경우와 두 번째는 교회를 다니는 동안에도 정체성이 불분명한 상태에서 기독교 신앙을 가지려고 노력하다가 교회를 떠난 이후 그 노력이 지속되지 못하고 무신론자가 된 경우가 있다는 것이다.

기독상담학적 측면에서 가나안 성도에 대한 연구를 진행한 박성원 연구자는 "교회에 참석한 경험과 본인이 기독교인이라고 생각한 경험이 있는 신앙인으로서 현재는 교회에 불참"하는 사람들을 가나안 성도로 규정하고, 교회 재출석에 대한 의사를 바탕으로 이들을 세분화하여 가나안 성도로서 생활을 지속하기 원하는 '지속적 가나안 성도', 다시 교회 참석을 원하는 '잠정적 가나안 성도', 현재 기독교인이 아니라고 밝히며 '신앙생활을 완전히 중단한 신앙인'으로 구분하고 있다.[46] '지속적인 가나안 성도'는 앞으로도 교회에 출석하지 않으면서 가나안 성도로서 지속적으로 신앙생활을 영위하려는 사람들이고, '잠정적 가나안 성도'는 교회에 출석하지 않는 것에 대해 불편한 감정을 느끼고 상황이 정리되면 다시 교회로 돌아가기를 원하는 사람들이며, '신앙생활을 완전히 중단한 신앙인'은 기독교에 관심을 가지고 교회에 출석한 적은 있지만 현재는 기독교인이 아니라고 밝히는 사람들이다.

46) 박성원, 권수영, "'가나안 성도'들의 탈(脫)교회에서의 신앙경험에 대한 연구," 『한국기독교상담학회지』 28(2017): 72.

한편, 정재영 교수의 설문 조사 대상이었던 316명의 가나안 성도들을 대상으로 가나안 성도들의 탈종교성을 연구한 임영빈 연구자는 무종교인과 탈종교인의 분화라는 측면에서 가나안 성도들을 분류한다. 임영빈 연구자는 가나안 성도가 교회에 소속되어 있지 않다는 점에서 무종교인으로 분류할 수 있지만 종교성을 가지고 있기 때문에 무종교인 집단에서도 분류된 사람들이라고 규정한다.[47] 그러나 가나안 성도 가운데 교회로 돌아갈 마음이 없는 사람들은 다시 탈종교인으로 분류될 수 있다고 주장하면서, 탈종교인이란 "교회를 떠난 후 신앙은 버리지 않았지만 교회로 돌아가고 싶은 마음이 없는 사람들"로 규정할 수 있다는 것이다.[48]

이렇게 가나안 성도들을 다양하게 분류할 수 있다는 것은 가나안 성도들을 단순하게 규정할 수 없다는 것을 나타낸다고 할 수 있다. 이는 가나안 성도의 정의에서도 살펴본 바와 같이 다양한 이유와 상황으로 가나안 성도가 되기 때문이다. 그리고 가나안 성도들이 현재 처해져 있는 상황이 다르고 신앙의 형태가 다르기 때문이다. 따라서 가나안 성도들을 제대로 이해하기 위해서는 가나안 성도들에게서 나타나는 다양한 특징들을 살펴보아야 할 것이며, 가나안 성도들의 다양한 특징에 따라 가나안 성도들을 분류해야 할 것이다. 이렇게 분류할 때 그 안에서 가나안 성도들의 특징들이 더욱 분명하게 드러나게 되어 그에 맞는 대책을 세울 수 있게 될 것이다.

---

47) 임영빈, 정재영 "한국 무종교인에 관한 연구: 무종교인과 탈종교인의 분화를 중심으로," 『종교연구』 77(2017): 79.
48) 위의 글, 78-79.

본 서에서는 가나안 성도들의 실증적인 연구를 통해 나타나는 다양한 특징에 따라 가나안 성도들을 분류하고자 한다. 이미 앞에서 살펴본 바와 같이 가나안 성도들은 다양한 기준으로 분류할 수 있는데 본 연구에서는 가나안 성도들의 종교적인 성향에 초점을 맞춰 분류하고자 한다. 가나안 성도들의 종교적인 성향은 그들이 교회를 떠나는 이유와도 관련이 있을 수 있으며 구원관과는 더욱 직접적인 관련이 있을 것이기 때문이다. 따라서 가나안 성도들의 종교적인 성향의 특징들을 분석할 때 가나안 성도들이 온전한 회심과 더불어 신앙의 성장을 이루어 나갈 수 있는 효율적인 전도 방법들을 찾을 수 있을 것이기 때문이다.

3) 가나안 성도의 현황과 한계

현재 한국 교회 가나안 성도의 규모가 얼마인지는 정확하게 파악되지 않고 있다. 이에 대한 다양한 추측들이 난무하지만 양희송 대표와 정재영 교수는 가나안 성도의 규모를 대략 100만 명 정도로 추정하고 있다.[49] 이러한 추정은 기독교인들 중에 10.5%가 교회를 출석하지 않는 것으로 나타난 2013년 한국기독교목회자협의회에서 발표한 자료에 따른 것인데, 한국기독교목회자협의회에서 최근 발표한 2017년도 자료에서는 기독교인 중에서 23.3%가 교회

49) 양희송, 『가나안 성도, 교회 밖 신앙』, 35; 정재영, 『교회 안 나가는 그리스도인: 가나안 성도를 어떻게 이해할 것인가』, 19.

를 출석하지 않는 것으로 나타나고 있다.[50] 그렇기 때문에 동일한 방법으로 가나안 성도의 규모를 추산하게 된다면 현재 가나안 성도의 규모는 대략 230만 명 정도라고 할 수 있을 것이다. 물론 이러한 추산이 정확하다고 볼 수는 없겠지만 현재 가나안 성도의 규모가 작지 않으며 그 숫자가 급격하게 늘어나고 있는 것만은 확실하다고 할 수 있을 것이다.

그렇다면 교회에 출석하고 있지 않은 이 많은 가나안 성도들은 어떻게 신앙을 유지하고 있는 것인가? 정재영 교수의 연구에 따르면 가나안 성도의 91.8%는 어떠한 신앙 모임에도 참석하지 않는 것으로 나타나고 있다.[51] 대부분의 가나안 성도들이 교회를 떠나 개별적으로 신앙을 영위하고 있는 것이다. 박성원 연구자의 연구에 의하면 이들은 자유로운 시간과 형식을 통해 나름의 예배를 드리고 있으며, 말씀 묵상과 개인기도 시간을 통해 신앙생활을 유지하고 있는 것으로 나타난다.[52] 또는 몇몇 사람들과 함께 예배를 드리는 경우도 있고 인터넷과 같은 미디어를 통해 예배와 설교를 시청하거나 가끔은 기존 교회에 나가서 예배를 드리기도 한다는 것이다.

이렇게 가나안 성도들이 개인적으로 신앙을 유지하는 것이 일반적이지만 나름의 목적을 가진 자생적인 모임을 만들기도 한다. 양희송 대표는 2013년부터 '세속 성자 수요 모임'을 통해 가나안 성도들의 신앙 여정을 지원하고 있다.[53] 최근 들어서는 가나안 성도

---

50) 한국기독교목회자협의회, 『한국기독교분석리포트: 2018 한국인의 종교생활과 의식조사』, 80.
51) 정재영, "종교 세속화의 한 측면으로서 소속 없는 신앙인들에 대한 연구," 596.
52) 박성원, 권수영, "'가나안 성도'들의 탈교회에서의 신앙경험에 대한 연구," 85.
53) 청어람ARMC, "세속성자 수요모임," http://www.podbbang.com/ch/7558.

들을 위한 전문적인 목회나 대안 교회들도 세워지고 있다. 또는 온라인 공간을 통해 가나안 성도들은 서로 소통하며 그들의 생각이나 목적을 널리 알리고자 SNS를 활용하기도 한다.

가나안 성도에 대한 관심이 높아지고 가나안 성도들을 위한 전문적인 사역들과 교회들이 세워지고 있지만 여전히 가나안 성도들의 대부분은 개인적으로 신앙생활을 영위하고 있기 때문에 여러 가지 어려움과 한계에 직면해 있다고 할 수 있을 것이다. 이미 앞에서 살펴본 바와 같이 가나안 성도들의 다양한 종교성은 가나안 성도들이 가지고 있는 첫 번째 위험요소라 할 수 있다. 어떤 제도와 원칙들이 정해져 있는 것이 아니기 때문에 그들 스스로 묻고 찾아가는 신앙의 여정에서 때론 다른 종교에 심취할 수도 있고, 무신론적인 사상에 심취할 수도 있는 것이다. 따라서 기독교인이라는 정체성을 가지고 있다고 하더라도 종교 다원주의적인 성향이나 무신론적인 성향이 나타나기도 하면서 기독교인이라는 정체성이 약해질 수 있는 것이다.

또한 그렇게 신앙적인 탐구의 시간을 갖다 보면 오랜 시간 가나안 성도로 머물게 될 가능성이 높다고 할 수 있다. 그런데 이렇게 교회를 떠난 기간이 길어진다면 신앙을 잃어버리고 교회로 돌아올 가능성은 점점 적어진다고 할 수 있다. 채병관 교수는 뒤르케임의 집단의식의 차원에서 가나안 성도를 분석하면서 교회를 떠나 있는 기간만큼 교회공동체의식이 약해질 수밖에 없기 때문에 그들이 교회로 다시 돌아간다고 해도 기존의 공동체와는 다른 공동체를 형성할 가능성이 크다고 주장한다.[54] 따라서 가나안 성도들이 교회를 떠난 기간이 길어질수록 집단의식이 약해지기 때문에 교회로 돌아올 가능성도 적어지고 돌아오더라도 교회에 적응하기가 어려울 수 있다는 한계를 지니고 있다고 할 수 있는 것이다.

뿐만 아니라 교회를 떠난 기간이 길어질수록 스스로 신앙을 유지할 수 있는 실력이 없다면 신앙을 잃어버릴 가능성이 높다고 할 수 있을 것이다. 그렇기에 스스로 신앙을 유지할 수 있는 실력을 갖추지 못하고 가나안 성도가 된 경우라면 반드시 적절한 도움이 필요할 것이다. 사실 스스로 신앙생활을 유지하며 신앙의 고민을 풀어갈 수 있는 가나안 성도는 많다고 볼 수 없기 때문에 이러한 문제는 가나안 성도가 가지고 있는 매우 큰 위험 요소라고 할 수 있을 것이다.

따라서 가나안 성도들이 기독교인으로서 정체성을 유지하면서 신앙적인 탐구의 여정을 마치기 위해서는 적절한 환경과 도움이 필요하다고 할 수 있을 것이다. 더군다나 가나안 성도들의 신앙적 순례가 한국 교회에 개혁의 발판이 되기 위해서는 더욱 가나안 성도들의 단합된 힘이 필요하다고 할 수 있는데 아직까지 가나안 성도들의 모임이나 움직임 가운데 그런 모습은 부족하다. 채병관 교수의 지적대로 가나안 성도의 10% 정도만이 1주일에 한번 정도의 모이는 것으로는 기존 교회의 대체 운동으로 보기도 어렵고 스스로 그런 생각이나 시도를 하는 것으로 보이지도 않는다.[55]

---

54) 채병관, "뒤르케임, 부르디외, 에르비외-레제의 관점으로 본 21세기 한국개신교회의 안과 밖," 『담론』 201(2016): 84-85.
55) 위의 글, 95-96.

II. 가나안 성도의 주요 특징과 전도적 과제

한국 교회에 '가나안 성도'에 대한 이슈를 끊임없이 제기하고 있는 양희송 대표는 가나안 성도가 발생하는 이유에 대해 한국 교회가 성직주의, 성장주의, 승리주의에 빠지면서 타락했기 때문이라고 진단한다. 따라서 가나안 성도들을 단순히 '탈락자'로서 취급할 것이 아니라 이들이 제기하는 질문에 진지하게 반응하면서 한국 교회의 개혁의 발판으로 삼아야 한다고 주장한다.[56)]

교회론의 입장에서 가나안 성도의 문제를 다룬 박종원 교수는 가나안 성도의 출현이 잘못된 교회론에서 비롯되었다고 주장하며, 더 많은 가나안 성도의 발생을 막기 위해서 기존 교회들이 교회의 본질로 돌아갈 것을 촉구하고 가나안 성도들 역시 올바른 교회관을 확립하고 올바른 교회의 본질과 구조를 갖춘 공동체를 찾아 돌아갈 것을 촉구하고 있다.[57)]

이와 같이 가나안 성도들이 교회 밖으로 나갔음에도 불구하고 신앙의 정체성을 유지한다는 사실은 필연적으로 교회론에 대한 문제 제기를 촉발시킨다. 그런데 가나안 성도의 출현으로 촉발된

56) 양희송, 『다시, 프로테스탄트』, 125-26.
57) 박종원, "한국 가나안 성도 출현과 이해를 통한 변증학적 고찰: 교회론을 중심으로," 「복음과 선교」 34 (2016): 82-83.

교회론의 문제는 구원론의 문제로 이어진다. 제도 교회 밖에서도 신앙생활이 가능하다는 주장은 제도 교회 밖에서 하나님의 구원 사역이 가능하다는 주장으로 이어지기 때문이다. 그런데 이와 같은 교회론과 구원론에 대한 인식의 전환은 전도에 대해서도 새로운 관점을 제시하게 되는 것이다. 한 개인의 영혼을 구원하는 것만이 복음 전도가 아니라 이 세상 속에서 하나님의 공의로운 통치와 회복이 일어나게 만드는 것이 복음 전도가 될 수 있다는 것이다.

이렇게 가나안 성도의 출현은 복음 전도의 문제와 밀접하게 연관되어 있다고 할 수 있다. 따라서 본 장에서는 먼저 가나안 성도에 대한 정재영 교수의 2013년도 설문조사를 바탕으로 그 특징을 살펴보고, 가나안 성도의 출현으로 제기되는 교회론과 구원론의 문제가 어떻게 전도론으로 이어지는지, 전도학적인 입장에서 이러한 문제를 어떻게 바라보아야 하는지 그 방향을 제시해 보고자 한다.

오히려 전도학적인 입장에서 보면 가나안 성도들은 매우 중요한 전도의 대상자라고 할 수 있다. 전도의 효율을 높이기 위해 전도의 대상자를 복음의 수용성에 따라 분류할 수 있는데, 가나안 성도는 기독교에 대해 반감을 가지고 있거나 완전히 무관심한 비수용적인 부류가 아니라 오히려 기독교에 대한 호감과 관심이 높은 수용적인 부류라고 할 수 있기 때문이다. 더군다나 가나안 성도는 기독교인과 무종교인의 경계에 있기 때문에 새로운 무종교인 집단을 교회로 돌아오게 할 수 있는 다리의 역할을 할 수 있는 가능성을 가진 집단으로도 볼 수 있을 것이다. 따라서 가나안 성도는 기독교라는 테두리 안에 있는 구도자들이라고 할 수 있으며 적극적으로 전도해야 될 대상이라고 할 수 있는 것이다.

또한 가나안 성도를 전도한다고 했을 때 복음 전도의 목적이 온전한 회심에서 끝나는 것이 아니라 신앙이 성장하여 세상 속에서 그리스도의 영향력을 드러낼 수 있는 것까지 강조되어야 한다. 따라서 가나안 성도에 대한 복음 전도는 복음 전도의 본질적인 의미와 목적이 온전히 드러내고 실천할 수 있는 발판이 될 수 있을 것이다.

1. 가나안 성도의 주요 특징[58]

1) 이탈 과정에서 나타나는 특징

정재영 교수의 2013년 연구에 의하면 가나안 성도들이 교회를 출석한 기간은 평균 14.2년이었고, 교회 활동에 어느 정도 적극적으로 참여했던 사람들은 90% 이상이나 되었다. 또한 교회를 떠나기 전 48.1%가 구원의 확신을 분명히 가지고 있었던 것으로 나타나 가나안 성도에 대해 가지고 있었던 선입견과는 달리 신앙의 정체성이 분명했던 사람들이라는 사실이 밝혀졌다.

가나안 성도들이 교회를 떠난 시점을 살펴보면, 30대는 25.0%,

58) 가나안 성도의 주요 특징에 관한 내용은 2013년 정재영 교수의 "종교 세속화의 한 측면으로서 소속 없는 신앙인들에 대한 연구"를 참조하였다.

20대는 23.4%, 고등학교 이전은 20.0%로 30대 이전의 젊은 층에서 교회를 빠져나가는 사람들이 많은 것으로 확인되었다. 또한 교회를 떠나기 전에 6개월 이상 고민했다는 사람들이 32.1%로 가장 많았고, 교회를 옮긴 적이 없거나 한 번 옮긴 경우는 70.7%로 가나안 성도들은 교회를 자주 옮기지 않은 것으로 드러났다.

가나안 성도들이 교회를 떠난 이유는 "자유로운 신앙생활을 원해서"란 응답이 30.3%로 가장 높았고, 다음으로는 "목회자에 대한 불만"이 24.3%, "교인들에 대한 불만"은 19.1%, "신앙에 대한 회의"가 13.7%로 나타나고 있다. 가나안 성도들이 교회를 떠난 이유를 개인적인 이유와 교회적인 이유로 나누어 살펴보면, 개인적인 이유(자유로운 신앙생활+시간이 없어서+개인적인 이유)가 42.8%이고, 교회적인 이유(목회자에 대한 불만+교인들에 대한 불만)는 43.4%로 거의 비슷하게 나오고 있는 것을 알 수 있다. 신앙에 대한 회의는 개인적인 이유인 동시에 교회적인 요인도 포함되어 있다고 할 수 있기 때문에 이를 제외하면 교회적인 원인과 개인적인 원인이 비슷한 비율로 가나안 성도들이 교회 밖으로 나가는 요인이 되었다고 할 수 있다.

경제학자 앨버트 하시먼(Albert O. Hirschman)은 퇴보하는 기업이나 조직 혹은 국가가 회복의 길로 돌아설 수 있는 방법으로 '이탈(exit)', '항의(voice)', '충성(loyalty)'의 메커니즘에 대해 설명한다. 기업에서 이탈 고객이 발생했을 때 기업이 적절한 반응을 할 수 있다면 오히려 반전을 꾀할 수 있다는 것이다. 예민한 고객이 많아서 이탈자가 많으면 기업은 회복 불가능하지만 소수의 이탈자가 발생했을 때 이를 계기로 기업이 문제를 해결하면 오히려 회복의 길로 들어 설 수 있다는 것이다.[59] 항의 역시 이탈과 비슷한 방법으로 기업이 퇴보되는 것을 막을 수 있는데, 항의는 주로 이탈을 보완하거나 대체하는 방식으로 작동될 수 있다는 것이다.[60] 그러나 상당수의 조직에서는 항의와 이탈 중 한 가지 방식이 압도적으로 작용하는데, 이탈이라는 것이 매우 극단적인 방법이기 때문에 내부 충성자들에 의해 항의가 활성화되는 것이 더욱 효과적으로 기업을 회복시킬 수 있는 방법이라고 주장한다.[61]

가나안 성도에 대한 정재영 교수의 연구를 살펴보면 교회에 충성도가 높았던 사람들이 교회를 이탈하여 가나안 성도가 되는 경우가 적지 않은 것을 알 수 있다. 또한 가나안 성도가 교회를 떠난 이유의 절반은 교회에 대한 문제 때문인 것으로 나타나고 있다. 그리고 개인적인 이유 때문에 교회를 떠나는 사람들도 그들의 종교적인 욕구가 충족되었다면 떠나지 않았을 가능성이 높다고 할 수 있다. 따라서 앨버트 하시먼의 이론이 모든 가나안 성도의 이탈 과정을 설명할 수는 없겠지만 교회에 충성도가 높았던 사람들의 이탈을 설명하기에 적절한 하나의 틀이 될 수는 있을 것이다. 또한 교회에 불만을 가지고 있는 사람들의 이탈을 이해하는 틀도 될 수 있을 것이다.

교회에 충성도가 높았던 성도들이 교회의 문제를 발견하게 되

59) Albert O Hirschman, 『떠날 것인가, 남을 것인가: 퇴보하는 기업, 조직, 국가에 대한 반응』, 강명구 역 (서울: 도서출판 나무연필, 2016), 69-71.
60) 위의 책, 83-92.
61) 위의 책, 151-57.

거나 신앙에 대한 의구심을 품게 되었을 때 그러한 문제들을 제대로 소통할 만한 창구들을 발견할 수 없을 수 없다면, 즉 항의를 표현할 방법을 찾지 못한다면 결국 떠날 수밖에 없는 것이다. 그렇기 때문에 교회 안에서 교회 구성원들이 항의의 목소리를 낼 수 있는 방법들이 마련된다면 가나안 성도의 발생을 미연에 방지할 수 있을 뿐만 아니라 교회가 쇠퇴하는 것을 막을 수 있는 하나의 방법이 될 수 있을 것이다. 또한 가나안 성도들이 아직은 완전히 교회를 떠났다고 볼 수는 없기 때문에 지금이라도 가나안 성도들이 항의와 이탈을 통해서 말하고자 하는 바를 귀 기울여 들을 수 있다면 교회가 쇠퇴하는 길에서 벗어나 다시 회복의 길로 들어설 수 있는 계기를 만들 수 있을 것이라고 할 수 있는 것이다.

2) 구원관과 복귀의사에서 나타나는 특징

정재영 교수의 2013년 연구에서 가나안 성도들에게 구원에 대한 생각을 물어 본 결과 "기독교에만 구원이 있다"는 응답은 31.0%, "다른 종교에도 구원이 있을 수 있다"는 응답은 36.2%, "구원의 문제가 중요하다고 생각하지 않는다"는 응답은 32.9%로 나타났다. 이 항목은 가나안 성도의 신앙의 특징을 나타내는 중요한 항목이라 할 수 있는데, 기독교에만 구원이 있다는 보수적인 신앙을 가진 사람들이 가장 적었고, 다른 종교에도 구원이 있다는 종교다원주의적인 성향을 가진 사람들이 가장 많았으며, 구원의 문제를 중요하게 생각하지 않는 경우가 그 다음으로 많았다. 이와 같은 결과는 가나안 성도들이 구원에 문제에 있어 매우 개방적인 생각을 가지고 있다는 사실을 보여준다고 할 수 있는데, 기성 교회가 구원의 문제에 대해 보수적인 것과는 대조를 보이고 있다고 할 수 있을 것이다.

또한 정재영 교수의 연구에서 구원과 관련된 유의미한 변화가 포착되는데 기독교에만 구원이 있다고 믿는 가나안 성도들에게 교회 이탈 후 구원의 확신을 물어 본 결과 82.1%는 구원의 확신이 있으며 17.9%는 확신이 없다고 응답하였다는 점이다. 주목할 점은 교회를 떠나기 전 구원의 확신 여부와의 관계에서 구원의 확신이 있었던 사람들 중에 90.5%가 현재에도 구원의 확신이 있다고 대답했지만 9.5%는 구원의 확신이 없다고 응답했다는 것이다. 또한 구원의 확신이 뚜렷하지 않았던 사람들 중에는 61.3%가 구원의 확신이 있지만 38.7%는 구원의 확신이 없는 것으로 응답했다. 이 질문이 기독교에만 구원이 있다고 생각하는 사람들에게 한정되어 있었고, 구원의 확신에 대한 응답이 '있다/뚜렷하지 않다/없다'에서 '있다/없다'로만 선택할 수 있도록 달라져서 '뚜렷하지 않다'는 중간적인 입장에 있던 사람들이 '있다/없다' 중에 한 쪽을 선택해야 했지만 이러한 결과는 교회를 떠난 후에 구원의 확신을 가지는 사람들이 늘어나는 경우가 있다는 사실을 보여주는 것이다. 따라서 기독교에만 구원이 있다고 생각하는 가나안 성도들 중에는 교회를 떠난 후에도 신앙을 유지하고 성장시킨 사람들이 있다는 것을 알 수 있다.

가나안 성도들이 다시 교회를 돌아가고 싶어하는지를 묻는 항목에서는 13.8%는 가능한대로 빨리 교회에 나가고 싶다고 응답하였고, 53.3%는 언젠가는 다시 교회에 나가고 싶다고 응답하였다. 또한 어떤 교회를 출석하기를 원하는지 묻는 항목에서는 올바른 목회자가 있는 교회 16.6%, 공동체성이 강조되는 교회 15.6%, 건강한 교회 11.1%, 부담을 주지 않는 교회 9.4%, 편안한 교회 8.8% 등으로 나타났다. 가나안 성도들이 교회를 떠나게 된 이유 1, 2순위가 목회자에 대한 불만과 교인들에 대한 불만이었기에 다시 나가고 싶은 교회의 1, 2순위도 올바른 목회자와 공동체성으로 나온 것이라고 할 수 있을 것이다.

예수 그리스도를 통해서만 구원을 받을 수 있다는 기독교의 구원관은 기독교의 핵심이자 교회의 존재 이유라고 할 수 있을 것이다. 만약 예수 그리스도가 아닌 다른 방법으로도 구원을 받을 수 있다고 한다면 굳이 기독교의 신앙을 추구하고 교회를 다닐 필요가 없어지기 때문이다. 그런데 가나안 성도들의 구원관을 보면 이러한 기성 교회의 입장과는 많은 차이를 보이고 있는 것이다. 다른 종교에도 구원이 있을 수 있다는 종교 다원주의적인 성향을 보이는 가나안 성도의 비율이 가장 높고, 구원의 문제가 중요하지 않다는 가나안 성도들의 비율이 그 다음으로 높다는 사실은 가나안 성도들의 신앙에 우려를 낳게 하는 부분이 아닐 수 없다. 또한 이와 같은 가나안 성도들의 구원관은 가나안 성도들이 교회를 떠나는 결정에 영향을 미쳤을 가능성이 있다고 할 수 있을 것이다. 구원의 문제에 있어 자유롭다면 반드시 교회에 머물러야 될 필요성이 낮아질 수밖에 없기 때문이다. 따라서 가나안 성도들이 기독교인으로서의 정체성을 유지하도록 돕고, 교회 출석의 당위성을 부여하기 위해서 가나안 성도의 구원관에 대한 문제는 심각하게 다뤄져야 할 것으로 보인다.

그런데 가나안 성도들이 교회를 떠난 이유 중에는 신앙의 강요, 특별히 구원의 확신을 강요하는 분위기에 대한 거부감이 높다는 사실은 가나안 성도의 구원관에 대한 문제를 풀어 가는데 있어서 하나의 난제로 작용한다. 구원의 확신에 대한 문제는 하나님과 자신과의 문제인데, 제 3자가 구원의 확신을 확인하고 더 나아가 강요하려는 태도는 매우 무례한 것으로 여겨지는 것이다.[62] 그렇기에 가나안 성도들에게 구원의 문제는 매우 까다로운 주제가 아닐 수 없지만 반드시 해결하고 넘어가야 할 문제라고 할 수 있을 것이다.

3) 세속화와 제도화에 대한 생각에서 나타나는 특징

정재영 교수의 2013년 연구에서 종교의 세속화에 대한 생각을 묻는 질문에 대해 가나안 성도들은 아직까지 한국 사회에서는 종교의 영향력이 크다고 생각하고 있지만 상대적으로 자기 자신에게는 종교의 영향력이 크지 않다고 응답하고 있는 것으로 나타났다. "우리 사회에서 종교가 중요하다"는 항목은 87.3%가 긍정

---

62) 정재영, 『교회 안 나가는 그리스도인: 가나안 성도를 어떻게 볼 것인가』, 64.

했고, “우리 사회에서 종교의 영향력이 크다”는 항목은 89.4%가 긍정했으며, “우리 사회에서 기독교의 영향력이 크다”는 항목도 90.1%가 긍정적으로 응답했다. 그러나 “자신에게 종교가 중요하다”는 항목에서는 78.0%가 긍정적으로 응답했는데, 앞의 항목들보다는 상대적으로 낮게 나타난 것이다. 이러한 결과로 볼 때, 아직까지 가나안 성도들에게 세속화의 경향은 강하게 나타나지 않는다고 할 수 있다.

교회 제도화에 대한 항목에서는 부정적인 의견을 나타냈는데, “목회자의 말에 무조건 따르는 것은 바람직하지 않다고 생각한다”는 항목에 77.6%가 그렇다고 응답했고, “설교 말씀에 대해 다른 견해를 가질 수 있다고 생각한다”는 항목에서도 79.9%가 그렇다고 응답하였다. 또한 “교회 안에서도 다양한 견해가 있을 수 있다고 생각한다”는 항목이 87.2%로 가장 높은 동의율을 보이고 있고, “교회 안에서도 민주적인 의사 결정을 해야 한다고 생각한다”는 항목이 86.8%로 그 다음으로 높았다. 그리고 “신앙은 순전히 개인적인 것이라고 생각한다”는 항목은 71.1%, “성경에 대해 나름의 관점을 가지고 있다”는 항목은 70.9%로 가나안 성도들에게서 개인적인 신앙 추구의 모습을 발견할 수 있는 것이다.

미로슬라브 볼프(Miroslav Volf)는 기독교와 같은 예언자적 종교는 ‘상승’과 ‘회귀’라는 기능을 가지고 있는데, 이러한 기능이 제대로 역할을 하지 못하면 종교의 기능 장애가 일어난다고 이야기한다. 예언자가 신과 만나 메시지를 받는 상승 작용이 제대로 일어나지 않으면 신앙의 기능 축소가 나타나거나 우상으로 대체하는 현상이 나타난다는 것이다.[63] 그리고 이러한 상승의 기능 장애는 회귀의 기능 장애로 이어지는데 회귀의 기능 장애는 신앙의 나태와 신앙의 강요로 나타난다는 것이다. 그런데 오늘날 기독교 전통이 상승과 회귀의 기능 장애 두 극단을 오가고 있다고 진단하면서 나태함을 극복하고자 신앙을 강요하거나 강요하지 않으려다 나태해진다고 주장한다.[64]

이러한 미로슬라브 볼프의 진단은 한국 교회에도 적용될 수 있을 것이다. 한국 교회가 예언자적 기능을 제대로 수행하지 못하고 타락하면서 수많은 프로그램으로 대체하거나 세상적인 성공을 추구하고 있는 모습으로 나타나고 있다고 할 수 있기 때문이다. 또한 이러한 상승의 기능 장애는 회귀의 기능 장애로 나타나서 성도들에게 충분한 영적 양식을 공급하지 못하고 오히려 제도로서 강압하며 이끌어 가려는 모습을 보인다고 할 수 있기 때문이다.

그렇기에 가나안 성도들의 탈제도화 경향은 미로슬라브 볼프의 표현을 빌리자면, 한국 교회가 예언자적 종교로서 상승과 회귀의 기능이 제대로 작동하지 못했기 때문에 나타나는 현상으로 볼 수 있을 것이다. 가나안 성도들은 한국 교회가 기독교의 본질이 아닌 제도로서 강압하고 있다고 느끼고 있기 때문이다. 그렇기에 한국 교회가 기독교의 본질을 회복하고 예언자적 종교로서 상승과 회귀의 기능이 제대로 발휘될 수만 있다면 교회 밖의 가나안 성도뿐만 아니라 교회 안의 기존 성도들도 건강하게 신앙을 성장시킬 수

63) Miroslav Volf, 『광장에 선 기독교』, 김명윤 역 (서울: IVP, 2014), 33-36.
64) 위의 책, 43.

있는 교회 회복의 계기를 마련할 수 있을 것이다.

2. 복음 전도에 대한 가나안 성도의 문제 제기

1) 교회론에 대한 문제 제기

가나안 성도에 대한 문제는 필연적으로 교회론에 대한 논쟁을 불러온다. 어느 누구도 교회 밖에서 신앙생활을 할 수 있을 것이라고 생각하지 못했기 때문이다. 그동안 한국 교회에서는 예수를 믿는다는 것이 곧 교회를 다닌다는 것을 의미했다. 그렇기에 예수 믿으라는 말과 교회 나오라는 말이 거의 동의어처럼 사용되었다. 그런데 교회 밖에서도 그리스도인으로 살아갈 수 있다는 가나안 성도들의 생각과 행동은 그러한 기존의 관념에 정면으로 도전하는 것이다. 따라서 가나안 성도들의 교회 이탈은 교회가 무엇이고, 왜 교회에 나가야만 되는지에 대해 깊이 고민하는 계기가 되었던 것이다.

교회론을 점검하면서 가장 먼저 생각할 수 있는 부분이 가나안 성도들이 떠나간 교회는 어떤 교회인가 하는 것이다. 가나안 성도들은 그리스도인이라는 정체성을 버린 것이 아니라 제도적인 교회, 즉 가시적인 유형의 교회를 떠난 것이라고 주장한다. 이렇게 교회를 가시적인 교회와 비가시적인 교회로 구분하는 것은 알렉산드리아의 클레멘트(Alexandrian Clement)에 의해 시작되었다.

그는 '지상의 교회'와 '천상의 교회'를 구분하면서 지상의 교회는 천상의 교회의 모형이라고 주장하였다.[65] 오리겐(Origen) 또한 진정한 교회인 '영적인 교회'와 신자들의 모임인 '경험적 교회'를 구분하며 지상의 교회 안에서 인간이 그리스도 안에 참여함으로써 천상의 교회의 구성원으로 합당하게 되는 것이라고 여겼다.[66]

그러다가 교회의 박해로 인한 교회의 분열로 가시적인 교회가 강조되는 결정적인 계기가 마련되었다. 3세기에 노바티안주의자들은 박해 속에서도 타락하지 않은 자들로 구성된 교회만이 진실한 하나의 교회라고 주장했으며, 4세기에는 도나투스파에 의해 배교한 자들을 제외한 거룩한 교회를 강조하는 일이 발생되었던 것이다. 노바티안에 맞서 키프리안(Cyprian of Carthago)은 합법적으로 이루어진 감독의 지위 안에 있는 가시적인 교회의 중요성을 강조하게 되었고, 어거스틴(Augustine)은 가시적인 교회에는 선한 구성원과 악한 구성원이 혼재되어 있음을 강조하며 제도적인 교회론의 발전에 큰 영향을 끼쳤다.[67]

노바티안과 도나투스파의 주장은 교회의 거룩성을 강조하다보니 교회의 보편성을 희생시킨 결과를 초래하게 된 것이다. 이러한 위험에 대한 반작용으로 교회 감독 제도에 더욱 강조점을 두게 되었고, 이러한 흐름이 중세시대로 이어져 중세시대에는 보이는 유형의 교회를 더욱 강조하게 되면서 보이는 유형의 로마 가톨릭교

65) 신재식, "교회론의 전개, 교부시대로부터 종교개역까지: '보이는 교회'와 '보이지 않는 교회'를 중심으로,"『교회란 무엇인가』, 호서대학교 편 (광주: 한국장로교출판사, 2005), 179.
66) 위의 글, 179-80.
67) 위의 글, 181-82.

회가 보이지 않는 천상의 교회와 동일시되었던 것이다. 로마 가톨릭 교회는 "그리스도가 우리를 교회로 인도하는 것이 아니라 교회가 우리를 그리스도에게로 인도한다"[68] 고 주장하면서 로마 가톨릭교회와 관계를 맺어야지만 그리스도인이 될 수 있다고 주장한 것이다. 그리스도는 오직 직분과 성례를 통해서만 은혜를 나누어 주는데, 로마 가톨릭 교회만이 직분과 성례를 수여하는 곳이기 때문에 로마 가톨릭교회에 소속 되지 않고는 그리스도인으로서 은혜에 참여할 수 없게 되는 것이었다.[69]

그러나 루터(Martin Luther)는 믿음에 의해 구원을 받는다는 사실을 발견하고 천명함으로서 로마 가톨릭 교회의 교리를 정면으로 반박하였다. 종교개혁자들은 오히려 로마 가톨릭교회를 성경의 진리를 왜곡시킨 타락한 교회로 규정하고 가톨릭교회와 결별하면서 영적 유기체로서의 교회를 강조해 나갔다. 종교개혁자들은 무형과 유형의 교회가 하나이기는 하지만 구분되어야 한다는 점을 강조한 것이다. 루터는 하나의 교회의 두 면으로서 무형과 유형을 나눌 수 있지만 무형의 교회는 감독과 추기경의 통치에 의해서가 아니라 말씀과 성례의 순수한 집행을 통해 유형화된다고 주장했던 것이다.[70]

그러나 종교개혁자들 역시 제도로서의 교회를 강조하였다. 칼빈(John Calvin)에 의하면 교회는 지상에 살고 있는 성화된 사람만

68) Louis Berkhof, 『조직신학 하(下)』, 권수경, 이상원 역 (서울: 크리스챤 다이제스트, 1994), 809.
69) 신재식, "교회론의 전개, 교부시대로부터 종교개역까지: '보이는 교회'와 '보이지 않는 교회'를 중심으로," 184.
70) Louis Berkhof, 『조직신학 하(下)』. 816.

이 아니라 지상에 존재했던 모든 택한 사람들의 총체로서 보이지 않기 때문에 하나님께서는 지상에 있는 택함을 받은 사람들이 말씀을 듣고 약속하신 은총을 받기 위해 제도를 세우시고 보이는 교회를 두셨다는 것이다.[71] 그러면서 진정한 교회를 판단할 근거로 말씀이 올바르게 선포되는 것과 성례전이 올바르게 시행되는 것 두 가지를 제시하였다.[72]

이렇게 종교개혁자들은 로마 가톨릭교회의 주장대로 제도화된 교회에 참여하는 것으로만 구원을 얻을 수 있고 참된 그리스도인이 되는 것은 아니지만 제도화된 교회에 참여함으로서 구원에 동참하여 그리스도인으로 살아갈 수 있다고 주장하면서 교회 참여를 강조하였던 것이다.

가나안 성도는 한국 교회가 보이는 제도적인 교회에 집착하면서 보이지 않는 총체적인 교회를 잊어버리고 있다고 문제를 제기하는 것이다. 비록 자신들이 제도적인 교회 밖에 있을지라도 보이지 않는 총체적인 교회의 일원으로서 제도적인 교회의 개혁을 추구하고 있다는 것이다. 이미 언급한 바와 같이 가나안 성도들이 제도로서의 교회 자체를 거부하는 것은 아니다. 60% 이상의 가나안 성도들이 다시 교회로 돌아가기를 희망하고 있고, 건강한 교회를 찾고 있는 중이다. 그러나 오늘날 한국 교회가 종교 개혁의 정신을 잃어버리고 로마 가톨릭교회와 같이 교권주의, 제도주의로 변질되어 버린 모습에 실망하고 떠나가게 된 것이다. 가나안 성도들 역시 공

71) 신재식, "교회론의 전개, 교부시대로부터 종교개역까지: '보이는 교회'와 '보이지 않는 교회'를 중심으로," 187.
72) 위의 글.

동체의 중요성을 인정한다. 오히려 한국 교회가 건강한 공동체성을 제공하지 못하기 때문에 떠나는 것이라고 이야기하는 것이다.

이러한 가나안 성도들의 교회에 대한 문제 제기에 한국 교회는 깊이 고민해 볼 필요가 있을 것이다. 종교개혁자들의 주장처럼 보이는 제도적인 교회를 세우신 하나님의 뜻이 있다. 또한 제도적인 교회의 역할과 필요가 있다. 그러나 한국 교회는 제도주의나 개교회 중심주의를 벗어나 총체적인 교회 안에서 건강한 공동체성을 회복하기 위한 변화가 필요한 시점에 와 있다고 할 수 있을 것이다.

2) 구원론에 대한 문제 제기

구원론은 교회론과 밀접한 관계를 가지고 있다고 할 수 있다. 구원의 통로로서 역할을 맡은 곳이 교회이기 때문이다. 이러한 관계는 '교회 밖에는 구원이 없다'는 구호에게 극명하게 드러난다. 키프리안은 박해로 인해 배교한 이들은 구원이나 교회 내 권위가 박탈된다는 의미에서 이 구호를 천명하게 되었다. 그리고 그의 구호는 제도권 교회의 권위를 공고히 하며 오늘날까지도 확고한 교리로서 이어지고 있다.

그런데 구원론의 문제를 다룸에 있어 이러한 키프리안의 교회론과 함께 생각해 볼 수 있는 교회론이 1세기 작가 이그나티우스(Ignatius of Antioch)의 '그리스도가 있는 곳에 또한 공교회가 있다'

는 선언이다.[73] 이러한 선언은 20세기에 교회론의 주요한 세 가지 주제로 연결될 수 있는데, 그것은 "그리스도는 성만찬 속에 현존한다, 그리스도는 말씀을 통해 현존한다. 그리스도는 성령을 통해서 현존한다"는 것이다.[74] 성만찬의 성례가 집행되고 말씀이 선포되며 성령께서 역사하시는 그곳이 바로 교회가 될 수 있다는 것이다. 이러한 교회론은 그리스도가 어디에 계신가라는 질문으로 연결될 수 있을 것이다. 그리스도께서 제도적 교회 안에만 머물러 계신지에 대한 의문이 제기되면서 그리스도를 통한 구원 역시 제도적 교회를 통해서만 가능한지에 대한 의문으로 연결될 수 있는 것이다.

오늘날 다원화된 사회에서 기독교 내부의 종교 다원주의에 대한 입장은 배타주의, 포괄주의, 다원주의 세 가지로 표현된다. 배타주의는 교회 밖에는 구원이 없다는 교회 중심주의로 표현된다. 그러나 포괄주의는 그리스도 중심주의로 그리스도가 유일한 구원자이지만 그를 통한 구원은 기독교나 교회 밖에서도 가능하다고 주장한다.[75] 이러한 포괄주의자들의 대응은 예수 그리스도의 유일성을 견지하고는 있지만 타 종교에도 구원의 가능성을 열어 놓고 있다고 할 수 있다. 마지막으로 다원주의자들은 그리스도 중심주의에서 신중심주의로의 변환을 꾀하는데,[76] 모든 종교 안에 있는 하나님은 본질적으로 같으며 단지 다른 이름으로 불리고 있기 때

73) Alister E. McGrath, 『신학의 역사』, 소기천, 이달, 임건, 최춘혁 역 (서울: 지와 사랑, 2002), 468.
74) 위의 책, 468-75.
75) 목창균, 『현대 복음주의』 (서울: 황금부엉이, 2005), 357.
76) John Hick, God has many names, (Philadelphia: Westminster Press, 1982), 36; 한인철, 『종교다원주의의 유형』 (서울: 한국기독교연구소, 2000), 62-63에서 재인용하였음.

문에 어떤 종교에서든지 구원을 받을 수 있다고 주장하는 것이다. 구원론의 중심이 교회에서 그리스도로, 그리고 신 중심으로 변화되고 있는 것이다.

가나안 성도들은 반드시 제도적인 교회를 통해서만 구원을 받을 수 있는지에 대해 문제를 제기한다. 이미 언급한 바와 같이 가나안 성도들은 구원의 문제에 크게 중요성을 부여하지 않거나 다른 종교에도 구원이 있을 수 있다는 생각을 가지고 있는 사람들이 많다. 이러한 가나안 성도들의 생각은 포괄주의자들이나 다원주의자들의 입장과 결을 같이한다고 볼 수 있다. 따라서 가나안 성도들이 제도권 교회 밖에서 그리스도인으로서의 삶이 가능하다고 생각할 수 있는 근저에는 이러한 종교 다원주의적인 생각이 영향을 끼쳤을 것이란 가능성이 제기될 수 있는 것이다.

그러나 기독교는 배타적인 종교이다. 기독교의 핵심 진리들이 지켜질 수 없다면 기독교로서의 정체성과 존재 이유가 사라질 수밖에 없기 때문이다. 또한 교회의 근본 사명이 구원의 복음을 전하는 것이기 때문에 교회의 존재 이유 역시 사라지게 되는 것이다. 그렇기에 다른 종교에도 구원이 있을 수 있다는 종교 다원주의적인 생각은 기독교의 존립에 커다란 위협을 가한다고 할 수 있을 것이다. 포괄주의자들의 그리스도 중심주의가 한편으로는 설득력이 있게 다가올 수 있지만 다른 종교의 구원 가능성을 활짝 열고, 구원의 기쁜 소식을 전하는 교회의 사명을 약화시키는 것이 분명하다.

물론 제도권 교회에 소속되는 것으로 구원을 얻을 수 있고, 제도권 교회에 참여하는 것만이 그리스도인으로 살아갈 수 있는 유일한 방법은 아닐 것이다. 그렇지만 오직 그리스도를 통해서만 구원을 받을 수 있고, 교회가 그러한 복음 전파의 사명을 감당하는 기관으로서 세워졌다는 사실에 있어서만큼은 흔들리지 말아야 할 것이다.

3) 전도론에 대한 문제 제기

가나안 성도가 제기하는 교회론의 문제가 구원론으로 이어지는 것처럼 가나안 성도가 제기하는 구원론의 문제는 또 다시 전도의 문제로 이어진다고 할 수 있다. 교회는 구원의 통로가 되고, 예수 그리스도를 믿어 구원을 받게 만드는 복음 전도는 바로 교회의 핵심적인 사명이기 때문이다. 그래서 전도의 중요한 방법 중의 하나가 바로 교회를 세우는 것이었다. 교회가 없는 지역에 교회를 세워 교회를 통해 복음을 선포하고 그렇게 교회가 선포한 복음을 듣고 교회를 나오게 만드는 방법은 매우 효과적이었고, 교회의 부흥을 이끈 획기적인 전도 방법 중의 하나였다.

그러나 가나안 성도들은 이러한 전도의 방법에 의구심을 제기한다. 성도들이 교회 밖으로 나가지 않고 교회 안에 갇혀 자신들만의 세계를 만들고 그 안에서 만족하면서 그렇게 게토화된 교회 안으로 사람들을 불러 모으려고만 하기 때문에 오히려 사람들을 잃어버리는 결과를 가져 온다는 것이다. 이미 언급한 바와 같이 그리스도가 계신 곳이 교회라고 한다면 그리스도는 오늘날 게토화된 제도 교회 안에 갇혀 계시지만은 않을 것이라고 생각하는 것이다. 2,000년전 이 세상에 오신 그리스도께서 사람들을 만나러 산과 들로 나가셨던 것처럼 오늘날에도 그리스도는 사람들을 만나기 위해 세상 속으로 나아가고 계시며 그리스도께서 계신 바로 그곳이 교회라고 생각하는 것이다. 그런데 한국 교회는 세상 밖으로 나갈 생각은 하지 않고 교회만 세우고 교회 안으로 사람들을 불러 모으려 한다고 비판하는 것이다.

더 나아가 기독교가 세상을 만나는 방식이 전도와 선교를 통해 교회를 확장시키는 것 외에 다른 방법이 없다는 생각을 바꿀 수 있기를 촉구한다.[77] 한국 교회가 전도와 선교 이외의 방법으로는 세상 속으로 들어가는 방법을 모르기 때문에 매우 폭력적이 될 수밖에 없다는 것이다. 2004년에 불신자 1,500명을 대상으로 설문 조사를 실시하여 불신들을 위한 복음 전도에 관해 연구한 홍영기 목사는 개신교가 타종교에 비해 가장 전도 활동은 열심히 하고 있지만 많은 불신자들이 한국교회의 전도방식에 대해 부정적인 느낌을 가지고 있으며 강요당하는 감정을 가지고 있다는 점을 발견하였다.[78] 이렇게 공격적 선교에 대한 부정적인 영향은 오히려 복음 전도를 방해하고 있을 뿐만 아니라 교회 내부에서도 이러한 전도와 선교의 강조는 교인들을 지치게 하고 교회 밖으로 나가게 하는 원인이 될 수도 있는 것이다.

가나안 성도들은 구원이라는 것이 반드시 영혼을 구원하는 개인

77) 양희송, 『다시, 프로테스탄트』, 151.
78) 교회성장연구소 편, 『불신자들이 호감 가는 교회: 한국교회 불신자 전도전략에 대한 연구』 (서울: 교회성장연구소, 2005), 50-53.

적인 차원만이 아니라 세상 속에서 하나님의 공의가 실현되는 사회적인 차원도 있는데, 오늘날 한국 교회는 개인 구원의 전도에만 초점을 맞춰 개교회가 성장하는 것만을 추구한다고 이야기한다. 가나안 성도들은 교회의 사회적 책임을 강조하며 이 세상 속에서 하나님의 공의가 실현되도록 하는 것이 교회의 중요한 역할이며, 이러한 사회적 구원을 통해 강압적이지 않고 폭력적이지 않게 세상 사람들에게 다가갈 수 있다고 주장하는 것이다.

또한 가나안 성도들은 한국 교회가 자기의 신앙을 고백적으로 표현하는데 있어서도 다른 종교를 배려하지 못하고 매우 무례하다고 생각한다. 오늘날과 같이 다원화된 사회에서 이렇게 타종교에 대한 적대적인 행위는 오히려 분쟁을 일으키고 함께 살아갈 수 없도록 만드는 독불장군처럼 보이는 것이다. 2017년 한국기독교목회자협의회의 발표에 의하면 비개신교도들이 생각하는 한국 교회 신자들의 문제점 1위로 지목된 것이 “타 종교 및 비 기독교인에 대한 배타성(31.3%)”이었다.[79]

분명 복음과 기독교의 진리에 있어서는 배타적이어야 하지만 타 종교인이나 비 그리스도인을 배타적으로 대하는 태도는 한 영혼을 천하보다 귀하게 여기시는 예수 그리스도의 마음과 대척점을 이루고 있다고 할 수 있을 것이다. 또한 전도의 기본 정신은 사랑인데, 영혼을 사랑하는 마음 없이 전도를 시행한다고 한다면 복음이 제대로 전달될 수 없을 뿐만 아니라 진정한 의미에서 복음 전

79) 한국기독교목회자협의회, 『한국기독교분석리포트: 2018 한국인의 종교생활과 의식조사』, 269.

도가 시행되었다고 볼 수도 없을 것이다.[80] 복음의 배타성과 교회의 복음 전도의 사명은 타협할 수 없는 것이지만 복음이 1차적으로 선포되어야 할 곳은 교회 밖 세상이라는 사실 또한 재고의 여지가 없는 것이다.

가나안 성도들이 제기하는 문제들이 모두 정당화될 수는 없지만 복음 전도의 본질과 맞닿아 있는 부분이 있다. 예수 그리스도께서는 교회가 세상의 빛과 소금이 되어야 한다고 말씀하셨다. 그리고 천국 복음을 전하시면서 배고픈 자들을 먹이고 아픈 자들을 고쳐주셨다. 기독교 2,000년 역사상 복음 전도와 사회적 책임이 오늘날과 같이 분리되었던 적이 거의 없다.[81] 개인의 영혼 구원과 교회의 복음 전도 사명은 여전히 그 중요성을 가지고 강조되어야 할 것이다. 그러나 또한 우리는 복음을 가지고 교회 밖 세상으로 나아가야 하며 사랑으로 세상의 아픔을 어루만지고 구원의 기쁜 소식을 전해야 할 것이다.

3. 가나안 성도를 위한 전도적 과제

1) 가나안 성도를 위한 전도론 - 복음전도의 필요성

80) 복음전도와 사랑에 대한 관계는 하도균, "복음전도의 모형으로써 '사랑'에 관한 연구: 존 웨슬리의 사상을 중심으로,"「선교신학」47 (2017): 343-78을 참조하시오.
81) 복음전도와 사회적 책임에 대한 관계는 하도균, "복음전도와 사회적 책임에 관한 연구: 존 훼슬리의 사상을 중심으로,"『선교신학』51 (2018): 259-88을 참조하시오.

가나안 성도를 위한 복음전도를 논하기 위해 가나안 성도들의 교회론, 구원론, 전도론에 관한 문제 제기를 고려해 볼 때, 먼저 복음전도의 정의와 목표를 명확하게 할 필요가 있다. 복음 전도의 정의에 따라 목표가 달라지고 또한 그에 따라 전도의 방법도 달라질 수밖에 없기 때문이다. 전도를 문자 그대로 해석하면 '도를 전하는 것'이다. 기독교의 '도'는 복음이기 때문에 복음을 전하는 것이 기독교의 전도라고 할 수 있다. 그런데 여기서 '도'는 반드시 기독교의 복음을 뜻하는 것은 아니기 때문에 복음전도라는 말로 기독교의 전도라는 것을 더 명확하게 표현하는 것이다.

신약 성경에서 '복음전도'로 가장 많이 사용된 단어가 '유앙겔리온(ευαγγελιον)'으로 '유(좋은)'와 '앙겔리온(메시지를 전하다, 선포하다)'의 합성어이다.[82] 따라서 좋은 소식을 전하는 것, 또는 선포하는 것을 복음전도라 할 수 있는 것이다. 그렇다면 좋은 소식이란 무엇인가? 이에 대해 최초로 신학적인 대답을 내놓은 찰스 도드(Charles H. Dodd)는 좋은 소식의 핵심은 예수 그리스도이며 예수님의 십자가의 죽음과 부활로 새 시대가 열렸다는 것을 강조했다.[83] 왜 예수 그리스도의 십자가의 죽음과 부활이 기쁜 소식이 될 수 있는가? 그것은 십자가와 부활의 소식은 우리가 죄와 죄의 결과인 영원한 죽음에서 해방될 수 있다는 소식이기 때문이다. 따라서 복음전도라는 것은 예수 그리스도의 십자가와 부활의 기쁜 소

82) 복음과 복음전도에 대한 자세한 내용은 다음을 참고하라. Michael Green, 『초대교회 복음전도』, 박영호 역 (서울: 기독교문서선교회, 1988), 77-98.
83) C. H. Dodd, *The Apostolic Preaching and Its Developments*, (Grand Rapids, Mi: Eerdmans Pub. Co., 1980), 7.

식을 전하여 영혼을 구원하는 것이라고 할 수 있다.[84)]

앨런 카피지(Allan Coppedge)는 좁은 의미의 구원과 넓은 의미의 구원이 있다는 것을 밝히면서 좁은 의미의 구원은 죄의 용서를 받는 칭의이며, 넓은 의미의 구원은 삶의 변화를 시작으로 하나님의 모든 목적을 위하여 구원을 성취하는 제자로서의 성장, 성결을 위한 성령의 포괄적인 역사, 지속적인 성장과 개발의 삶을 포함한다는 것이라고 이야기한다.[85)] 또한 마이클 그린(Michael Green)도 윌리암 템플(William Temple)의 "영국의 회심에 관하여"라는 보고서를 인용하면서 참된 복음전도는 제자삼음에서 끝나야 한다는 것을 강조한다.[86)]

따라서 복음을 전하여 영혼을 구원하는 것이 복음전도의 1차적 의미와 목표라고 한다면 복음전도의 2차적 의미와 목표는 제자도를 통하여 신앙의 성장을 이루는 것이라고 할 수 있는 것이다.[87)] 여기서 신앙의 성숙이란 단지 한 개인이 영적으로 성숙하는 것만을 의미하는 것이 아니라 이웃과 세상을 향한 사회적 책임을 감당하며 하나님의 통치를 이뤄가는 삶을 살아가는 것을 포함한다.[88)] 그렇기에 가나안 성도를 전도한다는 것은 가나안 성도가 교회로 다시 돌아오도록 하기 위한 수단이나 방법이 아니라 가나안 성도

84) R. B. Kuiper, 『전도신학』, 박수준 역 (서울: 소망사, 1980), 107.
85) Allan Coppedge, "복음전도와 제자도," 홍성철 편역, 『전도학』 (서울: 도서출판 세복, 2006), 212.
86) Michael Green, 『현대전도학』, 박영호 역 (서울: 기독교문서선교회, 1994), 17-20.
87) 하도균은 마태복음의 지상명령을 전도학적인 관점에서 해석하면서 세례를 주라는 것을 일차적인 복음전도로 가르치라는 것을 이차적인 복음전도로 구분하여 설명하고 있다. 하도균, "복음전도의 이유(2): 지상명령의 실천적 관점에서," 『전도바이블』, (경기: 예수전도단, 2014), 118-22.
88) 하도균, "복음전도와 사회적 책임에 관한 연구: 존 웨슬리(John Wesley)의 사상을 중심으로," 273.

가 영혼 구원의 축복을 누리고 그리스도의 온전한 제자로 성장하며 이 세상 속에서 하나님의 통치를 실현하며 살아가도록 돕는 것이 되어야 하는 것이다.

2) 가나안 성도를 위한 구원론 - 복음전도의 대상으로서 가나안 성도

2013년 정재영 교수의 연구에서 이미 밝혀졌듯이 가나안 성도 중에 48.1%는 구원의 확신을 분명히 가지고 있다고 응답했지만 48.3%는 구원의 확신이 뚜렷하지 않으며, 3.5%는 구원의 확신이 없다고 응답하고 있다. 또한 기독교에만 구원이 있다고 응답한 가나안 성도는 31%로 불과하며 36.2%는 다른 종교에도 구원이 있다고 생각하고 32.9%는 구원의 문제가 중요하지 않다고 응답했다.

따라서 가나안 성도를 위한 1차적인 복음전도의 의미와 목표는 가나안 성도의 온전한 회심에 있다고 할 수 있는 것이다. 비록 구원의 확신도 분명하고 기독교에만 구원이 있다고 믿는 가나안 성도라고 할지라도 온전한 회심을 위해 구원의 문제를 점검할 필요가 있는 것이다. 또한 구원의 확신이 불분명하고 다른 종교에도 구원이 있다고 생각하는 가나안 성도들에게는 구원의 문제를 반드시 다루고 넘어가야 할 필요성이 제기될 것이다.

그러나 가나안 성도는 구원의 문제를 반복적으로 점검하는 것에 대한 거부감을 가지고 있다. 구원의 확신을 점검하는 것이 신앙에 대한 강요로 느껴지는 것이다. 또한 구원의 문제는 하나님과 자기 자신과 직접적으로 해결해야 될 문제라고 생각한다. 따라서 가나안 성도의 회심을 목표로 했을 때 직접적이고 즉각적인 방법보다는 간접적이고 과정적인 방법이 더욱 효율적이라 할 수 있을 것이다.

가나안 성도들은 획일화된 신앙과 삶과 일치하지 않는 신앙에 대해 이의를 제기한다. 가나안 성도들 중에 상당수가 신앙 자체나 하나님에 대한 의심이 아니라 교회가 마치 세상의 기업처럼 운영되고 교인들은 친목 모임이나 사교 클럽 다니듯이 교회를 다니는 것에 의구심을 품게 되었다는 것이다.[89] 그렇기에 가나안 성도들은 기독교인으로서 구원의 확신을 갖는 것도 중요하지만 그리스도를 영접한 이후의 삶을 더 중요하게 생각한다.

따라서 가나안 성도들을 위한 복음 전도는 2차적인 목표인 영적 성장을 통한 삶의 변화에 더욱 주력해야 할 필요성이 제기된다고 할 수 있다. 가나안 성도들에게 진정한 신앙인의 모습이 무엇인지를 성경적으로 제시해 주고, 신앙이 삶 속에서 구체적으로 실천되고 체험될 수 있도록 도와야 하는 것이다. 사실 삶의 변화를 이끌어 내기 위해서는 더 많은 시간과 노력이 요구된다고 할 수 있다. 그렇기에 2차적 복음전도까지 실천하지 못하는 경우가 많다. 그러나 가나안 성도를 위한 복음전도는 영혼 구원을 위한 1차적 복음전도에서 멈추는 것이 아니라 반드시 영적 성장을 위한 2차적 복음전도로 나아가야 할 것이다.

89) 정재영, 『교회 안 나가는 그리스도인: 가나안 성도를 어떻게 이해할 것인가?』, 103.

3) 가나안 성도를 위한 교회론 - 복음전도의 주체로서 교회 공동체

복음 전도를 구성하는 세 가지 요소는 '복음', '전도자', '세상'이라고 할 수 있다. 효율적인 복음 전도를 위해서는 전해야 할 복음의 내용을 명확하게 습득하고 있어야 하고, 복음을 전할 전도자가 먼저 복음을 경험하고 준비되어 있어야 하며, 복음을 전할 대상인 세상을 잘 이해하고 있어야 할 것이다. 따라서 가나안 성도를 위한 효율적인 복음 전도를 위해서는 전도의 대상자인 가나안 성도에 대한 이해가 선행되어야 할 것이며, 가나안 성도들에게 맞는 복음의 메시지를 준비해야 할 것이다. 그리고 마지막으로 복음을 전할 전도자가 준비되어야 할 것이다.

가나안 성도를 위한 전도자로서 개인 전도자의 준비도 중요하지만 교회 공동체의 준비가 더욱 중요하다고 할 수 있다. 왜냐하면 가나안 성도들은 기독교인으로서 정체성은 가지고 있지만 교회에 나가지 않는 사람들이기 때문이다. 그런데 가나안 성도들이 교회 공동체 자체를 거부하는 것이 아니라는 사실은 매우 고무적인 일이라 할 수 있을 것이다. 교회로 돌아가고자 하는 가나안 성도의 비율이 높을 뿐만 아니라 가나안 성도 스스로도 공동체의 필요성을 인식하고 있기 때문이다.

따라서 가나안 성도들을 전도하기 위해 교회 공동체가 건강함을 회복하고 공동체성을 바로 세우는 일이 매우 중요할 것이다. 그런데 이렇게 교회 공동체가 건강한 공동체성을 회복하는 일은 복음 전도에 있어서 매우 필수적인 일이라 할 수 있다. 교회 공동체가 건강할 때 교회 안의 구성원들이 그 건강함과 생명이 동력이 되어 복음을 힘차게 전할 수 있을뿐더러 복음을 듣고 교회로 들어오는 새로운 구성원도 공동체에 정착하여 온전한 그리스도의 제자로 세워질 수 있기 때문이다.

하도균 교수는 교회 공동체성의 중심 요소로서 '교제(Koinonia)'를 강조한다. '교제'는 공동체성을 활성화 시키는 요소일 뿐만 아니라 교회 공동체의 중심 요소로서 성령께서 수직적으로 개인과 하나님과의 관계를 형성하고, 수평적으로 하나님과 하나님의 백성간의 관계를 형성하며, 사회적으로 세상과의 관계를 맺어나감으로서 복음 전도를 활성화시킨다고 이야기한다.[90] 따라서 건강한 교회 공동체성을 회복하기 위해서는 교회 공동체 안에서 수직적, 수평적, 사회적 관계가 형성되어 있어야 하고 활성화 되어 있어야 하는 것이다.

무엇보다도 가나안 성도들이 관심을 갖고 있는 관계는 사회적 관계라 할 수 있을 것이다. 가나안 성도들은 한국 교회가 세상과 관계를 단절하고 자신들만의 사교 집단과 같아지면서 바깥세상의 신뢰를 잃고 게토화되어 가는 모습에 거부감을 느끼기 때문이다.[91] 그렇기에 교회 공동체가 수직적, 수평적 관계에 힘을 쏟는 것과 같이 사회적 관계 형성에도 최선을 다할 때 건강한 교회 공동체로 세워질 수 있을 것이다. 그리고 이렇게 교회 공동체가 건강하게 세워질 때 가나안 성도뿐만 아니라 더 나아가 세상과의 벽

90) 하도균, "교회 공동체성 회복을 통한 효과적인 복음 전도에 관한 연구," 「신학과 실천」 36 (2013): 571-77.
91) 양희송, 『가나안 성도, 교회 밖 신앙』, 118-21.

을 허물고 세상을 그리스도께로 이끌 수 있는 교회의 사명을 감당 할 수 있게 될 것이다.

제2부

가나안 성도에 대한 조사

별지

가나안 성도 설문 조사를 위한 연구 설계

1. 조사 도구 및 자료 수집

본 조사에서 사용된 설문지는 한국의 가나안 성도에 대해 최초로 설문 조사를 실시했던 정재영 교수의 설문지를 바탕으로 구성되었다. 정재영 교수의 설문지를 기본으로 하되, 교회 활동 참여 정도, 직분 여부 등의 질문은 삭제하고 가나안 성도들의 전도에 대한 반응과 가나안 성도들의 구원관을 묻는 질문들을 추가하였다. 이렇게 구성된 설문 문항은 총 31항목으로 스크리닝 항목 3문항(기독교인이지만 교회를 나가고 있지 않다는 사전 질문)과 본 설문 항목 23문항, 그리고 인구통계학적 항목이 5개로 구성되었다.

설문 내용은 다음과 같이 세 부분으로 나눠진다. 첫 번째는 가나안 성도들의 일반적인 특징을 살펴볼 수 있는 질문들로 가나안 성도들이 교회를 다닌 기간, 교회를 떠난 후 경과 기간, 교회를 떠난 시기, 고민 기간, 상담자, 교회를 떠나게 된 이유를 묻는 질문 등으로 구성되어 있다. 두 번째는 가나안 성도들의 현재 상황을 살펴볼 수 있는 질문들로 교회를 떠나고 나서 전도를 받은 횟수와 전도자, 전도 내용과 전도에 대한 반응을 묻는 질문과 교회로 복귀할 의사가 있는지, 그리고 현재 교회를 나가지 않는 이유는 무엇인지를 묻는 질문 등으로 구성되어 있다. 마지막 세 번째는 가나안 성도들의 구원관 및 종교성향, 그리고 타 종교 및 교회 이미지에 대한 질문 등으로 구성되어 있다.

설문 조사는 여론조사 전문기관인 '나우앤서베이'에 의뢰하여 실시되었으며 2018년 1월 31일 ~ 3월 20일까지 48일에 걸쳐 온라인 조사로 진행되었다. 온라인 조사로 실시된 이유는 가나안 성도의 전체 규모와 모집단을 정확하게 파악하기 어렵고, 가나안 성도의 출현율(insidence rate)도 낮기 때문에 면접 조사나 전화 조사로 진행하기 어렵기 때문이다. 설문을 진행하기 위해 우선 '나우앤서베이'의 패널들 중에 기독교인들에게 설문 내용을 전달하여 총 586명이 설문에 참여하였고, 그 중에 133명이 스크리닝 문항(기독교인이지만 교회에 다니지 않는다)을 통과하여 설문에 응답하였다. 그리고 개별적으로 가나안 성도를 추천받거나 가나안 성도의 모임에 참석하는 사람들을 대상으로 설문 초청 메시지를 보내어 총 223명이 설문에 참여하였는데, 그 중 스크리닝 문항을 통과한 63명이 설문에 응답하여, 최종적으로 196명의 표본을 얻게 되었다. 설문 조사 후에는 10명의 응답자들을 개별적으로 접촉하여 설문의 내용을 확인하는 시간을 가졌다. 개별적인 접촉은 대면으로 이루어졌으며 면담의 내용은 단답식으로 답변한 설문의 내용에 대해 설명을 듣고 자유롭게 자신의 생각과 의견을 묻고 답하는 형식으로 진행되었다.

<표 1> 개별 접촉한 10명의 응답자의 특성

구분	성별	나이	직업	떠난 이유
A	여	50대	미용	교인과의 갈등
B	여	50대	미술강사	삶의 문제로 인한 신앙에 대한 회의
C	남	30대	카페, 전도사	교회의 타락과 목회자에 대한 실망
D	남	30대	카페, 목사	진정한 기독교의 본질에 대한 갈증
E	여	30대	취업준비생	지나친 봉사에 대한 부담감
F	여	50대	주부	기독교의 본질에 대한 새로운 깨달음
G	남	50대	서점	목회자에 대한 실망
H	남	30대	강사	신앙적 탐구
I	남	30대	취업준비생	교회 지도자에 대한 실망
J	남	30대	사업	신앙에 대한 회의

2. 연구 대상에 대한 기술 통계

196명의 응답자들의 인구학적 통계를 살펴보면 남자는 53명, 여자는 143명으로 남녀비율이 3:7로 나타나고 있다. 이렇게 여자가 남자보다 더 높은 응답률을 보인 이유는 한국 개신교인의 남녀 비율과 관계가 있다고 할 수 있을 것이다. 2015 인구센서스 종교인구 통계에서 한국 개신교인의 남녀비율은 4:6으로 나타난다.[1] 본 통계가 개신교 전체 남녀비율보다 여자 비율이 조금 더 높게 나타나고 있지만 한국 개신교인의 여자 비율이 더 높기 때문이라고 할 수 있을 것이다.

나이별로는 20대가 94명(48%), 30대가 57명(29.1%), 40대가 30명(15.3%), 50대 이상이 15명(7.6%)으로 2-30대가 77.1%의 높은 응답률을 보였다. 이는 온라인 조사의 특성상 젊은 사람들이 쉽게 온라인에 접근할 수 있고 젊은 사람들이 온라인을 많이 이용하기 때문인 것으로 볼 수 있을 것이다. 학원복음화협의회에서 2017년에 대학생들을 대상으로 한 조사에서 비개신교 학생의 경우 이전에 교회를 다닌 경험이 있는 사람들이 2012년과 비교 13.7%에서 30.4%로 두 배 이상 증가한 것으로 나타나고 있다.[2] 또한 개신교 대학생의 가나안 성도 비율은 28.3%로[3] 2017년 한국기독교목회자협의회에서 조사한 성인 가나안 성도 비율인 23.3% 보다 높은 것으로 나타나고 있다. 이와 같이 청년 세대의 교회 이탈이 더욱 심해지면서 2,30대에서 교회를 이탈하여 가나안 성도가 되는 비율도 높아지고 있는 것으로 나타나고 있기 때문에 이번 조사에서 2,30대의 비율이 더 높게 나타난 것으로 볼 수 있다.

지역별로는 서울이 30명(15.3%), 인천/경기도가 89명(45.4%),

---

1) 2015년 인구센서스 종교인구 통계에서 전체 개신교 신자는 9,675,761명으로 남자는 4,317,696명, 여자는 5,358,065명으로 집계되고 있다.

2) 학원복음화협의회, 『청년 트렌드 리포트: 우리 시대 청년들은 무엇으로 사는가』, 149.

3) 위의 책, 157.

〈표 2〉 응답자의 인구학적 통계

구 분		결과	
		사례수(명)	비율(%)
전 체		196	100.0
성별	남	53	27.0
	여	143	73.0
나이	20대	94	48.0
	30대	57	29.1
	40대	30	15.3
	50대 이후	13	6.6
지역	서울	30	15.3
	인천/경기	89	45.4
	강원/충청	29	14.8
	전라도	18	9.2
	경상도	30	15.3
학력	고등학교 졸업 이하	65	33.2
	대학교 졸업	115	58.7
	대학원 졸업 이상	16	8.2
직업	자영업/생산직/서비스직	53	27.0
	사무직/관리직/전문직	63	32.1
	학생	17	8.7
	전업주부	51	26.0
	기타	12	6.1
월수입	200만원 미만	54	27.6
	200~400만원 미만	92	46.9
	400만원 이상	50	25.5

강원/충청도가 29명(14.8%), 전라도가 18명(9.2%), 경상도가 30명(15.3%)으로 서울/경기 지역이 60.7%의 높은 응답률을 보였다. 응답자들의 학력을 살펴보면 대학(전문대 포함)을 졸업한 사람이 115명(58.7%)로 가장 높게 응답했고, 고등학교 졸업 이하가 65명(33.2%), 대학원 졸업 이상은 16명(8.2%)의 응답률을 보였다. 응답자들의 직업은 관리/사무직이 63명(32.1%), 생산/서비스직이 53명(27.0%)으로 응답자의 절반 이상을 차지했으며, 주부 51명(26.0%), 학생 17명(8.7%), 기타 12명(6.1%) 순으로 응답했다. 수입을 살펴보면 200~400만원대가 92명(46.9%)으로 가장 높은 응답률을 보였고, 200만원 이하가 54명(27.6%), 400만원 이상은 50명(25.5%)로 비슷한 응답률을 보이고 있다. 자세한 응답자들의 특성은 다음과 같다.

Ⅲ. 가나안 성도의 교회 이탈에 따른 결과

그동안 가나안 성도에 대한 인식은 교회에 적응하지 못하고 교회 밖으로 나간 부적응자이거나 교회에 불만이 많은 불평분자라는 부정적인 인식이 강하였다. 그렇기에 지금까지 진행되어 온 가나안 성도에 대한 연구는 가나안 성도에 대한 오해와 부정적인 인식을 불식시키기 위한 방향으로 진행되어진 경우가 많았다. 따라서 가나안 성도들이 교회 밖으로 나갈 수밖에 없었던 교회적인 문제들을 논의하거나 가나안 성도의 발생 배경이 되는 사회적인 현상으로서 세속화에 대한 논의가 대부분이었던 것이다.

그런데 가나안 성도에 대한 관심이 높아지고 가나안 성도의 67.1%가 다시 교회를 나가고 싶다는 연구 결과가 발표되었지만, 오히려 가나안 성도가 증가하고 있는 현실은 한국 교회가 가나안 성도에 대해 여전히 적절하게 대처하지 못하고 있다는 방증이 아닐 수 없다. 비록 가나안 성도들이 교회를 떠나는 선택을 했지만 여전히 기독교인으로서의 정체성은 포기하지 않은 사람들이기 때문에 기독교인으로서의 정체성이 사라지기 전에 이들을 위한 대책 마련이 시급할 것이다. 뿐만 아니라 가나안 성도들에 대한 연구는 오늘날 다시 증가하고 있는 무종교인들에 대한 연구의 또 하나의 단초가 될 수 있다. 왜냐하면 가나안 성도는 기독교인과 무종교인의 경계에 서 있는 사람들로 시간이 지날수록 무종교인으로 이동하는 경향이 나타나기 때문이다. 그렇기에 가나안 성도의 종교적인 특성을 파악하고 그에 따른 전도의 대책을 세우는 일은 매우 시급하고 중요한 사안이 아닐 수 없다.

따라서 가나안 성도에 대한 보다 적극적인 대책으로서 전도의 전략을 세우기 위해 가나안 성도들의 교회 이탈에 따른 특징들과 함께 다양한 종교적인 특성들을 드러낼수 있는 설문조사를 실시하였다. 특별히 이를 위해 이번 장에서는 가나안 성도들이 교회를 이탈하는 과정에서 나타나는 여러 가지 현상을 설문 조사를 통해 분석하고, 가나안 성도들의 교회 이탈 원인과 교회를 나가지 않는 이유들을 살펴보고자 한다. 이러한 특성들을 2013년 가나안 성도에 대해 최초로 설문 조사를 실시했던 정재영 교수의 설문 조사의 결과들과 비교하여 어떤 부분이 변화되고 있으며 새롭게 나타나는 특징들은 무엇인지를 보충함으로써 가나안 성도를 위한 효율적인 복음 전도의 전략을 세울 수 있는 단초를 제공할 수 있을 것이다.

1. 가나안 성도의 교회 이탈 시기와 이탈 원인

1) 교회 이탈 시기 및 경과 기간

가. 교회 출석 기간

가나안 성도들이 교회를 떠나기 전 교회를 출석했던 기간을 조사한 결과 2013년 정재영 교수의 조사 때보다 교회 다닌 기간이 더 짧아진 것으로 나타나고 있다. 교회 다닌 기간이 4년 이하인 경우는 35.2%로 가장 높았고, 그 다음으로는 5-9년이 21.9%로 나타났다. 10년을 기준으로 나누어보면, 교회 다닌 기간이 10년 미만이라는 응답은 57.1%였고, 10년 이상이라는 응답은 42.9%로 나타나 10년 미만인 경우가 14.2% 더 높은 것으로 나타났다. 2013년 정재영 교수의 조사에서는 가나안 성도의 교회 출석 기간이 10년 미만이라는 응답은 30.3%, 10년 이상이라는 응답은 69.7%로[4] 10년 이상 교회를 출석한 비율이 더 높게 나온 것과는 다른 결과이다.

그 이유를 분석해보면 본 조사에서 연구대상자 중 20대의 비율이 높았던 것 때문이라고 할 수 있는데, 이는 교회 이탈 시기에 따른 교회 출석 기간을 교차 분석 했을 때 더욱 분명히 나타난다. 20대에 교회를 이탈한 사람들 중에 교회 출석 기간이 10년 이하인 비율은 57.9%로 높게 나타나는 반면, 30대에 이탈한 사람들 중에 교회 출석 기간이 10년 이하인 비율은 38.2%, 40대에 이탈한 사람들 중에 교회 출석 기간이 10년 이하인 비율은 23.1%, 50대에 이탈한 사람들 중에 교회 출석 기간이 10년 이하인 비율은 25.0%로 나타나고 있는 것이다. 따라서 이번 조사를 통해 2,30대의 젊은 층은 더 짧은 기간 교회를 다니다가 가나안 성도가 되는 경향이 나타나고 있으며, 40대 이후의 장년층은 오랜 기간 교회를 다녔음에도 불구하고 가나안 성도가 되는 경향을 나타내고 있다고 할 수 있을 것이다.

---

4) 정재영, "종교 세속화의 한 측면으로서 소속 없는 신앙인들에 대한 연구," 585-86.

〈그림 1〉 교회 출석 기간 (Base=전체, n=196, %)

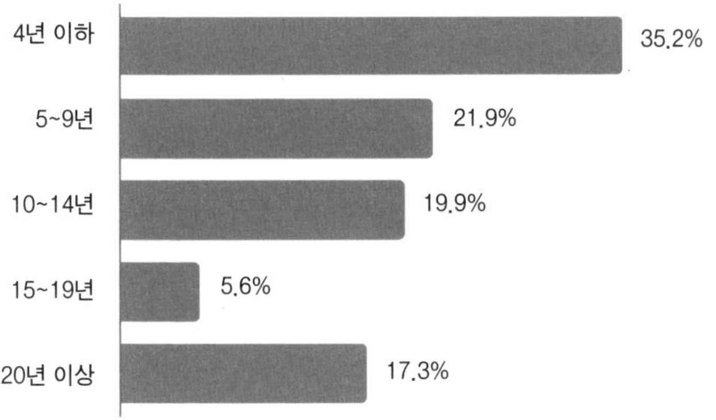

나. 교회 이탈 시기

가나안 성도들이 교회를 떠난 시기를 살펴보면, 고등학교 졸업 후 20대라는 응답이 52.0%로 가장 높았고, 그 다음으로 고등학교 이전이 21.9%, 그리고 30대가 17.3%, 40대가 6.6%, 50대 이후가 2.0%로 나타났다. 2013 정재영 교수의 조사에서는 30대에 이탈하는 비율이 25.0%로 가장 높게 나왔고, 그 다음으로 고등학교 졸업 후 20대가 23.4%, 고등학교 이전이 20.0%로 나타났는데,[5] 이러한 차이는 20대가 교회를 떠나는 비율이 높아졌기 때문이라고 할 수 있을 것이다.

한국기독교목회자협의회의 조사에서 현재 교회를 출석하지 않는 가나안 성도들에게 언제 교회를 떠나게 되었는지를 조사한 결과 대학 입학 후 대학 시절에 떠났다는 비율이 19.6%로 나타나

5) 위의 글, 588.

고, 20~30대에 떠났다는 비율은 31.1%로 50.7%가 20~30대 교회를 떠나 가나안 성도가 되었다고 응답하고 있다.[6] 또한 2017년 학원복음화협의회의 조사 결과에서도 비개신교 대학생 중에 30.5%가 이전에 교회를 다닌 경험이 있다고 응답했는데 이는 2012년과 비교하면 13.7%에서 30.4%로 2배 이상 증가한 것으로 나타나고 있다.[7] 이와 같이 20대 청년들의 교회 이탈 비율이 높아지는 것은 한국 교회의 미래를 어둡게 하는 신호가 아닐 수 없다. 그렇기에 20~30대 젊은 층을 위해 변화를 도모하는 일이 시급하다고 할 수 있을 것이다.

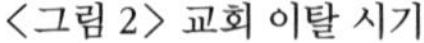

〈그림 2〉 교회 이탈 시기 (Base=전체, n=196, %)

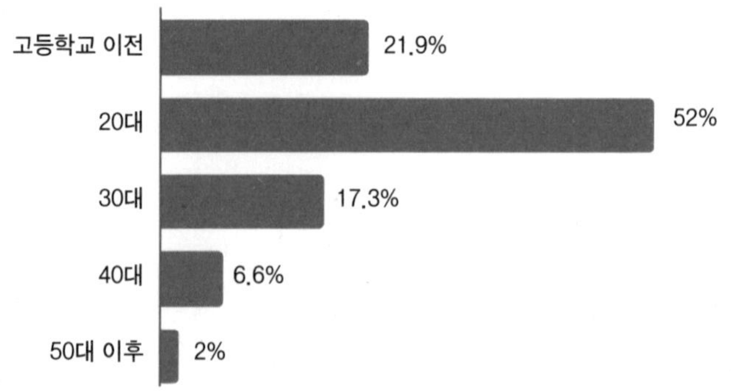

6) 한국기독교목회자협의회, 『한국기독교분석리포트: 2018 한국인의 종교생활과 의식조사』, 183.
7) 학원복음화협의회, 『청년 트렌드 리포트: 우리 시대 청년들은 무엇으로 사는가』, 149.

다. 교회 이탈 후 경과 기간

가나안 성도들이 교회를 떠난 후 시간이 얼마나 경과 했는지를 조사한 결과 5년 이하라는 응답이 67.9%로 매우 높게 나타나고 있다. 교회를 떠난 후에 경과 기간이 3~5년이 지난 경우가 34.2%로 가장 높았고, 그 다음으로는 2년 이하가 33.7%로 나타난 것이다. 6~9년은 11.7%, 10~15년은 12.8%, 15년 이상은 7.7%로 나타났다. 이러한 결과는 최근에 교회를 떠나 가나안 성도가 되는 비율이 높아지고 있다는 것을 나타낸다. 2013년 정재영 교수의 조사 결과에서도 경과 기간이 5년 미만인 비율이 가장 높게 나타나고 있지만,[8] 이번 조사와 비교해 보면 비율이 40.6%나 되는 큰 차이를 보이고 있다. 2013년에도 가나안 성도들이 발생되는 비율이 높아지고 있었다고 할 수 있지만 최근 들어 가나안 성도가 발생하는 비율이 더욱 급격히 높아지고 있는 것이다. 이는 한국기독교목회자협의회의 그 이전 조사에서 10%를 조금 상회하고 있었던 가나안 성도의 비율이 2017년에는 23.3%로 급격히 높아진 것과 같이 결과라고 할 수 있는 것이다. 따라서 최근 들어 가나안 성도가 더욱 급격히 늘어나고 있기 때문에 더 이상 가나안 성도의 발생에 대해 무관심하거나 안일한 태도로 바라볼 수만은 없을 것이다.

8) 정재영, "종교 세속화의 한 측면으로서 소속 없는 신앙인들에 대한 연구," 588.

〈그림 3〉 교회 이탈 후 경과 기간 (Base=전체, n=196, %)

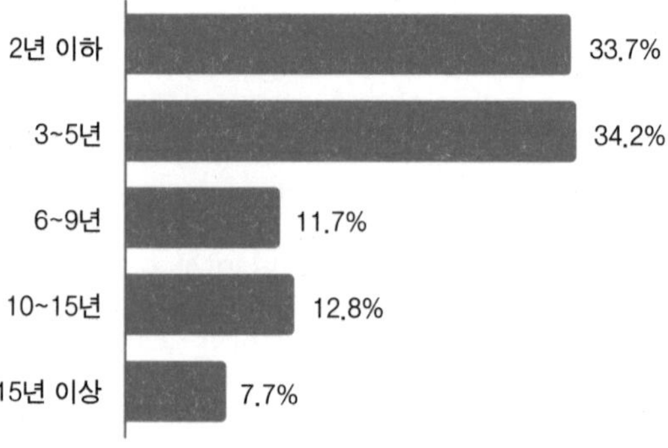

2) 고민 기간 및 상담자

가. 교회를 떠나기 전 고민 기간

가나안 성도들이 교회를 떠나기 전 고민한 기간을 조사한 결과 '별로 고민하지 않았다'는 응답이 35.7%로 가장 높게 나왔고, 그 다음으로는 '2~5개월'이 22.4%, '1개월 이내'는 17.3%, '1년 이상'은 15.3%로 나타나고 있다. '별로 고민하지 않았다'는 사람들과 '1개월 이내'로 고민했다는 사람들이 전체 비율의 53.0%로 나타나고 있어 오랜 기간 고민하지 않고 교회를 떠나는 것으로 나타나고 있다. 이번 조사에서는 '5개월 이하' 고민했다는 응답이 39.8%로 가장 높게 나타나고, '별로 고민하지 않았다'는 응답은 35.7%, '6개월 이상' 고민했다는 응답은 24.5% 순으로 나타난 것에 반해 2013년 정재영 교수의 조사에서는 '5개월 이내'로 고민했다는 응답이 38.4%, '별로 고민하지 않았다'는 응답은 29.5%, '6개월 이상' 고민했다는 응답은 32.1%로[9] 고민 기간이 점점 더 짧아지는 것으로 나타난 것이다.

〈그림 4〉 고민기간 (Base=전체, n=196, %)

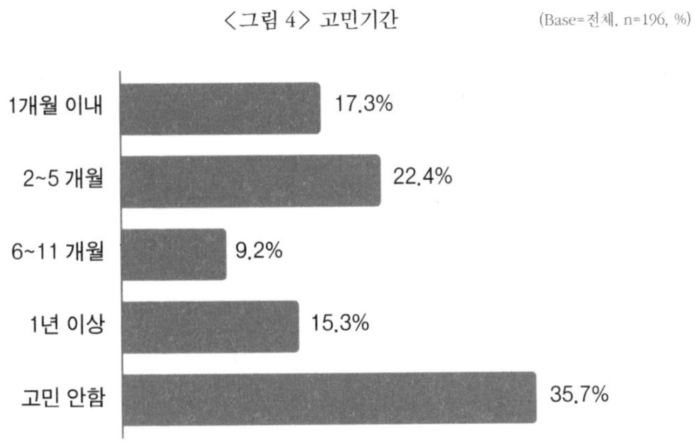

나. 교회 이탈 전 상담자

가나안 성도들이 교회를 떠나는 문제를 누구와 함께 상담했는지 모두 선택하도록 요청한 결과 총 261개의 응답을 얻을 수 있었다. 그 결과 '상담자가 없었다'는 응답이 33.7%로 가장 높게 나타났고, 그 다음으로는 '가족'이 25.3%, '교회 내 지인'이 19.5%, '교회 밖 지인'이 14.9%, '목회자'는 6.5% 순으로 나타났다. 이러한 결과는 2013년 정재영 교수의 조사 때와 비율만 다를 뿐 동일하게 나타나고 있다. 즉, 여전히 교회를 떠나는 문제를 함께 나눌 사람들이 없으며, 목회자와 상담하는 비율은 매우 낮은 것으로 나타나고 있는 것이다. 물론 교회를 떠나는 문제를 다른 사람과 상담할 생각이 없

9) 위의 글, 590-91.

어서 나누지 않는 것인지, 상담할 사람이 없어서 나누지 못한 것인지에 대해서는 조사가 되지 않은 부분이라 확정적으로 이야기할 수 없을 것이다. 그러나 일반적으로 교회를 떠난다고 할 때 반대하는 입장이 대부분이라고 생각할 수 있기 때문에 그러한 고민을 쉽게 나눌 수 없었을 것이라 추측할 수 있다. 이렇게 교회를 떠나는 문제를 쉽게 나눌 수 없는 분위기가 이어진다면 이러한 문제를 고민하는 사람들을 도울 수 있는 기회를 갖지 못하고 가나안 성도가 발생할 가능성은 더욱 높아진다고 할 수 있을 것이다. 그렇기에 기독교인들이 이러한 문제를 함께 나눌 수 있는 다양한 창구들이 마련되어야 할 필요성이 높다고 할 수 있다.

〈그림 5〉 상담자 (Base=전체, n=261, %)

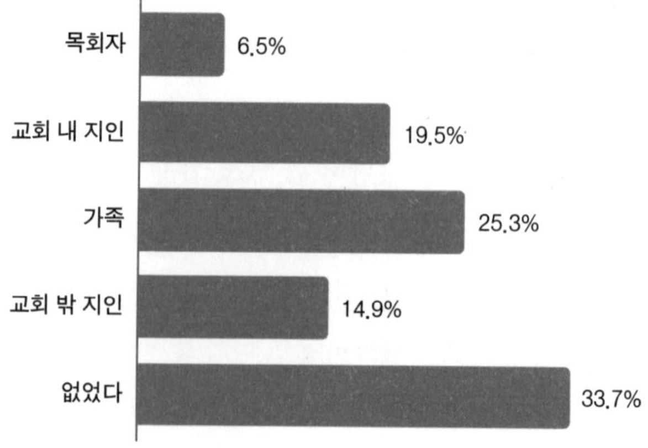

3) 교회 이탈 원인 및 이탈 영향 요인

가. 교회를 이탈한 원인

가나안 성도들이 교회를 떠나게 된 이유 중에 가장 중요한 2가지의 이유를 복수 선택하도록 한 결과 총 382개의 응답을 얻을 수 있었다. 그 결과 24.3%가 '개인적인 사정' 때문에 교회를 떠난 것으로 응답하고, 그 다음으로는 '자유로운 신앙생활을 위해서'가 22.3%, '교인간의 간섭과 갈등'이 13.4%, '목회자의 인격과 설교'가 10.7%, '교회 시스템이나 프로그램 불만'과 '신앙에 대한 회의'가 각각 10.2%으로 동일하게 나타났으며, '교회 내의 분열과 문제'이 8.9% 순으로 나타나고 있다.

교회를 떠나게 된 이유를 개인적인 이유와 교회적인 이유로 나누어서 살펴보면, '개인적인 사정'과 '자유로운 신앙생활 때문'이라는 개인적인 이유로 떠난 비율은 46.6%이고, '교회 시스템이나 목회자에 대한 불만'과 같이 교회적인 이유로 떠난 비율은 43.2%로 큰 차이를 보이고 있지 않다. 이는 2013년 정재영 교수의 조사와 비슷한 결과로, 정재영 교수의 교사에서는 개인적인 이유(자유로운 신앙생활을 위해서 30.3%, 시간이 없어서 6.8%, 개인적인 이유 5.7%)가 42.8%이고, 교회적인 이유(목회자에 대한 불만 24.3%, 교인들에 대한 불만 19.1%)가 43.4%로 나타나고 있다.[10)]

나이별로 교회를 떠난 원인을 살펴보면, 20대가 '개인적인 사정'을 가장 많이 선택한 반면, 3,40대는 '자유로운 신앙생활 때문에'를 가장 많이 선택했고, 50대 이상은 '교회 시스템과 프로그램 불만'

10) 정재영, 『교회 안 나가는 그리스도인: 가나안 성도를 어떻게 이해할 것인가』, 47.

과 '교회 내의 문제와 분열'을 가장 많이 선택한 것으로 나타나고 있다. 이는 나이 대별로 교회를 떠나는 원인이 다르다는 것을 나타내고 있는 것으로 젊은 층에서는 개인적인 이유를 때문에 교회를 떠나는 경우가 더 많은 것과 다르게 나이가 높아질수록 교회적인 문제로 교회를 떠나는 경우가 많다고 할 수 있다.

나중에 자세히 살펴보겠지만 가나안 성도들이 교회를 나오지 않는 이유를 조사했을 때도 20대는 '시간이 없고 바빠서' 교회를 나오지 않는다는 응답이 40.4%로 높게 나타나고 있다. 이는 대학생을 대상으로 한 학원복음화협의회의 조사에서 대학생 가나안 성도들이 교회를 나오지 않는 이유 역시 '시간이 없어서'라는 응답이 45.5%로 '자유로운 신앙생활을 원해서'라는 응답의 24.2%보다 2배 가까이 높게 나온 것[11] 과 비슷한 결과라 할 수 있을 것이다. 이처럼 20대의 젊은 층에서 개인적인 이유 때문에 교회를 떠나는 비율이 높게 나타난 것은 오늘날 젊은이들이 아르바이트와 취업 준비로 바쁜 일상을 반영한 것이라 할 수 있다.[12]

한국기독교목회자협의회의 조사에서는 가나안 성도들이 교회를 나가지 않는 이유로 '얽매이기(구속 받기) 싫어서'라는 응답이 44.1%로 매우 높게 나타나고 있으며, '시간적 여유가 없어서'라는 응답은 8.3%, '개인적인 사정이 있어서'라는 응답은 3.0%로 나타나고 있다.[13] 한국기독교목회자협의회의 조사 결과는 종교나 규율

11) 학원복음화협의회,『청년 트렌드 리포트: 우리 시대 청년들은 무엇으로 사는가』, 178.
12) 최승현, "다시 교회 다닌다면, '작지만 건강한 교회'로,"『뉴스앤조이』, 2017년 8월 9일. http://www.newsnjoy.or.kr/news/articleView.html?idxno=212517 (2018년 1월 12일 검색).
13) 한국기독교목회자협의회,『한국 기독교 분석 리포트: 2018 한국인의 종교생활과 의식 조사』, 81-82.

에 얽매이지 않기 위해서 교회를 떠나 가나안 성도가 되는 비율이 높아지고 있다는 것으로 해석할 수 있을 것이다. 이러한 결과는 이번 조사와 다른 결과라 할 수 있는데, 이번 조사에서는 20대의 비율이 높았기 때문이라고 할 수 있을 것이다. 3,40대에서는 '자유로운 신앙생활을 위해서' 가나안 성도가 되었다는 비율이 높게 나타나고 있기 때문이다. 따라서 최근에 종교에 얽매이지 않고 신앙을 유지하고자 하는 사람들의 비율이 높아지고 있다는 것을 알 수 있다. 나중에 가나안 성도들의 교회에 대한 생각에서 더 자세히 살펴보겠지만 이러한 가나안 성도들의 성향은 탈종교화나 탈제도화되는 것보다는 한국 교회의 억압적인 분위기 때문에 교회를 떠나는 것으로 해석되어야 할 것이다.

〈그림 6〉 교회 이탈 원인 (Base=전체, n=382, %)

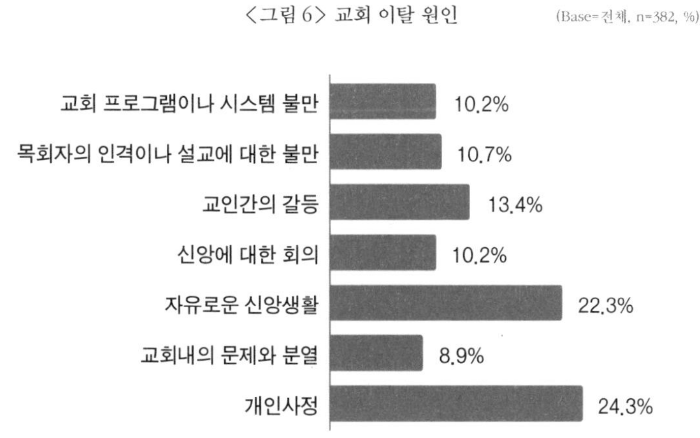

나. 교회 이탈에 영향을 미친 요인들

가나안 성도들이 교회를 이탈하는 이유에 대해 더 세부적으로 파악하기 위해 교회의 문제점을 7가지 항목으로 나누고 이러한 항목들이 교회를 떠나는 결정에 어느 정도의 영향을 끼쳤는지 우선순위를 정하도록 하였다. 그 결과 '전도와 선교를 강요하는 분위기'를 1순위로 선택한 사람들이 31.6%로 월등히 높았는데, 두 번째 1순위인 '강압적이고 일방적인 의사소통'과는 17.8%나 차이가 났다. 이 항목에는 지나친 구원의 확신에 대한 강요도 포함되어 있다. 가나안 성도들이 교회를 떠나는 이유로 두 번째 높은 응답이 '자유로운 신앙생활'인데, 이 질문과 연결시키면 '신앙에 대한 강요'에 대한 부담이 컸기 때문이라고도 할 수 있을 것이다. 특히 가나안 성도들은 '구원의 확신'에 대한 강요에 대해 매우 큰 부담을 드러내고 있으며 '폭력적'이라고까지 생각한다.[14] 이는 전도와 선교 자체를 거부하는 것이 아니라 복음 전파를 통한 영혼 구원이라는 순수한 목적이 아닌 자기 교회의 외형을 확장하기 위해 전도와 선교에 몰입하고,[15] 그것을 강요하는 교회의 분위기가 교회 밖으로 나가도록 하는 큰 요인이 되었다고 볼 수 있는 것이다.

두 번째 1순위 요인으로는 '강압적이고 일방적인 의사소통'이 13.8%로 나타났으며, 세 번째 1순위 요인으로 '교회 내의 권위주의적이고 비민주적인 분위기'가 12.8%로 나타나고 있다. 한국기

14) 정재영, "'소속 없는 신앙인'에 대한 연구,"

15) 한국기독교목회자협의회의 조사에서 개신교인들의 자기종교 평가 항목 중 "교세 확장 치중"에 64.7%라는 가장 높은 비율로 '그렇다'고 응답하였다. 한국기독교목회자협의회, 『한국 기독교 분석 리포트: 2018 한국인의 종교생활과 의식조사』, 198-99.

독교목회자협의회의 조사에서도 현재 교회를 다니고 있는 교인들의 불만 사항 중에 '교회 내 소통 부족'이 19.6%로 '불만 사항 없다'는 33.6% 다음으로 높은 비율을 차지하고 있는 것을[16] 볼 때 교회를 다니는 성도들이나 교회를 나가지 않는 가나안 성도 모두가 교회 내의 의사소통에 문제가 있다 생각하고 있다는 것을 알 수 있다. 그렇기에 신앙에 대한 강요는 강압적이고 일방적인 의사소통, 그리고 권위주의적이고 비민주적인 분위기로 이어진다고 할 수 있을 것이다. 기독교 안에 다양한 교단과 교파가 존재함에도 한국교회 안에서는 서로 다른 의견이 수용이 되지 못하고 목회자의 말에 무조건 복종해야 하는 분위기가 형성되어 있다는 것이다.[17] 그렇기 때문에 가나안 성도들이 자유로운 신앙생활을 원해서 교회를 떠난다는 것은 아직까지는 개인주의적인 성향이라기보다는 교회 안에 형성되어 있는 강압적이고 일방적인 분위기 때문이라고 할 수 있을 것이다.

16) 위의 책, 163-64.
17) 정재영, "'소속 없는 신앙인'에 대한 연구," 95.

<그림 7> 교회 이탈에 영향을 미친 요인(1순위) (Base=전체, n=196, %)

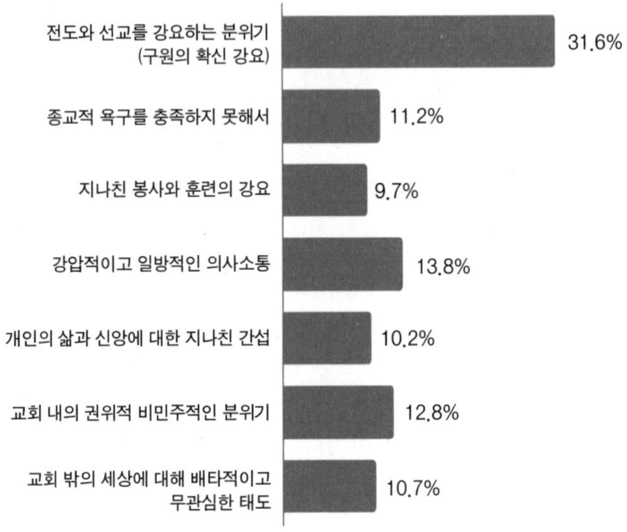

교회 이탈 요인 중 2순위 내에서 가장 높게 나타난 요인은 '교회 밖에 세상에 대해 지나치게 배타적이고 무관심한 태도'로 23.5%의 선택을 받았다. 이는 한국기독교목회자협의회의 조사에서 가나안 성도들이 교회를 출석하지 않는 이유로 세 번째로 선택된 요인이 "교인들이 배타적이고 이기적(11.2%)"[18] 이라는 것에서도 확인할 수 있을 것이다. 또한 같은 조사에서 비개신교인을 대상으로 한국교회가 해결해야 될 과제를 묻는 질문에서 '다른 종교에 배타적인 태도'가 14.8%로 '목회자의 사리사욕' 24.0%, '자기교회 중심

18) 한국기독교목회자협의회, 『한국 기독교 분석 리포트: 2018 한국인의 종교생활과 의식조사』, 81-82.

적' 18.7%에 이어 세 번째로 지목되었다.[19] 따라서 가나안 성도나 교회 밖의 비개신교인들은 한국 교회의 배타적인 태도에 대해서 근심어린 눈으로 바라보고 있다는 사실을 기억해야 할 것이다. 복음에 대해서는 배타적이어야 하겠지만 다른 종교인이나 교회 밖의 사람들은 사랑과 환대로 섬기는 것이 진정한 그리스도인의 자세라고 할 수 있을 것이다.

〈그림 8〉 교회 이탈에 영향을 미친 요인(2순위) (Base=전체, n=196, %)

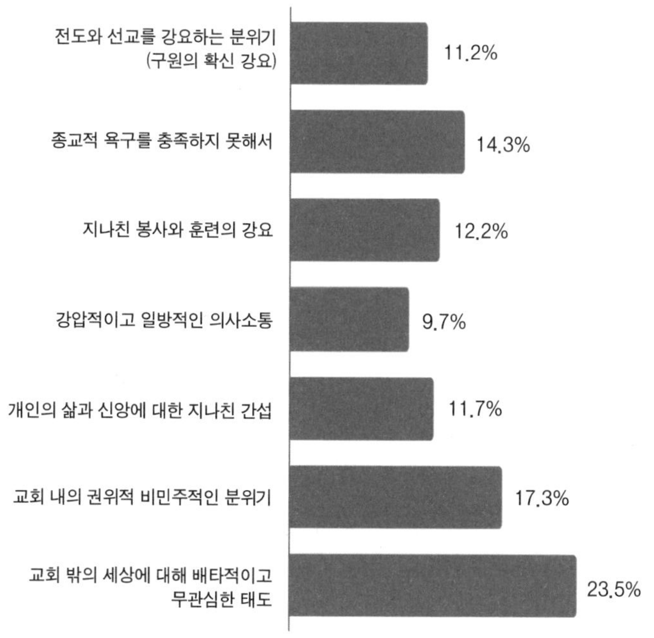

19) 위의 책, 258-59.

2. 전도에 대한 반응 및 교회 재출석 의사

1) 전도에 대한 반응

가. 가나안 성도들이 전도 받은 횟수

가나안 성도들이 교회를 떠난 이후 과연 몇 번이나 전도를 받았으며, 이에 대한 가나안 성도들의 반응은 무엇인지 조사해 보았다. 가나안 성도들이 교회를 떠난 이후 전도를 받은 횟수가 '7번 이상'이라는 응답이 33.7%로 가장 많이 나타났고, '3~4번'이 24.5%, '1~2번'이 21.4%, '5~6번'이 8.7% 순으로 나타났다. 전도를 받은 적이 '없다'는 응답은 11.7%로 대부분의 가나안 성도들은 교회를 떠난 후에 여러 차례 전도를 받았던 것으로 나타난 것이다. 그러나 가나안 성도의 88.3%가 여러 번 권유를 받았음에도 불구하고 교회로 다시 돌아오고 있지 않다는 사실에 주목할 필요가 있을 것이다. 그 원인에 대해서는 이어지는 질문을 통해 더 자세히 살펴보고자 한다.

가나안 성도의 33.7%가 7번 이상의 전도를 받았다는 것은 고무적인 일이지만, 일반적으로 한 사람이 평균 7.6번 정도의 전도를 받아 예수 그리스도를 영접하고 교회를 다닌다는 연구 결과를[20] 생각해 볼 때 더 많은 접촉이 필요하다고 할 수 있을 것이다. 뿐만 아니라 11.7%의 가나안 성도에게는 어느 누구도 전도하지 않았다는 것은 무관심하게 방치되는 가나안 성도도 있을 수 있다는

20) William Fay, Linda Evans Shepherd, 『두려움 없이 전하라』, 전의우 역 (서울: 국제제자훈련원, 2006), 24.

것이다. 물론 가나안 성도 스스로가 이러한 만남을 꺼리는 경우도 있을 수 있겠지만 가나안 성도가 급속도로 증가하고 있는 상황에서 가나안 성도들에게 더 적극적인 관심을 보여야 할 필요가 있을 것이다.

〈그림 9〉 전도 받은 횟수 (Base=전체, n=196, %)

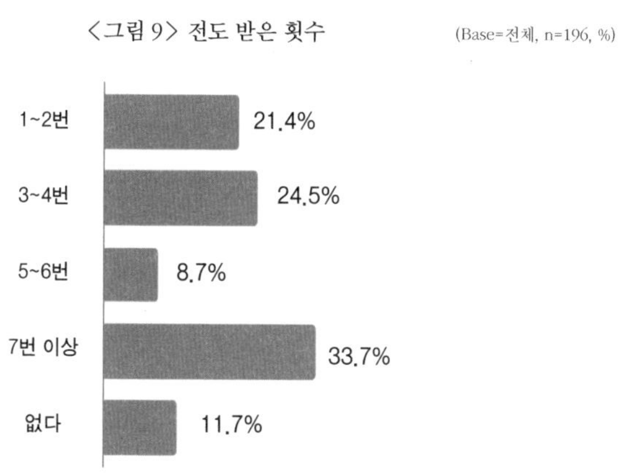

나. 가나안 성도들에게 전도한 전도자

〈그림 10〉 전도자 (Base=전도 받은 사람, n=288, %)

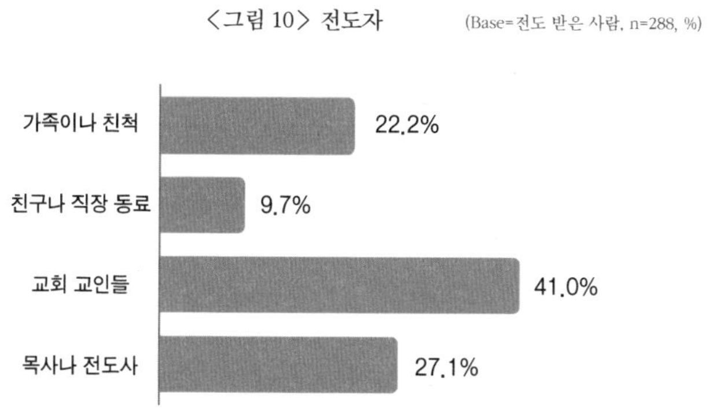

앞의 질문에서 전도를 받았다는 173명을 대상으로 가나안 성도들을 전도한 전도자들을 조사한 결과, 가나안 성도들에게 제일 전도를 많이 한 사람들은 '교회 교인들'로 41.1%를 차지하고 있고, 그 다음으로는 '목사나 전도사'가 27.1%, '가족이나 친척'이 22.2%, '친구나 직장 동료들'이 9.7% 순으로 나타났다. 가나안 성도들에게 가장 관심을 갖고 열심히 전도한 그룹은 '교회 교인들'로 가장 가까이에서 교제하던 교인들이 안타까움을 가지고 가장 열심히 권면하게 되는 것이라 할 수 있을 것이다.

그 다음으로 '목사나 전도사'그룹이 가나안 성도들에게 전도를 많이 한 것으로 나타나고는 있지만, '교회 교인들'과 14.0%나 차이가 나는 것을 볼 수 있다. 이는 목회자들에게 비판의식과 문제의식이 높은 가나안 성도들이 교회 부적응자나 교회에서 문제를 일으키는 사람으로 인식되기 때문에 더 적극적으로 전도하지 못한다고 해석해 볼 수 있을 것이다. 따라서 가나안 성도에 대한 부정적인 인식은 더욱 가나안 성도를 교회 밖으로 나가게 하는 원인이 되기도 하며, 가나안 성도를 품어야 할 목회자들이 적극적으로 사랑과 섬김을 베풀지 못하게 만드는 원인이 되고 있다고 할 수 있다.

다. 가나안 성도들이 전도 받은 내용

본 항목 역시 가나안 성도 중에 전도 받은 173명을 대상으로 복수 선택하도록 하여 가나안 성도들이 전도 받은 내용을 조사한 결과 가나안 성도들이 가장 많이 전도 받은 내용은 '믿는다면 반드시 교회를 나가야 한다'는 것으로 28.4%의 비율을 차지하였다. 그 다음으로는 ‘자신의 경험을 나누어 주었다’가 19.3%, ‘신앙적 고민에 대해 함께 나누었다’가 17.9%, ‘복음의 내용을 전해주었다’가 17.6%, ‘자신의 교회와 목사님이 좋다’가 12.8% 순으로 나타났다.

‘믿는다면 반드시 교회를 나가야 한다’는 것과 ‘자신의 교회와 목사님이 좋다’는 전도는 41.2%이고, ‘신앙적 고민에 대해 함께 나누었다’는 것과 ‘자신의 경험을 나누어 주었다’는 전도는 37.1%로 나타나고 있다. 이는 가나안 성도들이 고민을 함께 나누는 전도보다는 주로 일방적인 전도를 받고 있는 것으로 볼 수 있을 것이다. 그러나 앞에서 살펴본 바와 같이 가나안 성도들은 권위적인 분위기나 일방적인 의사소통에 불만을 가지고 있기 때문에 이러한 전도의 내용은 가나안 성도들에게 효율적인 전도의 내용으로 볼 수 없을 것이다. 또한 가나안 성도들은 교회를 의도적으로 교회 밖에 나와 있는 사람들인데 ‘믿는다면 반드시 교회에 나가야 한다’거나 ‘교회와 목사님이 좋다’는 설득은 비효율적인 전도의 내용이 아닐 수 없다. 뒤에서 자세히 살펴보겠지만 이러한 내용의 권유에 긍정적인 반응보다는 부정적인 반응이 더 많이 나타나는 것을 볼 수 있다.

무엇보다 아쉬운 것은 복음의 내용을 전달하는 비율이 낮다는 점이다. 한국기독교목회자협의회의 조사에서 개신교의 전도를 받은 사람들을 대상으로 어떤 내용의 전도를 받았는지 물어보았을 때 ‘예수, 하나님에 대한 소개’가 48.2%로 가장 높게 나타나고 있다.[21] 물론 가나안 성도는 자신을 기독교인으로 소개하기 때문에

21) 한국기독교목회자협의회, 『한국 기독교 분석 리포트: 2018 한국인의 종교생활과

전도자는 가나안 성도가 복음에 대해 잘 알고 있다고 생각하기 쉽다. 그러나 나중에 살펴보겠지만 가나안 성도 중에 구원의 확신이 없는 사람들의 비율이 매우 높다. 또한 가나안 성도들은 천편일률적인 복음 제시에 대해서는 거부감을 가지고 있지만 기독교의 본질에 대해 고민하는 사람들이기 때문에 오히려 이런 대화가 가나안 성도와의 만남에서 더욱 효율적인 대화가 될 수 있을 것이다. 기타 의견으로는 '교회를 나와야 행복해지고 다 잘 된다', '교회 업무를 줄여주겠다', '그냥 나오기만 해라'는 의견이 있었다. 그 중에는 '일꾼이 없다', '너의 잘못이다'라는 내용도 있었다.

〈그림 11〉 전도 받은 내용 (Base=전도 받은 사람, n=296, %)

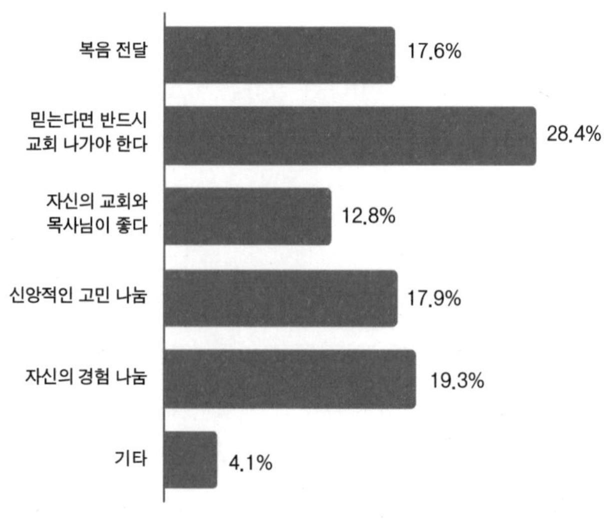

의식조사』, 219.

라. 가나안 성도들의 전도에 대한 반응

가나안 성도들의 전도에 대한 반응을 조사한 결과, 가나안 성도들은 전도자들의 권유가 '크게 와 닿지 않는다'는 반응이 44.5%로 가장 높았다. 그 다음으로는 '일방적인 권유가 부담스러웠다'는 반응이 28.9%로 나타났고, '천편일률적인 내용이 와 닿지 않았다'는 반응이 16.2% 순으로 나타나고 있다. 그러나 전도자들의 권유에 '전적으로 동감이 되었다'는 반응은 불과 6.9% 밖에 되지 않았다. '천편일률적인 내용이 와 닿지 않았다'는 반응과 '일방적인 권유가 부담스러웠다'는 반응을 합쳤을 때 45.1%로 나타나는데, 이는 중립적인 반응으로 분류해 볼 수 있는 '크게 와 닿지 않는다'는 44.5%보다 더 높게 나타나고 있어 대체적으로 가나안 성도들은 전도에 대해 부정적인 반응을 보이고 있다고 할 수 있다.

〈그림 12〉 전도에 대한 반응 (Base=전도 받은 사람, n=173, %)

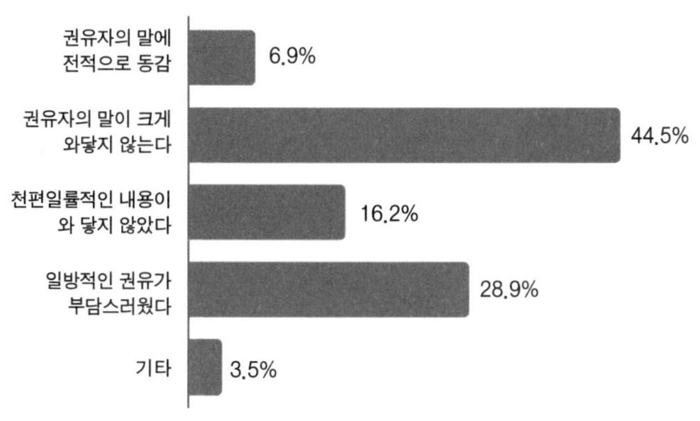

한국기독교목회자협의회의 조사에 따른 비개신교들의 전도에 대한 반응을 살펴보면 '거부감이 들었다'는 의견이 71.4%, '거부감은 들지 않았다'는 의견이 28.6%로 나타나고 있어[22] 비개신교인들에 비해 가나안 성도들이 전도에 대해 호의적인 반응을 가지고 있는 것으로 볼 수 있다. 이와 같이 가나안 성도들은 비개신교인에 비해 더 효율적인 전도의 대상자라고 볼 수 있다. 그러나 기타 의견으로 '내 마음을 알아줬으면 하는 생각이 들었다', '매우 싫었다', '신앙심이 깊지 않아 아무런 생각이 들지 않는다' 등이 있었는데, 이러한 기타 의견을 앞의 반응과 종합해 보면 목회자와 성도들의 열심 있는 전도가 가나안 성도들을 설득하는데 실패하고 있음을 알 수 있다. 그 이유가 전도의 내용에 따른 가나안 성도들의 반응을 교차 비교해 보았을 때 더욱 분명하게 나타나는 것을 볼 수 있다.

전도의 내용에 대한 전도의 반응을 교차 분석했을 때, 모든 전도의 내용에 대해 '설득력은 있지만 크게 와 닿지 않았다'라는 반응이 가장 높게 나타났다. 그러나 "교회와 목사님이 좋다"는 권유에는 '일방적인 권유가 부담스럽다'는 반응이 43.2%로 가장 높게 나타나고 있는 것을 볼 수 있다. 또한 "교회를 나아가 한다"는 설득에는 '크게 와 닿지 않는다'는 반응이 40.0%로 가장 높게 나타났지만, 그 다음으로 '일방적인 권유가 부담스럽다'는 반응도 32.5%로 높게 나타나고 있다.

이를 긍정적인 반응(전적으로 동감한다 + 설득력 있지만 크게 와 닿지 않는다)과 부정적인 반응(와 닿지 않았다 + 부담스럽다)

22) 위의 책, 220-21.

으로 나누어 볼 때, "복음의 전달", "신앙적 고민 나눔", "자신의 경험 나눔"은 긍정적인 반응이 각각 66.0%, 63.5%, 57.9%로 높게 나타나고 있는 것을 볼 수 있다. 그러나 "교회를 나가야 한다"와 "교회와 목사님이 좋다"는 부정적인 반응이 각각 68.8%, 62.2%로 높게 나타나고 있는 것을 볼 수 있다. 이와 같이 가나안 성도들에게는 "무조건 교회로 나오라"고 하거나 "교회와 목사님이 좋다"고 권유하는 것은 부정적인 반응을 일으키는 효율성이 떨어지는 전도라고 할 수 있을 것이다.

고무적인 것을 복음의 내용을 전달했을 때, '권유자의 말에 전적으로 동감한다'는 긍정적인 반응이 가장 높다는 것이다. 따라서 앞에서 살펴본 바와 같이 오히려 가나안 성도들에게도 복음의 내용이 가장 효율적인 복음 전도의 내용이라고 할 수 있을 것이다. 그러나 이러한 가나안 성도들의 성향이나 반응은 무시된 채 선입견에 따른 일방적인 전도가 실시되고 있고 그래서 효율성이 많이 떨어지고 있는 것이다. 물론 최종적으로 가나안 성도들이 공동체 안에서 건강하게 신앙생활을 영위해야 하겠지만 가나안 성도들에 대한 태도가 단지 교회에 출석하는 것만을 목적으로 하는 것은 매우 근시안적인 태도가 아닐 수 없다.

〈표 3〉 전도의 내용에 따른 반응 (Base=전도 받은 사람, n=276, %)

전도에 대한 반응 / 전도의 내용	권유자의 말에 전적으로 동감이 되었다	권유자의 말이 설득력은 있지만 와 닿지 않는다.	천편일률적인 권유 내용이 와 닿지 않았다.	나와 상관없는 일방적인 권유가 부담스러웠다.
복음의 내용을 전달	12.0%	54.0%	14.0%	20.0%
믿는다면 반드시 교회를 나가야 한다고 설득	6.3%	40.0%	21.3%	32.5%
자신의 교회와 목사님이 좋다고 설득	2.7%	35.1%	18.9%	43.2%
신앙적 고민에 대해 함께 나누었다	9.6%	53.8%	17.3%	19.2%
자신의 경험을 나누어 주었다	5.3%	52.6%	14.0%	28.1%

2) 교회 재출석 의사와 교회 불출석 이유

가. 가나안 성도들의 교회 재출석 의사

〈그림 13〉 교회 재출석 의사 (Base=전체, n=196, %)

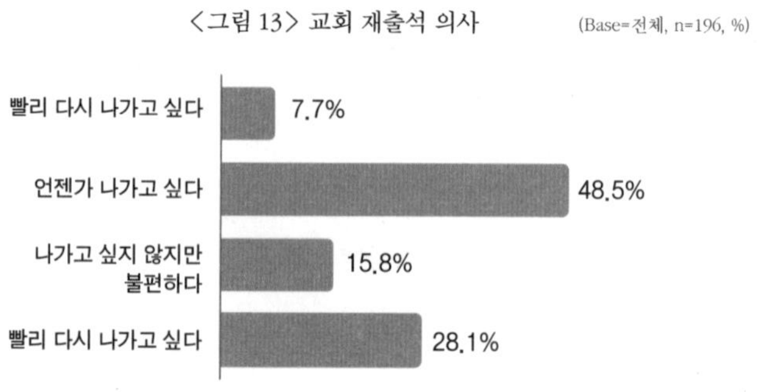

가나안 성도들의 교회 재출석 의사를 조사한 결과, 가나안 성도들의 48.5%는 '당장은 아니지만 언젠가 교회 다시 나가고 싶다'는 의사를 가지고 있는 것으로 나타났다. 그 다음으로는 '교회 나가고 싶지도 않고 그것 때문에 불편하지도 않다'는 의사가 28.1%, '교회 다시 나가고 싶지는 않지만 그것 때문에 불안/불편하다'는 의사가 15.8%, 그리고 '가능한 빨리 교회에 나가고 싶다'는 의사가 7.7% 순으로 나타났다. 전체적으로는 '교회에 다시 나가고 싶다'는 의사가 56.1%로 나타나고 있기 때문에 가나안 성도들이 교회로 다시 돌아올 가능성은 높다고 할 수 있을 것이다.

그러나 2013년 정재영 교수의 조사 결과에서는 '빨리 교회를 나가고 싶다'는 의사가 13.8%, '언젠가 다시 나가고 싶다'는 의사가 53.3%로 종합하면 '교회를 다시 나가고 싶다'는 의사가 67.1%로 높게 나온 것[23] 과 달리 이번 조사에서는 '교회를 다시 나가고 싶다'는 의사가 56.1%로 11%나 줄어든 것으로 나타나고 있다. 뿐만 아니라 '교회 나가고 싶지 않다'는 의사도 33.0%에서 43.1%로 높아졌다는 사실을 주목해야 할 것이다. 아직까지는 교회로 다시 돌아갈 생각이 더 높게 나타나고 있지만 점점 교회로 돌아가고자 하는 가나안 성도들이 줄어들고 있다고 할 수 있는 것이다.

성별에 따른 교회 재출석 의사를 분석해 보면, 여자들이 교회로 재출석할 의사는 57.3%, 남자들이 교회로 재출석할 의사는 52.8%로 여자들이 남자들에 비해 교회로 다시 돌아갈 생각이 조금 더 높은 것으로 나타났지만, '빨리 교회에 나가고 싶다'는 의사는 남자들

23) 정재영, "종교 세속화의 한 측면으로서 소속 없는 신앙인들에 대한 연구," 594-95.

이 13.2%로 더 높게 나타나고 있다. 나이별로 교회 재출석 의사를 분석해 보면, '교회를 다시 나가고 싶다'는 의사가 40대 이후에는 60% 이상으로 높게 나타난 반면, 2,30대에서는 50% 정도로 나타나고 있는 것을 볼 수 있다. 이는 2,30대의 교회 재출석 의사가 40대 이후보다 낮은 것으로, 2,30대가 교회를 이탈하는 비율은 높은 반면, 교회를 재출석하고자 하는 의사는 적기 때문에 2,30대를 위한 특별한 대책이 매우 시급하다는 것을 알 수 있다.

나. 가나안 성도들이 교회 나가지 않는 이유

가나안 성도들이 교회를 나가지 않는 이유를 조사했는데, 이 결과에는 교회에 다시 나갈 의사가 없는 가나안 성도들의 의견도 포함되어 있다. 가나안 성도들이 교회에 나가지 않는 가장 큰 이유가 '시간이 없고 바빠서'라는 의견이 28.6%로 가장 높게 나타나고 있다. 그 다음으로는 '교회에 나갈 필요성을 느끼지 못해서'가 21.4%, '자신에게 맞는 교회를 찾지 못해서'가 18.4%, '신앙에 대한 고민이 해결되지 못해서'와 '교회에 나가지 않아도 종교적인 삶을 유지할 수 있어서'가 12.2% 순으로 나타나고 있다.

기타 의견 7.4%에는 '남편과 시댁의 눈치 때문에'라는 이유가 있었고, '믿음에 대해 전처럼 자신이 없다', '사람들에 대한 상처가 풀리지 않아서', '신앙인으로 사는 것이 자신 없다', '너무 교회에 붙잡아 두려고 해서', '원래 다니던 교회에 다시 나가고 싶은데 목사님이나 시스템이 여전히 변화되지 않았기 때문에', '편해서'라는 이유도 있었다.

교회에 나가지 않는 가장 높은 이유가 '시간이 없고 바빠서'라는 것은 오늘날 현대인의 분주한 생활 패턴을 반영한 것이기에 반드시 가나안 성도들만이 가지고 있는 원인이라 할 수는 없을 것이다. 그러나 두 번째로 높은 이유가 '교회 나갈 필요성을 느끼지 못해서'라는 것은 가나안 성도의 특징을 나타내는 이유이라 할 수 있을 것이다. 가나안 성도들이 교회를 나가지 않는 이유 중에 '교회 나갈 필요성을 느끼지 못해서'와 '교회 나가지 않아도 종교적 삶을 유지할 수 있다'는 의견을 합치면 33.6%나 된다. 교회 나갈 필요성도 느끼지 못하는데, 교회 나가지 않아도 신앙을 유지할 수 있다면 가나안 성도들이 교회 나오지 않는 것이 당연하다고 할 수 있을 것이다. 따라서 오늘날 한국 교회가 왜 교회에 다녀야 하는지에 대한 납득할만한 이유를 내어 놓지 못한다면 가나안 성도들은 더욱 늘어날 수밖에 없을 것이다.

성별로 교회 나가지 않는 이유를 분석한 결과를 보면 '시간이 없고 바빠서'라는 이유를 제외하고 남자는 '자신에게 맞는 교회를 찾지 못해서'와 '신앙적인 고민이 해결되지 못해서'라는 이유가 높았던 것과는 달리 여자는 '교회에 나갈 필요성을 느끼지 못해서'라는 이유가 높게 나타나고 있다. 나이별로 교회 나가지 않는 이유를 분석하면, 20대는 '시간이 없고 바빠서'가 40.4%로 가장 높게 나타나고 그 다음으로는 '교회 나갈 필요성을 느끼지 못해서'가 29.8%로 나타나고 있다. 30대는 "자신에게 맞는 교회를 찾지 못해서"가 28.1%로 나타나고, '교회 나가지 않아도 종교적인 삶을 유지할 수 있어서'가 21.1%로 높게 나타나고 있다. 이에 반해 40대는 '자신에게 맞는 교회를 찾지 못해서'가 26.7%, '신앙에 대한 고민이 해결되지 못해서'가 23.3%로 나타나며, 50대 이상 역시 이 두 가지 이유가 각각 20.0%로 높게 나타나고 있다. 이러한 결과는 40대 이상이 2,30대에 비해 교회 출석에 긍정적인 반응을 보이고 있기 때문에 교회에 다시 나갈 가능성이 더 크다고 할 수 있을 것이다.

〈그림 14〉 교회 불출석 이유 (Base=전체, n=196, %)

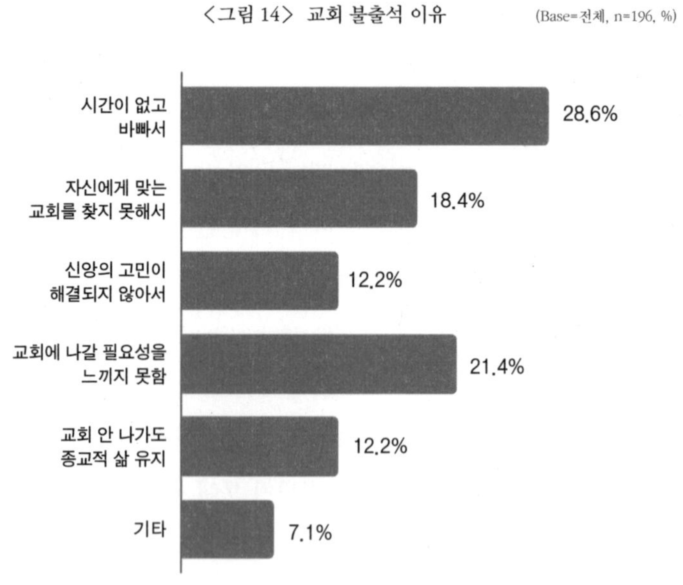

3) 교회 선정 요소와 교회 생활 욕구

가. 가나안 성도들의 교회 선정 요소

가나안 성도들이 만약 교회를 다시 나간다고 할 때 가장 중요하게 고려하게 되는 요소들은 무엇인지 우선순위를 매기도록 하였다.

그 결과 가나안 성도들은 '지역사회에 대한 섬김과 봉사(48.5%)'를 1순위로 가장 많이 선택하였는데, 그 다음 순위인 "신앙생활과 일반생활의 조화(14.3%)"와 34.2%로 큰 차이를 보이며 압도적인 선택을 받았다. 앞에서 가나안 성도들이 교회를 떠나는 데 영향을 미친 중요 요소에서 2순위로 가장 많이 선택된 것이 '교회 밖의 세상에 대해 배타적이고 무관심한 태도'였다. 이것과 연결해 보면 '지역 사회에 대한 섬김과 봉사'를 1순위로 선택한 것은 자연스런 결과라 할 수 있을 것이다. 그만큼 가나안 성도들은 교회 밖의 세상에 관심이 많다고 할 수 있다. 하나님의 공의가 세상 속에서 구현되기를 바라는 것이다.

한국기독교목회자협의회에서 조사한 내용에 따르면 개신교인들의 76.4%나 되는 사람들이 한국 교회가 지역 사회에 기여하고 있다고 생각하는 반면, 비개신교인들은 17.2%만이 한국 교회가 지역 사회에 기여하고 있다고 생각하는 것으로 나타났다.[24] 교회 밖에서 보는 시각과 교회 안에서 생각하는 것과는 매우 차이가 큰 것을 알 수 있다. 그러나 개신교인들도 한국교회가 집중해야 할 분야로 구제와 봉사를 포함한 사회적 책임을 39.4%로 가장 많이 선택하고 있다.[25] 이러한 결과는 한국 교회가 복음전도와 함께 구제와 봉사에 힘썼던 초대교회의 모습을 회복해야 할 필요성을 더욱 부각시킬 뿐만 아니라, 교회가 지역 사회를 위해 봉사하는 것이 가나안 성도와 비개신교인들의 마음을 여는 중요한 통로가 될 수 있

24) 한국기독교목회자협의회, 『한국 기독교 분석 리포트: 2018 한국인의 종교생활과 의식조사』, 235-36.
25) 위의 책, 262-63.

다는 사실을 보여준다고 할 수 있다.

1순위에서 두 번째로 선택받은 항목은 '신앙생활과 일반생활의 조화'였다. 정재영 교수가 가나안 성도들 대상으로 실시한 심층 인터뷰에서 가나안 성도들이 교회를 떠나게 된 이유 중에는 '신앙과 삶의 불일치'로 인한 갈등이 주요한 특징 중의 하나로 지목되고 있다.[26] 한국 교회의 교인들이 이중적인 기준을 가지고 교회 생활 속에 자기만족에 머물며 일상생활에서는 신앙대로 살아가지 못하는 이중적인 모습에 큰 실망을 느끼고 떠나게 된다는 것이다. 또한 한국기독교목회자협의회의 조사에서도 한국교회 일반신도가 가진 문제점으로 '신앙과 일상생활의 불일치'가 개신교인들에게는 29.9%로 가장 많은 선택을 받았다.[27] 그런데 비개신교인들은 '타종교 및 비기독교인에 대한 배타성'을 31.3%로 가장 많이 선택하고, 두 번째로 '신앙과 일상생활의 불일치'를 27.5%로 선택하고 있다.[28] 이는 가나안 성도들과 비개신교인들의 생각이 비슷하다는 것을 나타내고 있는 것이라 할 수 있다. 한국 성도들의 신앙과 삶의 불일치는 오래전부터 논의되어 온 문제 중의 하나다. 그러나 이러한 문제가 해결되지 못하고 더욱 심화되며 가나안 성도들과 비개신교인들에게 기독교가 외면을 당하고 있는 것이다. 그렇기에 일상생활 속에서 기독교적인 삶의 살아갈 수 있도록 돕는 것은 한국 교회의 매우 시급한 과제라 할 수 있을 것이다.

26) 위의 책, 262-63.
27) 한국기독교목회자협의회, 『한국 기독교 분석 리포트: 2018 한국인의 종교생활과 의식조사』, 268-69.
28) 위의 책.

<그림 15> 교회 선정 요소(1순위) (Base=전체, n=196, %)

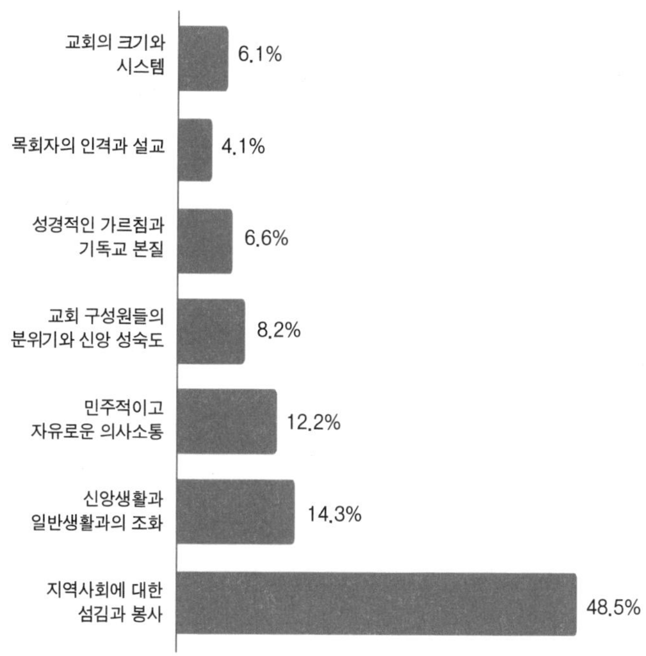

2순위를 살펴보면, '교회의 크기와 시스템(20.4%)'이 제일 높은 선택을 받았는데, 3순위에서도 가장 높은 선택을 받았다. 21세기 교회연구소와 한국교회탐구센터의 조사에 따르면 교회를 옮길 의향이 있는 사람들에게 교회의 규모에 대해 물었을 때, 101-300명 정도의 교회가 29.0%로 가장 높게 나타나고, 이를 포함하여 500명 이하의 교회가 76.6%로 전체적으로는 중소형교회를 선호하는 것으로 나타났다.[29] 그렇기에 교회의 크기와 시스템을 선택한 것

29) 지용근, "평신도의 교회 선택과 교회 생활 만족도에 대한 여론조사 결과보

은 단순히 큰 교회를 선호한다는 의미보다는 가나안 성도들의 신앙의 문제를 해결해 줄 수 있는 양육과 훈련의 시스템이 갖추어진 교회를 찾고 있다는 의미로 해석해 볼 수 있을 것이다.

〈그림 16〉 교회 선정 요소(2순위) (Base=전체, n=196, %)

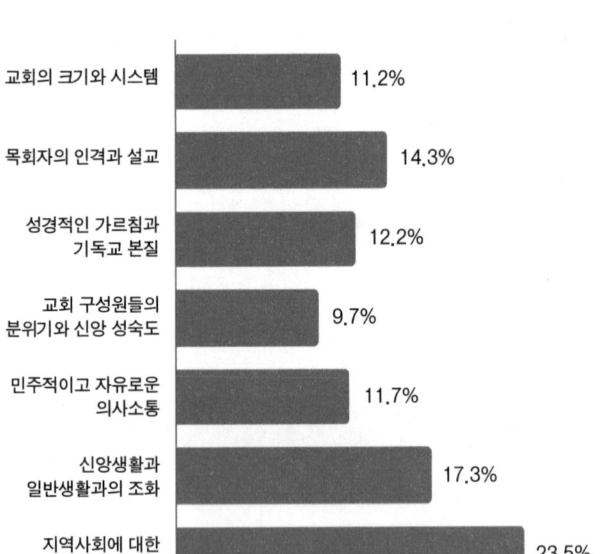

나. 교회 생활을 통해 얻고 싶은 것

가나안 성도들이 교회에 다시 나가게 된다면 교회 생활을 통해 얻고자 하는 것이 무엇인지 조사했다. 이 항목에서는 복수 선택이 가능하도록 하였다. 그 결과 가나안 성도들은 교회 생활을 통해 '마

고서," 53.

음의 평안과 문제 해결'을 하고 싶다는 의견이 33.8%로 가장 높았으며, '삶의 의미와 목적 발견'이 19.7%로 그 다음을 차지하였고, '신앙의 성장'이 17.5%로 그 뒤를 이었다. 또한 '구원의 확신'은 13.4%, '성도들과의 교제'는 10.0%, '종교적인 체험'은 5.6% 순으로 나타났다.

한국기독교목회자협의회의 조사 결과 개신교인들의 신앙생활을 하는 첫 번째 이유는 '구원과 영생을 위해서'로 42.5%로 나타나고 있으며, '마음의 평안을 위해서'는 37.0%, '가족의 권유'는 13.3%로 나타나는 것과는 조금 다른 결과이다.[30] '마음의 평안을 위해서' 신앙생활을 하는 것은 현재 교회를 출석하고 있는 성도나 출석하지 않는 가나안 성도 모두 높게 선택한 항목이지만, '구원과 영생을 위해서'가 교회 나가는 성도들에게는 가장 첫 번째로 선택된 것과는 달리 가나안 성도들에게는 '구원의 확신'이 네 번째로 선택된 점이 다르다고 하겠다. 그만큼 가나안 성도들에게 구원의 문제는 큰 비중을 차지하지 않는 것으로 해석할 수 있다.

가나안 성도들에게는 삶의 의미와 목적을 발견하고자 하는 욕구와 신앙의 성장을 이루고자 하는 욕구가 구원의 확신을 얻는 것보다 더 높게 나타나고 있다. 그것은 가나안 성도들이 구원의 확신을 얻는 것보다 신앙 안에서 삶의 의미와 목적을 발견하고 일상의 삶 속에서 신앙을 구현하며 살아가는 것을 더 중요하게 생각하고 있다는 것이다. 그렇기에 가나안 성도들과의 만남에서는 이런

30) 한국기독교목회자협의회, 『한국 기독교 분석 리포트: 2018 한국인의 종교생활과 의식조사』, 50-51.

부분들을 함께 나누며 신앙 안에서 그 해답을 찾아갈 수 있도록 도와주는 것이 선행되어야 할 것이다. 가나안 성도들은 주입식 신앙 교육이 아닌 스스로 묻고 찾아가는 것을 선호하기 때문이다. 그러나 이러한 신앙의 자세는 매우 유익할 뿐만 아니라 진정한 구원의 의미를 발견하고 제자로서의 삶을 구현하는데 있어서 매우 중요한 과정이 아닐 수 없다.

<그림 17> 교회 생활 욕구 (Base=전체, n=411, %)

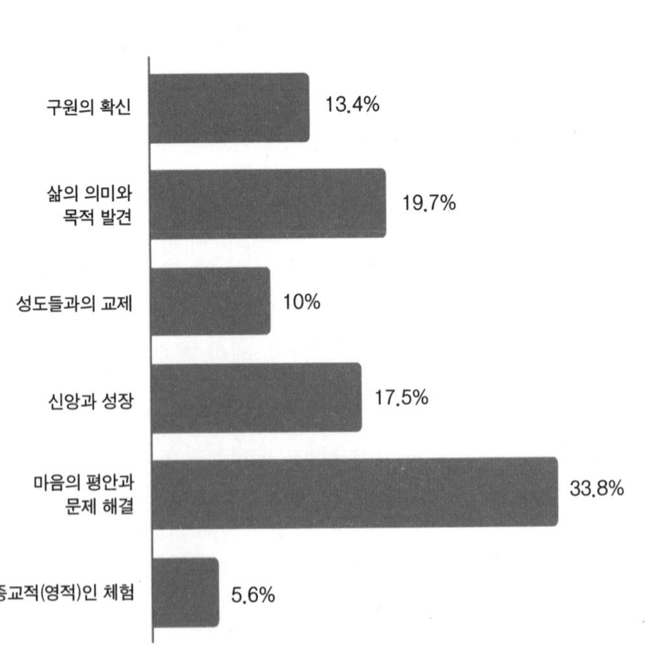

3. 교회 이탈 원인과 재출석 의사에 따른 특징

1) 교회 재출석 의사에 따른 불출석 이유

가나안 성도들의 교회 재출석 의사에 따른 교회 불출석 이유를 교차 분석해 보았다. '가능한 빨리 교회에 다시 나가고 싶다'는 사람들은 "자신에게 맞는 교회를 찾지 못했기" 때문에 교회를 나가지 않는 것으로 나타났다. 또한 '언젠가 다시 교회에 나가고 싶다'는 사람들은 "시간이 없고 바빠서" 교회에 나가지 않는 것으로 나타났다. 그러나 '교회에 다시 나가고 싶지 않다'는 사람들은 "교회에 나갈 필요성을 느끼지 못해서" 교회를 나가지 않는 것으로 나타났지만, "교회를 나가지 않아도 종교적인 삶을 유지할 수 있다"는 생각도 강했다.

그런데 '가능한 빨리 교회에 다시 나가고 싶다'는 가나안 성도들은 "시간이 없고 바빠서"라는 것과 "자신에게 맞는 교회를 찾지 못해서"라는 두 가지 이유만 선택했을 뿐 다른 이유는 전혀 선택하지 않은 것을 볼 수 있다. 그만큼 교회 재출석 의사가 강하다고 할 수 있을 것이다. 이와 같이 교회에 다시 나갈 의사가 있는 사람들과 교회에 다시 나갈 의사가 없는 사람들은 교회 나가지 않는 이유가 다르다는 것을 알 수 있는데, 불출석 이유에 따른 재출석 의사를 교차 분석해 보면 그 차이점이 더욱 분명하게 나타난다.

〈표 4〉 재출석 의사에 따른 불출석 이유 (Base=전체, n=182, %)

불출석 이유 / 재출석 의사	시간이 없고 바빠서	자신에게 맞는 교회를 찾지 못해서	신앙에 대한 고민이 해결되지 않아서	교회에 나갈 필요성을 느끼지 못해서	교회에 나가지 않아도 종교적인 삶을 유지할 수 있어서
가능한 한 빨리 다시 교회에 나가고 싶다	40.0%	60.0%	0.0%	0.0%	0.0%
당장은 아니지만 언젠가 다시 교회에 나가고 싶다	40.0%	23.5%	17.6%	11.8%	7.1%
교회에 다시 나가고 싶지는 않지만 교회를 나가지 않는 것이 불편하다	12.9%	16.1%	19.4%	29.0%	22.6%
교회를 다시 나가고 싶지도 않고 그것 때문에 마음이 불편하지도 않다	23.5%	3.9%	5.9%	45.1%	21.6%

※ 기타 의견 제외

불출석 이유에 따른 재출석 의사를 교차 분석했을 때, '시간이 없고 바빠서'와 '자신에게 맞는 교회를 찾지 못해서' 교회를 나오지 않는 경우에만 "가능한 빨리 교회를 다시 나가고 싶다"는 응답이 나타난다. 뿐만 아니라 '자신에게 맞는 교회를 찾지 못해서' 교회를 나오지 않는 경우에는 "교회를 다시 나가고 싶다"는 의사가 80.6%나 되었다. 그렇기 때문에 이 경우가 가장 교회에 다시 나갈 가능성이 높다고 할 수 있을 것이다. 그 다음은 '시간이 없고 바빠서' 교회를 나가지 않는 경우인데 71.4%가 "교회에 다시 나가고 싶다"는 의사를 보이고 있다. 그런데 '교회에 나갈 필요성을 느끼지 못해서'와 '교회 나가지 않아도 종교적인 삶을 유지할 수 있기 때문에' 교회에 나가지 않는 경우에는 교회에 다시 나갈 의사가 각각 23.8%와 25.0%로 매우 적은 것으로 나타나고 있다. 그나마 '교회 나가지 않아도 종교적인 삶을 유지할 수 있기 때문에' 교회 나가지 않는 경우가 조금 더 교회 출석에 긍정적인 반응이라고 할 수 있는데, 왜냐하면 "언젠가 교회에 다시 나가고 싶다"는 응답과 "교회 나가고 싶지 않지만 마음이 불편하다"는 응답의 비율이 조금 더 높게 나왔기 때문이다.

따라서 교회 출석의 가능성이 높은 가나안 성도들에게는 그들의 필요를 충족시킬 수 있는 교회를 찾아주는 일이 시급하다고 할 수 있을 것이며 교회 출석의 가능성이 낮은 가나안 성도들에게는 교회 공동체의 필요성을 설득시킬 수 있는 통로가 마련되어야 할 것이다. 교회 공동체의 필요를 이론적으로도 설득시켜야겠지만 그 보다는 체험적으로 설득될 수 있는 장(場)이 마련되어야 할 것이다.

〈표 5〉 불출석 이유에 따른 재출석 의사 (Base=전체, n=182, %)

재출석 의사 / 불출석 이유	가능한 한 빨리 다시 교회에 나가고 싶다 (1)	당장은 아니지만 언젠가 다시 교회에 나가고 싶다 (2)	교회를 다시 나가고 싶다 (1)+(2)	교회에다시 나가고 싶지는 않지만 교회를 나가지 않는 것이 불편하다 (3)	교회를다시 나가고 싶지도 않고 그것 때문에 마음이 불편하지도 않다 (4)	교회를 다시 나가고싶지 않다 (3)+(4)
시간이 없고 바빠서	10.7%	60.7%	71.4%	7.1%	21.4%	28.6%
자신에게 맞는 교회를 찾지 못해서	25.0%	55.6%	80.6%	13.9%	5.6%	19.4%
신앙에 대한 고민이 해결되지 않아서	0.0%	62.5%	62.5%	25.0%	12.5%	37.5%
교회에 나갈 필요성을 느끼지 못해서	0.0%	23.8%	23.8%	21.4%	54.8%	76.2%
교회에 나가지 않아도 종교적인 삶을 유지할 수 있어서	0.0%	25.0%	25.0%	29.2%	45.8%	75.0%

2) 교회 재출석 의사에 따른 교회 생활 욕구와 교회 선정 요소

가. 교회 재출석 의사에 따른 교회 생활 욕구

가나안 성도들의 교회 재출석 의사에 따른 교회 생활 욕구를 교차 분석한 결과는 다음과 같다. '가능한 빨리 교회에 다시 나가고 싶다'는 가나안 성도들은 교회 생활을 통해 "구원의 확신"과 "신앙의 성장"을 얻고 싶어 하는 것으로 나타났다. 그러나 '언젠가 교회에 다시 나가고 싶다'는 가나안 성도들과 '교회에 나가고 싶지 않다'는 가나안 성도들은 교회 생활을 통해 "마음의 평안과 문제 해결"을 얻고자 하는 욕구가 가장 높은 것으로 나타났다. '가능한 빨리 교회에 다시 나가고 싶다'는 부류와 '언젠가 교회에 나가고 싶다'는 부류가 교회에 다시 나가고 싶다는 생각은 같지만 교회 생활을 통해 추구하는 목표가 다른 것이다. 오히려 '언젠가 교회 나가고 싶다'는 부류는 '교회에 다시 나가고 싶지 않다'는 부류와 교회 생활 욕구가 비슷한 것을 볼 수 있다. 한국기독교목회자협의회의 발표에 따르면 일반 개신교 신자들의 신앙생활 첫 번째 이유는 "구원과 영생을 얻는 것"이었는데,[31] '가능한 빨리 교회에 나가고 싶다'는 의사를 가진 사람들과 교회 생활 욕구가 비슷하다고 할 수 있을 것이다. '교회를 다시 나가고 싶지 않고 불편하지도 않다'는 의사를 가진 사람들은 '신앙의 성장'에 대한 욕구가 매우 낮게 나타나고 '마음의 평안과 문제 해결'을 가장 원하는 것으로 나타났다. 이와 같이 재출석 의사에 따라 교회 생활 욕구가 다르게 나타나기 때문에

31) 한국기독교목회자협의회, 『한국기독교분석리포트: 2018 한국인의 종교생활과 의식조사』, 50.

이에 맞는 전략을 세워야 할 것이다.

〈표 6〉 재출석 의사에 따른 교회 생활 욕구

교회생활 욕구 / 재출석 의사	구원의 확신	삶의 의미와 목적 발견	성도와의 교제	신앙의 성장	마음의 평안과 문제 해결	종교적 (영적)인 체험
가능한 빨리 다시 교회에 나가고 싶다	26.5%	14.7%	11.8%	23.5%	17.6%	5.9%
언젠가 다시 교회에 나가고 싶다	13.6%	19.0%	10.0%	19.0%	31.2%	7.2%
교회에 다시 나가고 싶지 않지만 불편하다	10.1%	18.8%	8.7%	20.3%	37.7%	4.3%
교회에 다시 나가고 싶지 않고 불편하지도 않다	10.3%	24.1%	10.3%	9.2%	43.7%	2.3%

나. 교회 재출석 의사에 따른 교회 선정 요소[32)]

가나안 성도들의 교회 재출석 의사에 따른 교회 선정 요소를 교차 분석한 결과는 다음과 같다. 가나안 성도들이 교회를 다시 나가게 된다면, 교회를 재출석 할 의사가 있든지 없든지 가장 중요하게 고려하는 요소는 "지역 사회 섬김"으로 나타났다. 그러나 '가능한 빨리 교회에 다시 나가고 싶다'는 사람들은 "교회의 크기와 시스템"

32) 7개의 교회 선정 요소 중에 1, 2순위로 선택한 것만 집계함.

과 "목회자의 인격과 설교"를 두 번째 요소로 선택했으며, '언젠가 교회에 다시 나가고 싶다'는 사람들은 "교회 크기와 시스템"과 "일반 생활과 신앙생활의 조화"를 두 번째 요소로 선택했다. 그러나 '교회에 다시 나가고 싶지 않지만 불편하다'는 사람들은 '민주적 의사소통'을 두 번째 요소로 선택했고, '교회 다시 나가고 싶지 않지만 불편하지도 한다'는 사람들은 "교회 분위기와 신앙 성숙도"와 "민주적 의사소통"을 두 번째 요소로 선택했다.

〈표 7〉 재출석 의사에 따른 교회 선정 요소

교회선정 요소 / 재출석 의사	교회 크기와 시스템	목회자의 인격과 설교	성경적 가르침	신앙 성숙도	민주적 의사소통	신앙과 일반 생활의 조화	지역 사회 섬김
가능한 빨리 다시 교회에 나가고 싶다	16.7%	16.7%	10.0%	6.7%	3.3%	10.0%	36.7%
언젠가 다시 교회에 나가고 싶다	14.2%	13.2%	8.9%	9.5%	16.3%	14.2%	23.7%
교회에 다시 나가고 싶지 않지만 불편하다	12.9%	8.1%	11.3%	14.5%	19.4%	12.9%	21.0%
교회에 다시 나가고 싶지 않고 불편하지도 않다	10.9%	9.1%	10.0%	14.5%	14.5%	12.7%	28.2%

이와 같이 교회 재출석 의사에 따라 교회를 선택할 때 중요하게

생각하는 요소들이 달라지는데, 교회를 다시 나가고 싶은 의사가 있는 사람들은 교회의 크기와 시스템을 중요하게 생각하는 반면, 교회를 다시 나갈 의사가 없는 사람들은 민주적인 의사소통을 중요하게 생각하는 것으로 나타난 것이다. 따라서 교회 재출석 의사에 따라 전도의 전략을 달리해야 할 필요가 있을 것이다.

3) 교회 이탈 원인에 따른 교회 재출석 의사와 불출석 이유

가. 교회 이탈 원인에 따른 교회 재출석 의사

교회 이탈 원인에 따른 교회 재출석 의사를 교차 분석해 보았다. "교회 내의 문제와 분열"과 "개인적인 사정 때문에" 교회를 떠난 사람들이 교회를 재출석할 의사가 각각 61.8%와 65.6%((1) + (2)의 합계)로 매우 높게 나타나고 있다. 또한 "교회 내의 문제와 분열"과 "교회 시스템이나 프로그램에 대한 불만" 때문에 교회를 떠난 사람들은 '가능한 빨리 교회를 다시 나가고 싶다'는 의사가 다른 원인 때문에 교회를 떠난 사람들보다는 높은 것으로 나타났다. 따라서 "교회 내의 문제와 분열" 때문에 교회를 떠난 사람들은 교회 재출석 의사가 매우 높은 사람들이기 때문에 이런 가나안 성도들에게는 건강한 교회를 소개시켜 주는 것이 급선무라고 할 수 있다. 나중에 살펴보겠지만 교회를 떠난 후 시간이 경과할수록 교회로 다시 돌아가고 싶은 의사가 줄어들기 때문이다.

"교인들 간의 간섭과 갈등" 때문에 교회를 떠난 사람들은 '가능한 빨리 교회에 다시 나가고 싶다'는 의견이 전혀 나오지 않았고,

'언젠가 돌아가고 싶다'는 의견이 높게 나왔다. 교인들과의 갈등 때문에 교회를 떠난 사람들은 그 상처 때문에 쉽게 교회로 돌아가지는 못하는 것으로 볼 수 있다. 그렇기 때문에 건강한 소그룹 모임에 먼저 참석할 수 있도록 도와준다면 교회로 다시 돌아갈 수 있는 가능성이 높아질 수 있을 것이다.

"신앙에 대한 회의" 때문에 교회를 떠난 사람들은 교회 다시 돌아갈 의사가 가장 적은((3) + (4)의 합계가 47.1%) 것으로 나타났다. 뿐만 아니라 '교회를 나가고 싶지도 않고 마음이 불편하지 않다'는 비율도 33.3%나 되어 다른 원인으로 교회를 떠난 사람들보다 교회 나갈 가능성이 가장 적은 부류라 할 수 있을 것이다. "신앙에 대한 회의" 때문에 교회를 떠난 사람들은 교회를 다니는 동안 기독교의 진리를 발견하지 못한 사람들이라고 할 수 있다. 물론 어떤 이유에서 기독교의 진리를 발견하지 못한 것인지 더 자세한 조사가 이루어져야 하겠지만 기독교의 진리를 발견할 수 있는 적절한 도움을 받지 못했을 가능성이 높다고 할 수 있다.

인터뷰를 진행한 J는 어느 정도 규모가 있는 교회의 경우 프로그램은 활성화 되어 있지만 기독교 본질에서 벗어나는 경우가 많고 초신들자들에게는 매력적으로 보일 수 있지만 신앙의 성장을 위해서는 도움을 받을 수 없기 때문에 교회를 떠나게 되었다고 이야기한다. 그렇기 때문에 신앙의 성장을 이룰 수 있는 교회를 찾아 빨리 나가고 싶다고 이야기 한다. 가나안 성도들이 일방적인 신앙 교육 보다는 스스로 질문하며 진리를 찾아가는 경향이 강하다는 사실과 맞물려 생각해 볼 때, 교회 내에서 신앙 훈련이 이루어지지 않았다기 보다는 질문하고 탐구할 수 있는 적절한 장이 마련되지 않았다고 볼 수 있다. 또한 신앙과 일상생활의 균형을 강조하는 가나안 성도들의 성향을 고려해 볼 때 현실의 문제들을 기독교 진리 안에서 해석하고 실천할 수 있도록 돕는 교육들이 필요하다고 할 수 있을 것이다.

"자유로운 신앙생활을 위해서" 교회를 떠난 사람들은 '언젠가 교회를 다시 나가고 싶다'는 의견이 높게 나타나고, 그 다음으로는 '교회를 나가고 싶지 않고 마음도 불편하지 않다'는 의견이 높게 나타났다. 인터뷰를 진행한 E는 지나친 봉사에 대한 부담 때문에 자유로운 신앙생활을 하기 위해 교회를 떠났는데 언젠가는 교회로 돌아갈 생각이 있지만 여전히 신앙에 대한 강요가 부담스러워서 교회 밖에 머물고 있다고 이야기 한다. 앞에서 언급한 바와 같이 가나안 성도들이 "자유로운 신앙생활을 위해서" 교회를 떠나는 이유가 아직까지는 탈제도화되는 경향이라기 보다는 신앙을 강요하는 한국 교회의 분위기 때문에 떠나는 경우가 더 많은 것이다. 그렇기에 가나안 성도들이 자유로운 분위기 속에서 스스로 기독교의 진리를 찾을 수 있는 소통의 창구가 마련될 수 있다면 가나안 성도들을 예방할 수 있을 뿐만 아니라 가나안 성도들이 교회로 돌아올 수 있는 가능성이 높아진다고 할 수 있다.

이러한 결과는 가나안 성도들이 교회를 떠난 이유에 따라 교회를 재출석할 의사들이 달라진다는 사실을 보여준다. 뒤에서 더 자세히 살펴보겠지만 가나안 성도들이 교회를 떠난 이유들과 현재 교회를 나오지 않는 이유들도 밀접한 관련이 있다. 그렇기에 가나안 성도들이 교회를 떠난 이유를 파악할 수 있고, 그에 맞는 대책을 제시해 줄 수 있다면 가나안 성도들이 교회로 다시 돌아올 확률이 높아진다고 할 수 있을 것이다.

〈표 8〉 이탈원인에 따른 재출석 의사 (Base=전체, n=382, %)

재출석 의사 / 이탈 원인	가능한 한 빨리 다시 교회에 나가고 싶다 (1)	당장은 아니지만 언젠가 다시 교회에 나가고 싶다 (2)	교회에 다시 나가고 싶지는 않지만 교회를 나가지 않는 것이 불편/불안하다 (3)	교회를 다시 나가고 싶지도 않고 그것 때문에 마음이 불편하지도 않다 (4)
교회의 시스템이나 프로그램에 대한 불만	15.4%	41.0%	12.8%	30.8%
목회자의 인격이나 설교에 대한 불만	7.3%	46.3%	12.2%	34.1%
교인들 간의 간섭이나 갈등	0.0%	52.9%	15.7%	31.4%
신앙에 대한 회의	2.6%	33.3%	30.8%	33.3%
자유로운 신앙생활을 원해서	4.7%	50.6%	16.5%	28.2%
교회 내의 문제와 분열	20.6%	41.2%	17.6%	20.6%
개인적인 사정 때문에	8.6%	57.0%	11.8%	22.6%

※ 기타 의견 제외

나. 교회 이탈 원인에 따른 교회를 나가지 않는 이유

교회 이탈 원인에 따른 교회 불출석 이유를 교차 분석해 보았다.

‘자유로운 신앙생활’과 ‘개인적인 사정 때문에’에 교회를 떠나게 된 사람들은 “시간이 없고 바빠서” 교회에 나가지 못하고 있다고 응답하였다. 이는 매우 당연한 결과라 할 수 있을 것이다. 그런데 교회를 나가지 않는 두 번째 이유가 “교회 나갈 필요성을 느끼지 못해서”라고 응답하고 있다는 점이 주목할 필요가 있다. 뿐만 아니라 ‘자유로운 신앙생활을 원해서’ 교회를 떠난 사람들은 “교회에 나가지 않아도 종교적인 삶을 유지” 할 수 있기 때문에 현재 교회를 나가지 않는다는 응답이 세 번째로 높게 나타나고 있다. 따라서 시간이 없다는 현실적인 어려움이 직접적인 원인이라 할 수 있지만 그 원인을 강화시키는 것은 교회 나갈 필요성을 느끼지 못하기 때문이라고 할 수 있다. 따라서 가나안 성도들에게 교회 공동체의 필요성을 부각시키지 못한다면 현실적인 문제가 해결되더라도 교회로 돌아올 가능성은 낮다고 할 수 있다.

‘교인들 간의 간섭과 갈등’과 ‘교회 내의 문제와 분열’ 때문에 교회를 떠나게 된 사람들은 “자신에게 맞는 교회를 찾지 못해서” 교회를 나가지 않는다는 응답이 가장 많았다. 특별히 ‘교회 내의 문제와 분열’ 때문에 떠난 사람들은 “자신에게 맞는 교회를 찾지 못해서” 교회를 나가지 않는다는 비율이 48.4%로 매우 높게 나타나고 있는데, 교회에 재출석할 의사가 두 번째로 높게 나타났기 때문에 그들에게 맞는 교회를 찾아줄 수 있는 적절한 도움을 받을 수 있다면 교회 나갈 가능성이 크다고 할 수 있다.

‘목회자의 인격과 설교에 대한 불만’ 때문에 교회를 떠난 사람들은 “교회 나가지 않아도 종교적 삶을 유지할 수 있기 때문에” 교회를 나가지 않는 것이 첫 번째 이유로 나타난다. 그런데 이들의 경우 교회 재출석 의사를 보면, "교회를 나가고 싶지 않고 마음도 불편하지 않다"는 응답이 가장 높게 나타난다. 따라서 '목회자의 인격과 설교에 대한 불만' 때문에 교회를 떠난 사람들은 교회를 다시 출석할 의사가 낮은 사람들이라고 할 수 있을 것이다. 그러나 "자신에게 맞는 교회를 찾지 못해서" 교회를 나가지 않고 있다는 응답이 두 번째로 높기 때문에 이 그룹의 가나안 성도들에게도 적절한 교회를 찾아 줄 수 있는 도움이 있다면 교회를 다시 출석할 수 있는 가능성을 높여갈 수 있을 것이다.

그러나 교회에 재출석할 가능성이 낮은 사람들은 '신앙에 대한 회의' 때문에 교회를 떠난 사람들이라 할 수 있다. 이들의 경우 교회에 다시 나갈 의사가 35.9%로 가장 낮았을 뿐만 아니라 "교회에 다시 나갈 필요성을 느끼지 못한다"는 비율은 32.4%로 가장 높았다. 그렇기에 '신앙에 대한 회의' 때문에 교회를 떠난 사람들이 가장 교회에 재출석할 가능성이 낮은 사람들이라 할 수 있을 것이다. 따라서 신앙에 대한 회의 때문에 교회를 떠나는 가나안 성도들에게 특별한 관심이 필요하다고 할 수 있을 것이다.

'교회의 시스템이나 프로그램 불만' 때문에 교회를 떠난 사람들은 "시간이 없고 바빠서"와 "교회 나갈 필요성을 느끼지 못하기" 때문에 교회를 나가지 않고 있다고 응답하고 있다. 어떻게 보면 가장 적합한 이유라고 생각되는 "자신에게 맞는 교회를 찾지 못해서" 교회를 나가지 않는다는 응답은 세 번째로 나타나고 있다. 따라서 '교회의 시스템이나 프로그램 불만'이라는 가나안 성도들은 교회의 규모나 외형적인 시스템 때문에 교회를 떠난 것이 아니라 시간이 없고 바쁜 현실적인 문제가 있는데 교회의 시스템이나 프로그램에 참여하는 것이 부담이 되고, 그 상황 속에서 교회 나갈 필요성을 발견하지 못했기 때문이라고 할 수 있다.

〈표 9〉 교회 이탈 원인에 따른 불출석 이유 (Base=전체, n=355, %)

이탈 원인 \ 불출석 이유	시간이 없고 바빠서	자신에게 맞는 교회를 찾지 못해서	신앙에 대한 고민이 해결되지 않아서	교회에 나갈 필요성을 느끼지 못해서	교회에 나가지 않아도 종교적인 삶을 유지할 수 있어서
교회의 시스템이나 프로그램에 대한 불만	27.0%	21.6%	10.8%	27.0%	13.5%
목회자의 인격이나 설교에 대한 불만	7.9%	28.9%	15.8%	15.8%	31.6%
교인들 간의 간섭이나 갈등	17.4%	32.6%	4.3%	30.4%	15.2%
신앙에 대한 회의	16.2%	16.2%	24.3%	32.4%	10.8%
자유로운 신앙생활을 원해서	34.1%	9.8%	13.4%	25.6%	17.1%
교회 내의 문제와 분열	12.9%	48.4%	16.1%	12.9%	9.7%
개인적인 사정 때문에	56.0%	9.5%	11.9%	20.2%	2.4%

※ 기타 의견 제외

이와 같이 가나안 성도들이 교회를 떠나게 된 이유에 따라 현재 교회를 나가지 않는 이유들이 다르게 나타나는데, 교회를 나가지 않는 원인들에 따라 교회에 다시 나갈 가능성도 다르다고 할 수 있다. 따라서 가나안 성도들이 교회를 떠난 이유와 더불어 현재 교회를 나오지 않는 이유를 함께 파악할 수 있다면 가나안 성도를 위해 보다 더 효율적인 전략을 세울 수 있을 것이다.

VI. 가나안 성도의 종교 성향에 따른 결과

임영빈 연구자는 가나안 성도의 출현을 무종교인의 증가에서 나타나는 현상 중의 하나로 이해하고, 가나안 성도는 개신교인과 무종교인의 특성을 모두 갖고 있는 사람들이라고 규정하고 있다.[33] 또한 가나안 성도 중에 교회에 다시 나가고 싶어 하는 사람들은 기독교의 특성을 더 많이 가지고 있지만, 교회에 다시 나가고 싶어 하지 않는 사람들은 무종교인의 특성이 더 많이 나타난다고 보고 하고 있다. 따라서 가나안 성도는 개신교인과 무종교인의 경계에서 있는 사람들로 이해될 수 있으며 가나안 성도들 중에는 기독교인의 특성을 더 많이 가지고 있는 사람들도 있지만, 무종교적인 성향을 가지고 있는 사람들도 혼재하고 있는 종교적인 특징을 가지고 있다고 할 수 있을 것이다.

이렇게 가나안 성도 안에 종교적인 특성이 혼재하고 있다는 사실은 가나안 성도들의 종교적인 성향이 변화될 수 있다는 가능성을 내포하고 있는 것이라 할 수 있을 것이다. 현재는 기독교인의 특성을 더 많이 가지고 있는 가나안 성도라고 하더라도 무종교적

33) 임영빈, 정재영, "한국 무종교인에 관한 연구: 무종교인과 탈종교인의 분화를 중심으로," 68.

인 성향으로 변화될 가능성이 높다는 것이고, 무종교적인 성향을 가진 가나안 성도들은 기독교를 완전히 떠나 무종교인이 될 가능성이 높다고 할 수 있는 것이다. 따라서 이러한 가나안 성도들의 종교적인 특성은 가나안 성도들이 가지고 있는 불안 요소라고 할 수 있으며 이는 가나안 성도들을 위한 대책 마련이 시급하다는 사실을 보여주는 하나의 지표가 될 수 있을 것이다.

가나안 성도와 같이 종교를 가지고 있던 사람들이 종교를 이탈해서 다시 무종교인으로 돌아가고 있는 오늘날의 상황은 과거의 무종교인 집단과는 다른 특성을 가진 새로운 무종교인 집단을 형성하는 계기가 되었다. 최근의 무종교인들 중에 종교를 가지고 있다가 다시 무종교인으로 돌아가는 사람들은 종교에 대한 자기 나름의 가치관이 형성되어 있으며 자신의 의지로 종교를 떠난 종교 주체성이 강한 사람들로 자신들이 소속되었던 종교에 대한 반감을 가지고 있을 가능성이 높다고 할 수 있을 것이다. 따라서 과거의 무종교인들은 대부분이 종교에 대한 경험이 없는 상태에서 무종교인으로 남아 있었던 잠재적인 전도의 대상이었다면, 오늘날의 무종교인 집단은 종교인들에게 새로운 경쟁상대로 여겨지고 있는 것이다. 따라서 가나안 성도의 발생은 그 자체만으로도 개신교의 위기로 볼 수 있지만 2차적으로 무종교인이 될 가능성까지 내포하고 있기 때문에 더욱 더 큰 위기감을 불러오고 있다고 할 수 있다.

따라서 본 장에서는 가나안 성도들의 구원관과 종교 성향에 따른 다양한 특징들을 분석하고, 가나안 성도가 교회를 이탈한 후 시간이 지남에 따라 이러한 특징들이 어떻게 변화되는지를 살펴 효율적인 전도의 대책을 세울 수 있는 기초를 마련하고자 한다.

1. 가나안 성도의 구원관 및 종교 성향

1) 가나안 성도들의 구원의 확신

가. 교회를 이탈하기 전 구원의 확신

〈그림 18〉 교회 이탈 전 구원의 확신 (Base=전체, n=196, %)

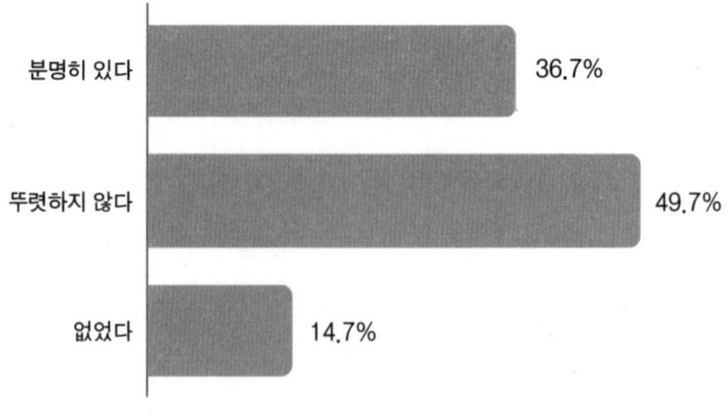

가나안 성도들이 교회를 떠나기 전 구원의 확신 유무에 대한 조사 결과, 구원의 확신이 '분명히 있었다'는 사람들은 36.7%, '뚜렷하지 않았다'는 49.0%, '구원의 확신이 없었다'는 14.3%로 나타났다. 2013년 정재영 교수의 조사에서는 구원의 확신을 가진 사람은

48.1%, 뚜렷하지 않은 사람은 48.3%, 확신이 없는 사람은 3.5%로[34] 나타난 것과는 달리 구원의 확신이 없는 사람들의 비율이 높아졌다. 한국기독교목회자협의회의 조사에서는 개신교인들의 평균 66.3%가 구원의 확신을 가지고 있다고 응답하였는데, 이 중에 교회를 출석하는 성도들은 74.9%가 구원의 확신이 있다고 응답한 것에 비해 교회를 출석하지 않는 성도들은 37.8%만 구원의 확신이 있다고 응답하고 있다.[35] 물론 한국기독교목회자협의회의 구원의 확신 질문은 "있다/없다"로만 구성되어 있어 본 조사와 질문 항목에 있어 차이가 있지만, 가나안 성도들의 구원의 확신 비율이 일반 개신교인들보다 낮다는 사실은 확실하다.

교회를 출석하는 성도들에 비해 가나안 성도들의 구원의 확신 비율이 낮은 이유를 한국기독교목회자협의회의 조사 항목 중에 개신교인들의 신앙의 정도를 묻는 항목에서 유추해 볼 수 있을 것이다. 가나안 성도들은 자신들의 신앙의 정도를 '기독교 입문층'이라고 응답한 비율이 72.8%나 되는 반면, 교회를 출석하고 있는 성도들의 경우에는 '기독교 입문층'이라고 응답한 비율은 28.8%에 불과했고 '그리스도 친밀층'과 '그리스도 중심층'이라고 응답한 비율이 50.5%가 된다.[36] 그렇기에 구원의 확신을 가지고 있지 못했을 경우 가나안 성도가 될 가능성이 높다고 할 수 있는 것이다. 물론 교회를 출석하지 않는 가나안 성도의 19.6%는 '그리스도 친밀층'

34) 정재영, "종교 세속화의 한 측면으로서 소속 없는 신앙인들에 대한 연구," 587.
35) 한국기독교목회자협의회, 『한국 기독교 분석 리포트: 2018 한국인의 종교생활과 의식조사』, 59-60.
36) 위의 책, 64.

과 '그리스도 중심층'이라고 응답하고 있다. 따라서 구원의 확신이 있고 독실한 신앙을 갖고 있더라도 가나안 성도가 될 수 있다. 그러나 구원의 확신이 없고, 신앙의 입문층에 머물러 있는 사람들이 가나안 성도가 되는 비율이 높다는 것이다.

그럼에도 불구하고 이들이 여전히 자신의 종교를 기독교라고 인식하고 있기 때문에 기독교에 대해 완전히 마음을 닫기 전에 기독교의 진리를 전하고 구원의 확신을 심어주는 일이 시급하다고 할 수 있을 것이다. 또한 교회를 출석하는 것만으로는 구원의 확신을 가질 수 없기 때문에 성도들에게 구원의 확신을 심어주고 신앙이 성숙할 수 있도록 돕는 일에 더욱 힘써야 할 것이다. 교회는 출석하고 있지만 구원의 확신을 가지지 못한 일명 명목상의 신자의 양산은 가나안 성도의 양산으로 이어질 수 있기 때문에 사람들을 교회 안으로 데리고 오는 일에만 매진할 것이 아니라 교회에 들어온 사람들이 기독교의 진리를 발견하고 구원의 확신을 가질 수 있도록 돕는 일에 더욱 주력해야 할 것이다.

나. 교회 이탈 후 구원의 확신

가나안 성도들이 교회를 떠난 후 구원의 확신의 유무를 조사한 결과, 구원의 확신이 "분명히 있다"는 사람들은 22.4%, "뚜렷하지 않았다"는 55.6%, "구원의 확신이 없었다"는 21.6%로 나타났다. 교회를 떠나기 전 구원의 확신이 있었다고 응답한 사람들은 37.6%였는데 14.3%나 구원의 확신을 가진 사람들이 줄어든 것이다. 즉, 교회를 떠난 후에 구원의 확신이 뚜렷하지 않거나 구원의 확신이 사라지는 비율이 높아지고 있는 것이다. 이러한 결과는 한편으로는 당연하다고 볼 수 있지만 가나안 성도들이 교회를 떠난 후에도 충분히 신앙을 유지할 수 있다고 생각하는 것과는 다른 결과라 할 수 있다.

〈그림 19〉 교회 이탈 후 구원의 확신 (Base=전체, n=196, %)

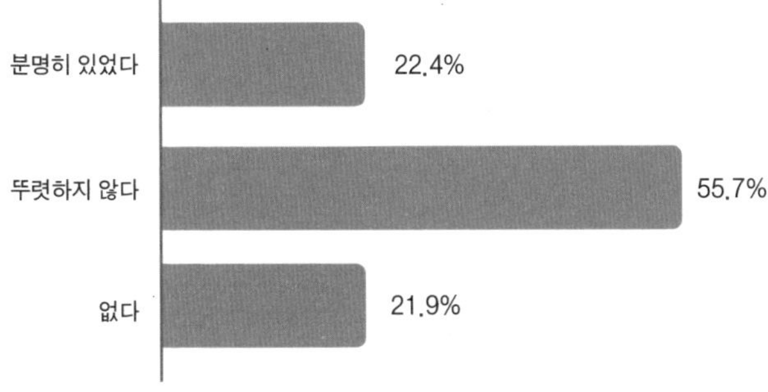

가나안 성도들이 대부분 '기독교 입문층'에 있는 사람들이기 때문에 구원의 확신을 가지고 있다고 하더라도 스스로 신앙을 유지하는 것이 어려울 수밖에 없을 것이다. 이미 살펴본 바와 같이 2013년 정재영 교수의 조사를 보면 가나안 성도들의 91.8%가 어떠한 모임에도 참석하지 않는다. 또한 한국기독교목회자협의회의 조사를 보면 교회를 출석하지 않는 가나안 성도들의 76.8%가 성경을 전혀 읽지 않으며, 63.3%는 전혀 기도를 하지 않고, 89.1%가

개인 경건의 시간은 가지지 않고 있는 것으로 나타난다.[37] 이는 가나안 성도들이 제도권 교회를 떠나 신앙을 유지하면서 신앙생활을 한다는 것이 생각만큼 쉬운 것은 아니라는 것을 보여준다. 그러나 구원의 확신의 변화를 좀 더 자세히 살펴보면 교회를 떠난 후에 구원의 확신을 얻게 된 경우도 있었다.

〈표 10〉 구원의 확신 변화 (Base=전체, n=196, %)

이탈 전 확신 \ 현재 확신	분명히 있다	뚜렷하지 않다	없었다
분명히 있었다	38	27	7
	86.4%	24.8%	16.3%
뚜렷하지 않다	4	80	12
	9.1%	73.4%	27.9%
없었다	2	2	24
	4.5%	1.8%	55.8%

가나안 성도들이 교회를 떠나기 전과 교회를 떠난 이후의 구원의 확신 변화를 살펴보면, 교회를 떠나기 전 구원의 확신이 분명히 있었던 사람들 중에 37.5%가 뚜렷하지 않은 쪽으로 이동한 것으로 나타났고, 9.7%는 구원의 확신이 사라진 것으로 나타났다. 그러나 구원의 확신이 뚜렷하지 않았던 사람들 중에 4.2%가 구원의 확신을 갖게 되었고, 12.5%는 구원의 확신이 없는 쪽으로 이동한 것으

37) 위의 책, 136, 139, 141.

로 나타났다. 구원의 확신이 없었던 사람들 중에도 7.1%는 구원의 확신을 갖게 되었고, 7.1%는 뚜렷하지 않은 쪽으로 이동한 것으로 나타나고 있는 것이다.

이와 같이 교회를 이탈하기 전 구원의 확신이 뚜렷하지 않았던 사람들 중에 4.2%와 구원의 확신이 없었다는 사람들 중에 7.1%가 교회를 이탈 한 후에 구원의 확신을 갖게 된 것으로 나타났다. 이러한 변화는 2013년 정재영 교수의 조사에서도 확인할 수 있는데,[38] 가나안 성도들이 교회를 떠나 신앙을 유지하는 것이 어렵기는 하지만 또 한편으로는 구원의 확신을 얻을 만큼 신앙생활을 유지하는 사람들도 있다는 사실을 보여주는 것이라 할 수 있다.

2) 가나안 성도들의 구원관 및 종교 성향

가. 가나안 성도들이 생각하는 구원의 의미

그렇다면 가나안 성도들이 생각하는 구원의 의미는 무엇일까? 이 설문 문항에서는 '예수 믿는 것, 죄를 용서 받고 천국 가는 것, 삶의 문제를 해결 하는 것, 영적인 체험을 하는 것, 잘 모르겠다'와 기타 응답이 보기로 주어졌으며 복수 선택이 가능하도록 하였다. 가나안 성도들은 구원의 의미에 대해 '죄를 용서 받고 천국 가는 것'이 39.5%, '예수 믿는 것'은 24.1%, '삶의 문제를 해결 받는 것'은 19.7%, '영적인 체험을 얻는 것'은 6.8% 순으로 나타났으며, '잘 모르겠다'는 응답도 10.2%나 되었다.

38) 정재영, "종교 세속화의 한 측면으로서 소속 없는 신앙인들에 대한 연구," 594.

기타 의견으로는 '하나님 나라를 삶 속에서 이루는 것, 하나님의 자녀로 사는 것, 하나님이 나를 통치하시는 것'이란 의견들이 나타나고 있다. 인터뷰를 진행한 D, F, H는 구원의 의미를 '하나님 나라'와 연결시킨다. F의 경우 교회에서 배운 대로 개인의 영혼 구원이 가장 중요하다고 알고 있었지만 여러 가지 신앙 도서를 통해 이 세상 속에서 하나님의 통치가 이루어지고, 하나님의 공의가 실현되는 것이 매우 중요하다는 것을 깨달았다는 것이다. 그래서 교회를 떠나 가나안 성도로서 살아가면서 세상 속에서 그러한 목표를 이루기 위해 노력하고 있다고 이야기한다. 이와 같이 가나안 성도의 경우 구원에 대한 이해가 개인의 영혼 구원에서 하나님 나라의 실현으로 확장되는 경우가 많다는 것을 알 수 있다.

〈그림 20〉 구원의 의미 (Base=전체, n=294, %)

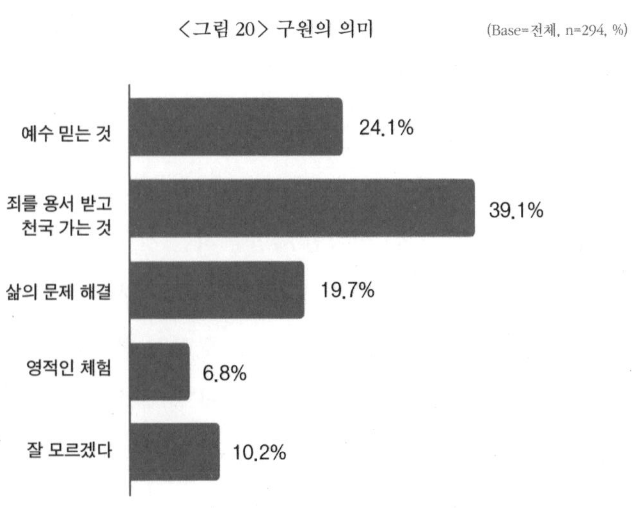

가나안 성도들의 현재 구원의 확신과 구원의 의미를 교차 분석을 해 보았을 때, 현재 구원의 확신이 분명한 사람들의 82.9%는 '예수 믿는 것'과 '죄를 용서 받고 천국 가는 것'이 구원의 의미라고 선택하였다. 그러나 구원의 확신이 뚜렷하지 않은 사람은 '죄를 용서 받고 천국 가는 것'을 가장 많이 선택했지만, '예수 믿는 것'의 비율이 낮아지고 대신 '삶의 문제를 해결 하는 것'을 더 많이 선택하였다. 또한 구원의 확신이 없는 사람들도 '죄를 용서 받고 천국 가는 것'이 구원이라고 생각하는 비율이 35.0%로 가장 높았지만 그 다음으로는 구원의 의미를 '잘 모르겠다'고 응답한 비율이 25.5%나 되었다.

일반적으로 한국 교회에서는 '예수 믿는 것'과 '죄를 용서 받고 천국 가는 것'이 구원의 의미라고 가르치고 있다. 그렇기에 구원의 확신이 분명한 가나안 성도들은 '예수 믿는 것'과 '죄를 용서 받고 천국 가는 것'이 구원의 의미라고 확실하게 이해하고 있을 뿐만 아니라 '잘 모르겠다'는 응답도 전혀 나타나고 있지 않다. 반면 구원의 확신이 분명하지 않은 사람과 구원의 확신이 없는 가나안 성도들은 절반 정도(각각 59.7%, 50.0%)만이 예수 믿고 천국 가는 것이 구원이라고 생각한다. 더군다나 구원의 확신이 없는 가나안 성도의 경우 구원의 의미를 '잘 모르겠다'는 응답이 두 번째로 높다. 따라서 가나안 성도들이 구원의 확신을 가지지 못한 이유는 구원의 의미에 대한 정확한 이해가 부족하기 때문이라고 할 수 있을 것이다.

또한 기타 의견에서도 살펴보았듯이 가나안 성도들의 경우 구원의 의미를 하나님 나라의 구현이라는 측면을 강조하는 경향이 높다. 그렇기에 가나안 성도들에게 구원의 의미에 대해 진지하게 고민하고 알아갈 수 있는 기회를 갖게 해 주는 일이 시급하다고 할 수 있을 것이다.

〈표 11〉 현재 구원의 확신에 따른 구원의 의미 (Base=전체, n=294, %)

구원의 의미 / 현재 구원의 확신	예수 믿는 것	죄를 용서 받고 천국 가는 것	삶의 문제를 해결 받는 것	영적인 체험	잘 모르겠다
분명히 있다	42.9%	40.0%	8.6%	8.6%	0.0%
뚜렷하지 않다	19.5%	40.2%	24.4%	6.7%	9.1%
없었다	15.0%	35.0%	20.0%	5.0%	25.0%

나. 가나안 성도들의 종교 성향

가나안 성도들의 종교 성향을 조사한 결과는 다음과 같다. 가나안 성도들 중에는 다른 종교에도 구원이 있을 수 있다고 생각하는 사람들은 40.8%나 되었고, 기독교에만 구원이 있다고 생각하는 사람은 27.0%로 나타났다. 한국기독교목회자협의회의 조사에 따르면 개신교인들 중에 다른 종교에도 구원이 있을 수 있다는 종교 다원주의적인 성향을 가진 사람은 24.1%로[39] 나타나고 있기 때문에

39) 한국기독교목회자협의회, 『한국 기독교 분석 리포트: 2018 한국인의 종교생활과 의식조사』, 65.

일반 개신교인들과 비교해 보면 가나안 성도들의 종교 다원주의적인 성향이 높다는 사실을 알 수 있다. 2,30대는 종교 다원주의적인 생각을 가진 사람들의 비율이 가장 높았으며, 40대 이상에서는 기독교에만 구원이 있다고 믿는 사람들의 비율이 가장 높았다. 이와 같이 2,30대의 젊은 층에서 종교 다원주의적인 생각을 많이 가지고 있다는 것은 그만큼 다른 종교로 이동할 가능성도 많다고 할 수 있을 것이다. 따라서 2,30대의 젊은 층이 기독교의 진리를 발견하고 기독교인으로서의 정체성을 가질 수 있도록 돕는 일이 시급하다고 할 것이다.

〈그림 21〉 종교 성향

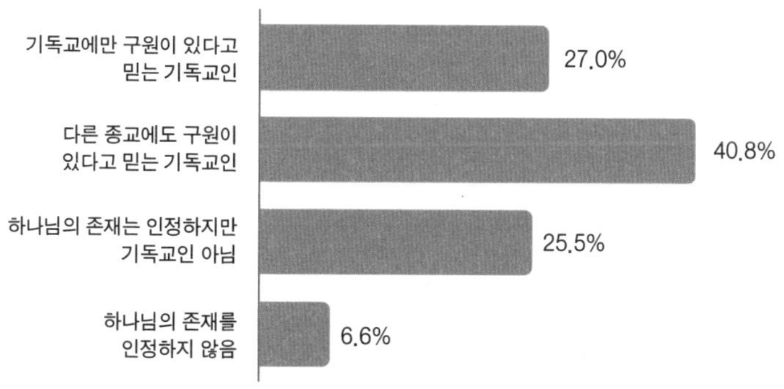

이번 조사에서 하나님의 존재는 인정하지만 기독교인이 아니라고 응답한 사람들이 25.5%나 되었으며, 하나님의 존재를 인정하지 않는다는 사람도 6.6%나 되었다. 특별히 나이별로는 20대의 34.0%가, 직업군에서는 학생들의 47.1%가 하나님을 인정하지만

기독교인이 아니라고 응답하고 있다. 이렇게 응답한 사람들도 설문을 시작하기 전에 기독교인이지만 교회는 출석하지 않는다는 스크리닝 문항을 통과한 사람들이었고, 그 비율이 32.1%나 되기 때문에 잘못된 응답으로 보기 어렵다. 오히려 이러한 결과는 기독교인과 무종교인의 경계에 있는 가나안 성도들의 신앙의 특징을 나타내는 지표라 할 수 있다.

임채윤 연구자와 그의 동료들은 미국의 무종교인을 연구하면서 '경계 무종교인(liminal nones)'의 존재를 밝혀내었다. 경계 무종교인은 종교 집단과 무종교 집단의 경계가 모호해서 종교가 있다고 대답했다가도 나중에는 없다고 대답한다거나 종교가 없다고 대답했다가 종교가 있다고 대답을 바꾸는 사람들이다.[40] 그래서 이들을 '비고정 무종교인(unstable nones)' 또는 '경계 무종교인(liminal nones)'라고 부르기 시작했는데, 이들은 자신의 종교 정체성을 바꾸는 것은 아니지만 상황에 따라 대답을 달리하는 사람들이라는 것이다. 그렇다면 일반 유신론적 성향의 가나안 성도와 무신론적 성향의 가나안 성도는 이러한 경계 무종교인에 해당된다고 할 수 있을 것이다. 이러한 경계 무종교인들의 존재는 가나안 성도들이 신앙을 점점 잃어버리면서 무종교인으로 이동되고 있다는 것을 나타내는 지표라 할 수 있을 것이다. 후에 더 자세히 살펴보겠지만 이러한 변화는 교회를 떠난 후 시간이 경과할수록

40) Chaeyoon, Lim. MacGregor, Carol Ann. Robert D, Putnam. "Secular and Liminal: Discovering Heterogeneity among Religious Nones,"「Journal for the Scientific Study of Religion」 49 (4): 596-618. 임영빈, 정재영, "한국 무종교인에 관한 연구: 무종교인과 탈종교인의 분화를 중심으로," 76에서 재인용하였음.

가나안 성도들의 종교 성향이 변화되는 과정을 살펴보면 더 정확하게 드러날 것이다.

이러한 가나안 성도들의 종교 성향을 정리해 보면, 기독교에만 구원이 있다고 믿는 가나안 성도는 보수적인 기독교 성향을 가졌다고 할 수 있고, 다른 종교에도 구원이 있다고 믿는 가나안 성도는 종교 다원주의적인 성향을, 하나님은 인정하지만 기독교인이 아니라는 가나안 성도는 일반 유신론적 성향, 하나님을 인정하지 않는 가나안 성도는 무신론적인 성향을 가지고 있다고 할 수 있을 것이다.

3) 가나안 성도들의 타 종교 및 교회에 대한 이미지

가. 기독교 모임에 참석 의사

2013년 정재영 교수의 조사에서 가나안 성도들의 모임 참석 비율은 8.2%의 비율로 매우 낮았고,[41] 학원복음화협의회의 조사에서도 교회를 출석하지 않는 대학생 가나안 성도들에게 교회 이외의 다른 신앙 모임의 참석 여부를 물었을 때 참여한다는 비율이 3.0%로[42] 매우 낮게 조사되었다. 따라서 이번 조사에서는 모임 참석 유무가 아닌 참석하고자 희망하는 신앙 모임을 선택하도록 하였다. 가나안 성도들의 기독교 신앙 모임에 대한 참석 의사를 조사한 결과, 가나안 성도들은 '편안하고 자유로운 모임'을 29.1%가 가장 많

41) 정재영, "종교 세속화의 한 측면으로서 소속 없는 신앙인들에 대한 연구," 596.
42) 한국복음화협의회, 『청년 트렌드 리포트: 우리 시대 청년들은 무엇으로 사는가』, 178.

이 선택하였으며, '모임에 참여 할 생각이 없다'는 응답이 24.9%로 두 번째로 높은 선택을 받았다. '비슷한 생각을 가진 사람들의 모임'이 17.2%로 세 번째로 높은 선택을 받았으며, 다른 신앙 모임은 모두 10% 미만의 낮은 비율로 나타나고 있다.

<그림 22> 기독교 모임 참석 의사 (Base=전체, n=196, %)

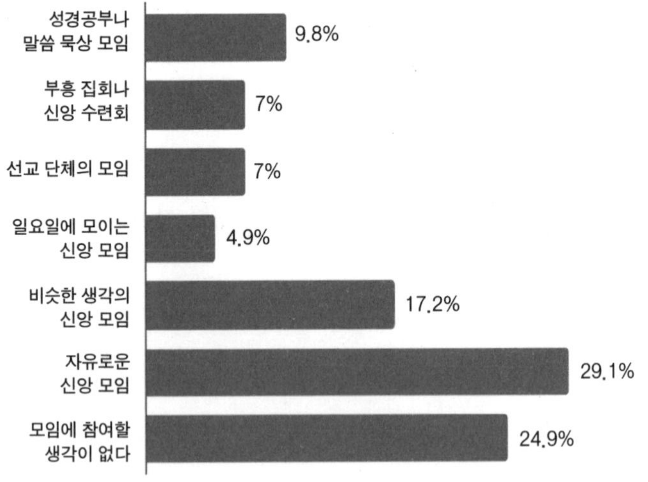

인터뷰를 진행한 I는 신앙적인 모임보다 일반 모임을 더 선호한다고 이야기 하면서 신앙적인 모임은 정해진 틀에서 벗어나지 못하는데 오히려 일반적인 독서 모임에서는 자유롭게 신에 대한 생각을 나눌 수 있어서 신앙의 의미를 찾아가는데 도움이 되었다고 것이다. 그만큼 가나안 성도들은 모임에 참여할 생각이 없거나 비슷한 생각을 가진 자유로운 모임에 참여할 의사가 높다고 할 수 있

을 것이다.

나. 점과 타로, 그리고 윤회에 대한 이미지

가나안 성도들의 점과 타로, 그리고 윤회에 대한 이미지는 다음과 같다. 점과 타로가 도움이 된다는 응답은 리커드 5점 척도 기준에서 평균 2.60, 윤회 사상을 믿는다는 응답은 리커드 5점 척도 기준에서 평균 2.69로 나타나고 있어 가나안 성도들은 점과 타로나 윤회에 크게 의존하지 않는 것으로 나타났다.

〈표 12〉 점과 타로, 윤회 사상에 대한 이미지 (Base=전체, n=196, %)

구분	평균	전혀 그렇지 않다	별로 그렇지 않다	그저 그렇다	조금 그렇다	매우 그렇다
점과 타로가 도움이 됨	2.60	28.6%	16.3%	25.0%	27.0%	3.1%
윤회를 믿을 수 있음	2.69	22.4%	20.4%	30.1%	19.9%	7.1%

한국기독교목회자협의회의 조사에 따르면 일반 개신교인들의 윤회설에 대한 믿음은 5.4%로 불교인의 27.1%보다 매우 낮은 것으로 조사되었다.[43] 이러한 기준으로 보면 가나안 성도들은 일반 개신교인들보다 점이나 타로, 윤회설을 더 많이 의지하는 것으로 나타났지만, 미국의 SNBR그룹처럼 개인적인 영성을 추구하며 다

43) 한국기독교목회자협의회, 『한국 기독교 분석 리포트: 2018 한국인의 종교생활과 의식조사』, 65.

양한 신비적인 경험과 종교적인 경험을 추구하는 것과는 다르다고 할 수 있을 것이다. 이러한 결과는 한국의 가나안 성도들이 비록 종교 다원주의적인 성향을 가지고 다른 종교에도 구원이 있을 수 있다고 생각은 하지만 여전히 기독교적인 테두리 안에서 신앙을 영위하려는 경향이 더 크다는 것을 보여준다고 하겠다.

다. 교회에 대한 이미지

가나안 성도들의 한국 교회에 대한 이미지는 다음과 같다. 가나안 성도들은 기독교 신앙이 있다고 반드시 교회 다닐 필요 없다는 의견에 리커드 5점 척도 기준에서 평균 3.48이라는 높은 점수를 보였다. 남자보다는 여자들이 교회 나갈 필요 없다는 비율이 더 높았고, 사무직/전문직 직종의 사람들이 63.5%의 높은 비율로 교회 나갈 필요 없다는 의견을 피력하였다. 이러한 결과는 가나안 성도들이 교회라는 제도에 속하기 보다는 개인적으로 신앙을 영위하려는 경향이 높다는 것을 보여주는 지표라 할 수 있다.

또한 가나안 성도들은 교회에서 신앙을 강요받는 느낌을 받았다는 의견에는 리커드 5점 척도 기준에서 평균 3.94로 높게 나타났다. 그리고 교회가 독선적이고 폐쇄적이라는 의견에도 리커드 5점 척도 기준에서 평균 3.51로 높게 나타났다. 그만큼 가나안 성도들이 생각하는 제도권 교회는 신앙을 강요하거나 독선적이고 폐쇄적이라는 것이다. 교회에서 신앙을 강요받는 느낌이 들었다는 것에 대해 "전혀 또는 별로 그렇지 않다"는 의견은 10.2%밖에 되지 않고, "조금 또는 매우 그렇다"는 의견은 74.5%나 되었다. 또한 교회가 독선적이고 폐쇄적이라는 생각에 대해서는 "전혀 또는 별로 그렇지 않다"는 의견은 18.4%인데 반해, "조금 또는 매우 그렇다"는 의견은 57.4%나 되었다.

한국기독교목회자협의회의 조사에 따르면 비개신교인들은 한국 교회 일반신도의 문제점으로 타종교 및 비기독교인에 대한 배타성을 31.3%로 가장 많이 선택했을 뿐만 아니라 한국 교회가 해결해야 할 과제로 목회자의 사리사욕(28.6%)과 자기 교회 중심적인 모습(18.7%)에 이어 다른 종교에 배타적인 모습(14.8%)을 선택했다.[44] 그만큼 교회 밖에서는 한국 교회가 자기중심적이며 다른 종교나 사회에 배타적으로 비춰지고 있다. 이와 같은 한국 교회의 폐쇄적이고 배타적인 성향은 내부적으로는 가나안 성도를 발생시키고 외부적으로는 복음 전도의 통로를 막고 있는 것이다. 그렇기에 한국 교회는 이러한 가나안 성도들의 목소리에 더 이상 귀를 막지 말고 심각하게 고민하고 개혁해 나가야 할 것이다.

또한 가나안 성도들은 죽음 이후가 아닌 현재의 삶이 더 중요하다고 생각하는 경향이 높은 것으로 나타났다. 다른 질문들에 비해 가나안 성도들은 현재 삶이 더 중요하다는 질문은 리커드 5점 척도 기준에서 평균 4.05로 가장 높은 점수가 나왔다. 그만큼 가나안 성도들은 현재의 삶을 중요하게 여기고 있다고 할 수 있다. 현재 구원의 확신이 있는 사람(59.1%)보다는 뚜렷하지 않거나(78.0%) 확신이 없는 사람들(86.0%)이 현재 삶을 더 중요하게 여기는 경향이 나타났고, 기독교에만 구원이 있다고 믿는 가나안 성도(50.0%)보

44) 위의 책, 259.

다는 다른 종교에도 구원이 있을 수 있다는 가나안 성도들(83.8%)이 현재 삶이 더 중요하다는 응답을 보였다.

〈표 13〉 교회에 대한 이미지 (Base=전체, n=196, %)

구분	평균	전혀 그렇지 않다	별로 그렇지 않다	그저 그렇다	조금 그렇다	매우 그렇다
신앙이 있어도 반드시 교회 다닐 필요 없다	3.48	8.7%	11.2%	25.0%	33.7%	21.4%
교회 다닐 때 신앙을 강요 받는 느낌을 받았다	3.94	3.6%	6.6%	15.3%	40.8%	33.7%
교회는 독선적이고 폐쇄적이다	3.91	8.7%	9.7%	24.0%	37.2%	20.4%
현재 삶이 더 중요하다	4.05	2.6%	6.6%	15.3%	34.2%	41.3%

그러나 가나안 성도들의 이러한 경향은 단지 현세적인 삶을 추구하는 것보다는 현재의 삶 속에서 기독교적인 의미를 추구하려는 모습이라 할 수 있다. 이는 앞에서 살펴본 바와 같이 가나안 성도들이 다시 교회를 나가고자 할 때 중요하게 고려하는 사항 중에 신앙생활과 일반생활의 조화를 두 번째 1순위로 선택했다는 것과 연결시켜 볼 수 있을 것이다.

인터뷰를 진행한 B의 경우 교회가 크기를 늘리는 것에만 관심이 있고 성도들의 삶에는 관심을 가지지 않는다는 것이다. 성도 각자의 비전을 키워주고 격려해 주어야 하지만 그런 것에는 전혀 관심을 보이지 않는다는 것이다. C의 경우에도 주입되거나 강요되는 신앙이 아니라 삶의 과정을 거치면서 말씀이 삶과 연결되어야 하는데 오늘날 한국 교회는 신앙생활만 강조하지 생활신앙에 대해서는 전혀 무관심하다는 것이다. 이와 같이 가나안 성도들은 현재의 삶은 무시하고 단지 내세적인 경향만을 보이는 한국 교회에 문제를 제기한다. 교회가 현재의 삶의 의미를 풀어 내지 못하고 내세적인 경향만을 보일 때 게토화 될 수밖에 없다는 것이다. 그렇기에 가나안 성도들이 현재의 삶을 중요하게 생각하는 것을 단지 세속화의 경향으로만 치부하지 않고 그 안에 담긴 뜻을 읽어낼 필요가 있을 것이다.

2. 교회 이탈 후 경과 기간에 따른 특징

1) 경과 기간에 따른 재출석 의사의 변화

교회를 떠난 후 경과 기간이 길어질수록 교회 재출석 의사에는 어떤 변화가 있는지 확인하기 위해 교회 이탈 경과 기간에 따른 교회 재출석 의사를 교차 분석한 결과는 다음과 같다. 교회에 다시 나가고 싶다는 의사('가능한 한 빨리 교회에 나가고 싶다'와 '언젠가 다시 교회에 나가고 싶다')의 비율이 2년 이하는 74.2%인데 반해, 3~5년은 46.3%, 6~9년은 39.1%로 줄어들고 있다. 10~15년 사이에 56.0%로 잠깐 높아지기는 하지만 15년 이상이 경과한 후에는 다시 46.7%로 줄어들면서 전체적으로 교회 재출석 의사가 낮아지는 것을 볼 수 있다. 이와 같이 교회를 떠난 후 시간이 경과할수록 교회에 재출석할 의사는 적어진다고 할 수 있다.

〈표 14〉 경과 기간에 따른 교회 재출석 의사 (Base=전체, n=196, %)

재출석 의사 / 경과 기간	가능한 빨리 다시 교회에 나가고 싶다(1)	당장은 아니지만 언젠가 다시 교회에 나가고 싶다 (2)	교회에 다시 나가고 싶다 (1)+(2)	교회에 다시 나가고 싶지는 않지만 교회를 나가지 않는 것이 불편하다 (3)	교회를 다시 나가고 싶지도 않고 그것 때문에 마음이 불편하지도 않다 (4)	교회에 다시 나가고 싶지 않다 (3)+(4)
2년 이하	9.1%	65.2%	74.2%	13.6%	12.1%	25.8%
3~5년	11.9%	34.3%	46.3%	14.9%	38.8%	53.7%
6~9년	0.0%	39.1%	39.1%	34.8%	26.1%	60.9%
10~15년	0.0%	56.0%	56.0%	16.0%	28.0%	44.0%
15년 이상	6.7%	40.0%	46.7%	0.0%	53.3%	53.3%

이러한 결과는 가나안 성도들이 다시 교회로 돌아가게 하기 위한 전략을 세울 때 경과 기간에 맞춘 전략이 필요하다는 사실을 보여준다. 주목해야 할 점은 2년을 기준으로 교회로 재출석할 의사가 급격히 줄어든다는 것이다. 그렇기에 교회를 떠나고 난 후 1~2년의 시간이 매우 중요하다 할 수 있을 것이다. 인터뷰를 진행한 G는 교회를 나온 후 1년 정도의 시간을 보내면서 가족과 자유로운

시간을 보낼 수 있어서 너무 좋았지만 오랫동안 교회 생활을 해 왔기 때문에 교회에 대한 그리움과 교회에 다시 나가고 싶은 마음이 컸다고 이야기 한다. 따라서 이 기간의 사람들은 아직 교회 생활에 익숙하고 다시 돌아가고 싶은 마음도 크기 때문에 교회를 다시 나갈 수 있는 확률이 높다고 볼 수 있을 것이다. 그러나 이 기간이 지나면 교회를 떠나 있는 것이 익숙해지고 편안해지기 때문에 설령 다시 교회로 나가고 마음이 있다 하더라도 행동으로 옮기는 것은 더 어려운 일이 될 수 있는 것이다.

2) 경과 기간에 따른 불출석 이유의 변화

경과 기간에 따른 교회를 나가지 않는 이유를 교차 분석해 보았을 때도 교회 재출석 의사의 변화와 비슷한 흐름이 나타나는 것을 볼 수 있다. 교회를 이탈 한 후 경과 기간 2년을 기준으로 급격한 변화를 보이고 있는 불출석 이유들은 '자신에게 맞는 교회를 찾지 못해서'와 '교회 나갈 필요성을 느끼지 못해서'이다. '자신에게 맞는 교회를 찾지 못해서' 교회를 나가지 않는 비율은 교회를 떠난지 3~5년이 경과하면서 6.3%나 줄어든 반면, '교회 나갈 필요성을 느끼지 못해서' 교회 나가지 않는 사람들은 그 기간 동안 13.8%가 늘어났다. 따라서 가나안 성도들이 교회를 떠난 초반에는 다시 교회를 나가기 위해 자신에게 맞는 교회를 찾는 경우가 많다면 교회를 떠난 지 오래될수록 교회에 나갈 필요성을 느끼지 못하는 경우는 늘어난다고 할 수 있을 것이다.

<표 15> 경과 기간에 따른 불출석 이유 (Base=전체, n=196, %)

불출석 이유 / 경과 기간	시간이 없고 바빠서	자신에게 맞는 교회를 찾지 못해서	신앙에 대한 고민이 해결되지 않아서	교회에 나갈 필요성을 느끼지 못해서	교회에 나가지 않아도 종교적인 삶을 유지할 수 있어서	기타
2년 이하	31.8%	24.2%	7.6%	13.6%	16.7%	6.1%
3~5년	31.3%	17.9%	9.0%	28.4%	6.0%	7.5%
6~9년	21.7%	13.0%	26.1%	21.7%	8.7%	8.7%
10~15년	20.0%	12.0%	16.0%	20.0%	20.0%	12.0%
15년 이상	26.7%	13.3%	20.0%	26.7%	13.3%	0.0%

'신앙에 대한 고민이 해결 되지 않아서' 교회를 나가지 않는 사람들은 5년을 기준으로 17.1%가 급격히 늘어나는데, 10년이 지났을 때는 조금 줄어들었다가 15년 이상이 지나면 다시 늘어나는 것을 볼 수 있다. 이와 같은 결과는 시간이 지나가도 신앙에 대한 고민을 해결하지 못하고 오히려 늘어날 수도 있다는 사실을 보여준다. 가나안 성도들이 스스로 신앙의 고민을 해결하기에는 여러 가지 한계를 가지고 있을 뿐만 아니라 적절한 도움을 받지 못하기 때문에 신앙에 대한 고민이 늘어간다고 할 수 있을 것이다.

'교회에 나가지 않아도 종교적인 삶을 유지할 수 있어서' 교회에 나가지 않는 사람들도 2년을 기준으로 10.7%가 줄지만 다시 늘어다가 줄어드는 것을 반복한다. 교회 나가지 않아도 신앙을 유지할 수 있다고 생각하면서 교회를 떠나지만 시간이 지나갈수록 여러 가지 어려움에 부딪히면서 이러한 생각이 줄어들었을 가능성이 있다. 그러나 시간이 경과됨에 따라 자기 나름대로 신앙을 유지할 수 있는 방법들을 찾은 사람들은 굳이 교회 나가지 않아도 종교적인 삶을 유지할 수 있다고 생각할 수 있는 것이다.

3) 경과 기간에 따른 구원의 확신과 종교 성향의 변화

가. 경과 기간에 따른 구원의 확신의 변화

교회를 떠난 경과 기간이 길어질수록 구원의 확신은 어떻게 변화되는지 확인하기 위해 교회 이탈 경과 기간에 따른 구원의 확신을 교차 분석해 보았다. 앞에서 이미 살펴본 바와 같이 교회를 떠난 후에는 구원의 확신을 가진 사람들의 비율이 줄어들었다. 그렇기에 경과 기간과 구원의 확신의 교차 분석 했을 때도 경과 기간에 비례하여 구원의 확신이 줄어드는 것이 확인할 수 있었다. 그런데 이 부분에서도 주목할 점은 가나안 성도들이 교회를 떠난 후 2년이 경과 되었을 때 구원의 확신의 변화가 급격히 줄어드는 현상이 나타난다는 것이다. 또한 6~9년 사이에는 구원의 확신이 줄어들긴 하지만 그 감소 폭이 다른 기간(2년 이내 제외)이 비해 적은 것을 볼 수 있다.

〈표 16〉 경과 기간에 따른 구원의 확신 변화 (Base=전체, n=196, %)

구원의 확신 / 경과 기간	분명히 있다			뚜렷하지 않다			없었다		
	이탈 전	이탈 후	차이	이탈 전	이탈 후	차이	이탈 전	이탈 후	차이
2년 이하	34.8%	30.3%	-4.5%	51.5%	54.5%	3.0%	13.6%	15.2%	1.5%
3~5년	44.8%	22.4%	-22.4%	43.3%	53.7%	10.4%	11.9%	23.9%	11.9%
6~9년	34.8%	17.4%	-17.4%	56.5%	60.9%	4.3%	8.7%	21.7%	13.0%
10~15년	28.0%	16.0%	-12.0%	56.0%	68.0%	12.0%	16.0%	16.0%	-
15년 이상	26.7%	6.7%	-20.0%	40.0%	40.0%	-	33.3%	53.3%	20.0%

교회를 떠난 지 1~2년 사이에는 교회를 다시 나가고 싶은 마음과 구원의 확신이 어느 정도 유지되지만 그 기간이 지나면 급격히 낮아졌다가, 6~9년 사이에 가나안 성도로서의 삶에 익숙해지면서 교회를 나가고 싶은 마음도 가장 적게 나타나고 구원의 확신도 크게 변하지 않는 것이라 할 수 있을 것이다. 그러다가 10년이 지나면 다시 교회를 나가고 싶은 마음은 조금 증가하지만 구원의 확신은 더욱 줄어든다고 할 수 있는 것이다.

〈표 17〉 경과 기간에 따른 종교 성향 변화 (Base=전체, n=196, %)

경과 기간 \ 종교 성향	기독교에만 구원이 있다고 믿는 기독교인	기독교인이지만 다른 종교에도 구원이 있다고 생각	하나님의 존재를 인정하지만 기독교인은 아님	하나님의 존재를 인정하지 않으며 기독교인도 아님
2년 이하	31.8%	47.0%	16.7%	4.5%
3~5년	23.9%	40.3%	28.4%	7.5%
6~9년	30.4%	39.1%	21.7%	8.7%
10~15년	24.0%	32.0%	40.0%	4.0%
15년 이상	20.0%	33.3%	33.3%	13.3%

3. 종교 성향에 따른 특징

1) 종교 성향에 따른 재출석 의사

가나안 성도들의 종교 성향에 따른 교회 재출석 의사는 다음과 같다. 기독교에만 구원이 있다고 믿는 보수적인 기독교 신앙 성향은 "가능한 한 빨리 교회에 나가고 싶다"는 비율이 24.5%나 된다. 뿐만 아니라 "언젠가 교회 다시 나가고 싶다"는 비율은 54.7%로 교회 다시 나갈 가능성이 가장 높은 사람들이라고 할 수 있다. 그러나 다른 종교에도 구원이 있다고 생각하는 종교 다원주의적 성향은 단지 2.5%만이 "가능한 빨리 교회에 다시 나가고 싶다"고 응답하였고, "언젠가 교회에 다시 나가고 싶다"는 비율은 55.0%였다. 그런데 하나님의 존재를 인정하지만 기독교인은 아니라는 일반 유신론적 성향과 하나님을 인정하지 않는다는 무신론적 성향은 "가능한 빨리 교회에 다시 나가고 싶다"는 비율이 단 1%도 나타나지 않았고, "교회에 다시 나가고 싶지 않다"는 비율이 각각 60.0%, 84.6%로 높게 나타나고 있다.

그러나 하나님의 존재를 인정하지만 기독교인이 아니라는 일반 유신론적 성향도 "언젠가 교회에 다시 나가고 싶다"는 비율이 40%나 되고, 하나님의 존재를 인정하지 않는다는 무신론적 성향도 "언젠가 교회에 나가고 싶다"는 비율이 15.4%가 되는 것을 볼 수 있다. 한국기독교목회자협의회의 조사에서 비개신교인들 가운데 개신교를 포함해서 어떤 종교이든지 신앙을 가질 의사를 가진 사람들은 14.6%로 나타났고 이 중에 개신교로 개종하거나 신앙 할 의사가 있는 사람들은 25.0%로 나타나고 있다.[45] 따라서 가나안 성도는 무신론적 경향을 가지고 있다고 하더라도 일반 비개신교인들에 비해 교회를 다시 나올 가능성이 높게 나타나고 있는 것이다.

45) 한국기독교목회자협의회, "2018 분석 리서치 한국인의 종교생활과 신앙의식 조사," 16.

〈표 18〉 종교 성향에 따른 교회 재출석 의사 (Base=전체, n=196, %)

교회 재출석 의사 / 종교성향	가능한 한 빨리 다시 교회에 나가고 싶다	당장은 아니지만 언젠가 다시 교회에 나가고 싶다	교회에 다시 나가고 싶지는 않지만 교회를 나가지 않는 것이 불편하다	교회를 다시 나가고 싶지도 않고 그것 때문에 마음이 불편하지도 않다
기독교에만 구원이 있다고 믿는 기독교인	24.5%	54.7%	13.2%	7.5%
기독교인이지만 다른 종교에도 구원이 있다고 생각	2.5%	55.0%	16.3%	26.3%
하나님의 존재를 인정하지만 기독교인은 아님	0.0%	40.0%	20.0%	40.0%
하나님의 존재를 인정하지 않으며 기독교인도 아님	0.0%	15.4%	7.7%	76.9%

앞에서 살펴본 바와 같이 가나안 성도들의 교회 재출석 의사는 교회를 떠난 후 시간이 경과할수록 줄어들었다. 그런데 교회를 떠난 후 시간이 경과할수록 가나안 성도들의 종교 성향도 달라진다. 그리고 종교 성향에 따라 교회 재출석 의사가 다르게 나타난다. 그렇기에 시간이 경과할수록 가나안 성도들의 종교 성향이 달라지면서 교회 출석 의사도 달라진다고 할 수 있을 것이다. 가나안 성도들이 보수적인 기독교 신앙을 계속해서 유지할 수 있다면 교회 재출석 의사 또한 계속 높게 유지될 수 있겠지만, 무신론적 성향으로 바뀌어간다면 재출석 의사는 낮아질 것이다. 그렇기에 가나

안 성도들이 교회를 떠난 후에도 기독교에만 구원이 있다고 믿는 보수적인 기독교 신앙을 유지할 수 있는 대책이 마련되어야 할 것으로 보인다.

2) 종교 성향에 따른 불출석 이유

가나안 성도들의 종교 성향에 따라 교회 나가지 않는 이유는 다음과 같다. 기독교에만 구원이 있다고 믿는 보수적인 기독교 신앙 성향은 "자신에게 맞는 교회를 찾지 못해서" 교회를 나가지 않는다고 응답한 비율이 가장 높았고, "시간이 없고 바빠서"와 "자신에게 맞는 교회를 찾지 못해서"라는 교회 다시 나갈 가능성이 높은 이유[46] 들의 합계는 62.3%나 되었다. 그리고 다른 종교에도 구원이 있다고 생각하는 종교 다원주의적인 성향은 "시간이 없고 바빠서" 교회를 나가지 않는다고 대답했는데, 교회 다시 나갈 가능성이 높은 이유들의 합계가 46.1%로 낮아지는 것을 볼 수 있다.

그런데 하나님의 존재를 인정하지만 기독교인은 아니라는 일반 유신론적 성향과 하나님의 존재를 인정하지 않는 무신론적 성향은 "교회 나갈 필요성을 느끼지 못해서" 교회 나가지 않는다는 응답이 각각 32.0%, 53.8%로 높아지는 것을 볼 수 있다. 더군다나 하나님

---

46) '시간이 없고 바빠서'와 '자신에게 맞는 교회를 찾지 못해서'라는 이유가 교회 재출석 가능성이 높은 이유이고, '교회 나갈 필요성을 느끼지 못해서'와 '교회 나가지 않아도 종교적인 삶을 유지할 수 있다'는 이유가 교회 재출석의 가능성이 낮은 이유라는 근거는 <표 5> 불출석 이유에 따른 재출석 의사를 참조하시오.

의 존재를 인정하지 않는 무신론적 성향은 교회 나갈 가능성이 낮은 이유들의 합계가 69.2%나 되었다.

〈표 19〉 종교 성향에 따른 교회 불출석 이유 (Base=전체, n=196, %)

교회 불출석 이유 / 종교성향	시간이 없고 바빠서	자신에게 맞는 교회를 찾지 못해서	신앙에 대한 고민이 해결되지 않아서	교회에 나갈 필요성을 느끼지 못해서	교회에 나가지 않아도 종교적인 삶을 유지할 수 있어서	기타
기독교에만 구원이 있다고 믿는 기독교인	30.2%	32.1%	13.2%	7.5%	3.8%	13.2%
기독교인이지만 다른 종교에도 구원이 있다고 생각	30.0%	13.8%	15.0%	18.8%	17.5%	5.0%
하나님의 존재를 인정하지만 기독교인은 아님	26.0%	16.0%	8.0%	32.0%	12.0%	6.0%
하나님의 존재를 인정하지 않으며 기독교인도 아님	23.1%	0.0%	7.7%	53.8%	15.4%	0.0%

따라서 종교 성향에 따라서 교회 나가지 않는 이유가 달라지는 것을 볼 수 있으며, 보수적인 기독교 신앙 성향을 가질수록 교회 재출석 의사가 높은 것과 마찬가지로 현재 교회 나가지 않는 이유들도 교회에 다시 나갈 가능성이 높은 이유들이었다. 그러나 종교 성향이 무신론적 성향으로 바뀔수록 교회 재출석 의사가 낮아지는 것처럼 현재 교회 나가지 않는 이유도 교회 다시 나갈 가능성

이 적은 이유들 때문에 교회 나가지 않는 것으로 나타난 것이다. 따라서 가나안 성도들의 종교 성향은 교회 재출석 의사와 교회 재출석 가능성과 높은 관계를 가지고 있기 때문에 종교 성향에 따라 대책을 마련하는 것은 효율적인 전도 전략을 위해 필수적인 일이라 할 수 있을 것이다.

3) 종교 성향에 따른 구원관의 특징

가. 종교 성향에 따른 현재 구원의 확신

가나안 성도들의 종교 성향과 구원의 확신과의 관계를 살펴보면, 기독교에만 구원이 있다고 믿는 가나안 성도 중에는 구원의 확신을 가진 사람들이 59.5%나 되었다. 그러나 기독교인이지만 다른 종교에도 구원이 있다고 생각하는 사람들과 하나님을 인정하지만 기독교인은 아니라고 응답한 사람들은 구원의 확신을 가진 사람들이 10%로 구원의 확신을 가진 사람들의 비율이 급격히 줄어드는 것을 볼 수 있다. 또한 하나님의 존재를 인정하지만 기독교인이 아니라고 응답한 사람들은 구원의 확신이 뚜렷하지 않거나 구원의 확신이 없는 경우가 각각 54.0%, 36.0%로 총 90%나 되었고, 하나님의 존재를 인정하지 않는 사람들은 구원의 확신이 뚜렷하지 않거나 구원의 확신이 없는 경우가 각각 46.2%, 53.9%로 100%가 구원의 확신을 가지고 있지 못했다.

그런데 하나님의 존재는 인정하지만 기독교인이 아니라고 응답한 일반적인 종교 성향을 가진 가나안 성도 중에 10%는 구원의 확신이 있다고 응답하였다. 구원의 확신은 있는데 기독교인이 아니라고 응답할 수 있었던 것은 기독교인으로서의 정체성이 흔들리기 때문이라고 할 수 있다. 비록 지금은 구원의 확신을 가지고 있지만 곧 구원의 확신도 잃어버릴 수 있는 가능성이 높다고 할 수 있을 것이다. 따라서 가나안 성도들이 기독교인으로서의 종교적인 정체성을 잃어버리지 않을 수 있는 대책 마련이 필요할 것으로 보인다.

〈표 20〉 종교 성향에 따른 현재 구원의 확신 (Base=전체, n=196, %)

종교성향 \ 현재 구원의 확신	분명히 있다	뚜렷하지 않다	없었다
기독교에만 구원이 있다고 믿는 기독교인	58.5%	35.8%	5.7%
기독교인이지만 다른 종교에도 구원이 있다고 생각	10.0%	71.3%	18.8%
하나님의 존재를인정하지만 기독교인은 아님	10.0%	54.0%	36.0%
하나님의 존재를 인정하지 않으며 기독교인도 아님	0.0%	46.2%	53.8%

나. 종교 성향에 따른 구원의 의미

가나안 성도들의 종교 성향에 따른 구원의 의미에 대한 이해는 다음과 같다. 기독교에만 구원이 있다고 믿는 보수적인 기독교 신앙 성향과 하나님의 존재를 인정하지만 기독교인은 아니라는 일반 유신론적 성향은 구원의 의미로 '죄를 용서 받고 천국 가는 것'을 제일 많이 선택하였고, '예수 믿는 것'을 두 번째로 많이 선택하였다.

뿐만 아니라 보수적인 기독교 신앙 성향은 '예수 믿는 것'과 '죄를 용서 받고 천국 가는 것'이라는 응답의 합계가 80.0%이고, 일반 유신론적 성향은 '예수 믿는 것'과 '죄를 용서 받고 천국 가는 것'이라는 응답의 합계가 61.9%로 매우 높았다. 구원의 의미에 대한 고전적인 이해가 '예수 믿고 천국 가는 것'이라고 한다면, 보수적인 기독교 신앙 성향과 일반 유신론적 성향은 구원의 의미에 대해 고전적인 이해를 갖고 있다고 할 수 있을 것이다.

그러나 다른 종교에도 구원이 있다고 생각하는 종교 다원주의적인 성향은 구원의 의미로 '죄를 용서 받고 천국 가는 것'을 첫 번째로 많이 선택하고, '삶의 문제를 해결 받는 것'을 두 번째로 많이 선택하였다. 또한 '예수 믿는 것'과 '죄를 용서 받고 천국 가는 것'의 합계가 56.5%로 보수적인 기독교 신앙 성향과 일반 유신론적 성향보다 구원의 의미에 대해 고전적인 이해에서 벗어나고 있다고 할 수 있을 것이다. 또한 하나님의 존재를 인정하지 않는 무신론적인 성향은 구원의 의미를 잘 모르겠다는 응답이 37.5%로 가장 높았으며, '죄를 용서 받고 천국 가는 것'과 '삶의 문제를 해결 받는 것'이 두 번째로 높았다. 따라서 무신론적 성향은 구원의 의미에 대해 혼동과 함께 다양한 이해를 가지고 있다고 할 수 있을 것이다.

이와 같은 차이를 구원의 확신과 연결시켜 보면, 종교 성향에 따라 구원의 의미에 대한 이해가 다르기 때문에 구원의 확신을 가진 비율이 달라진다고 할 수 있을 것이다. 고전적인 구원의 이해를 가진 종교 성향은 구원의 확신을 가진 비율이 높은 반면, 고전적인 구원의 이해에서 벗어나는 종교 성향을 가진 경우 구원의 확신의 비율이 낮아진다고 할 수 있을 것이다. 단, 일반 유신론적 성향이 종교 다원주의적인 성향보다 고전적인 구원의 이해를 가지고 있지만 구원의 확신을 가진 비율은 같게 나타나고 구원의 확신이 없다는 비율은 더 높게 나타나고 있다.

〈표 21〉 종교 성향에 따른 구원의 의미 (Base=전체, n=294, %)

구원의 의미 / 종교성향	예수 믿는 것	죄를 용서 받고 천국 가는 것	삶의 문제를 해결 받는 것	영적인 체험	잘모르겠다
기독교에만 구원이 있다고 믿는 기독교인	36.5%	43.5%	10.6%	7.1%	2.4%
기독교인이지만 다른 종교에도 구원이 있다고 생각	18.0%	38.5%	27.9%	7.4%	8.2%
하나님의 존재를 인정하지만 기독교인은 아님	23.9%	38.0%	15.5%	5.6%	16.9%
하나님의 존재를 인정하지 않으며 기독교인도 아님	6.3%	25.0%	25.0%	6.3%	37.5%

별지.

가나안 성도에 대한 설문 조사에서 나타난 특징 요약

가나안 성도들이 교회를 이탈하는 과정을 살펴보았더니, 가나안 성도들의 교회 출석 기간은 4년 이하가 가장 높은 비율로 나타나며, 가나안 성도들의 교회 출석 기간은 더 짧아지고 있는 것으로 보인다. 교회를 떠나는 시기를 살펴보면, 2,30대에 많이 이탈하는 것으로 나타났는데, 특별히 20대의 이탈 비율이 더욱 높아졌다. 여전히 교회를 떠난 후 5년 정도 경과한 사람들이 가장 많았지만 그 비율은 더욱 높아진 것으로 나타났다. 교회를 떠나기 전 고민한 기간은 1개월 미만으로 짧아졌으며, 여전히 고민을 상담할 사람들이 없었던 것으로 나타났다. 가나안 성도들이 교회를 떠난 이유 1, 2위는 "개인적인 사정"과 "자유로운 신앙생활을 위해서"인 것으로 나타났으나, 개인적인 원인과 교회적인 원인으로 나누어 보면 비슷한 비율로 나타나고 있다. 교회를 떠나는 일에 영향을 끼친 요인들을 살펴보니, "전도와 선교에 대해 강요하는 분위기"와 "강압적이고 일방적인 의사소통"을 가장 많이 선택하였다.

또한 교회를 떠난 후 시간이 지나갈수록 교회의 재출석 의사도 줄고 구원의 확신도 줄어든다는 사실을 확인할 수 있었다. 그리고 시간이 지나갈수록 교회 출석의 필요성도 느끼지 못하고 있다는 것을 확인할 수 있었다. 특별히 교회를 떠난 후 2년을 기준으로 교회를 다시 나가고 싶은 마음과 구원의 확신이 급격하게 줄어드는 것을 볼 수 있었다. 그리고 가나안 성도들이 교회를 떠난 이유에 따라 재출석 의사나 교회를 나오지 않는 이유가 달라지는 것을 볼 수 있었다. "개인적인 사정 때문에" 교회를 떠난 사람들이 교회로 재출석할 의사가 가장 높은 것으로 나타났다. 그러나 "신앙에 대한 회의" 때문에 교회를 떠난 사람들은 교회로 재출석할 의사가 가장 낮았다.

가나안 성도들에 대한 전도는 활발하게 이루어지고 있었다. 7번 이상의 전도를 받았다는 가나안 성도들이 33.7%로 가장 많았고, 91.3%의 가나안 성도가 적어도 한 번 이상의 전도를 받은 것으로 나타났다. 그러나 가나안 성도들은 전도에 대해 크게 와 닿지 않거나 일방적인 권유가 부담스럽다는 반응을 나타내고 있었다. 가나안 성도들의 56.1%는 다시 교회에 나가고 싶다는 생각을 가지고 있었지만 교회 나가고 싶지 않다는 생각을 가진 사람들과 9.2%정도의 차이만 날 뿐이었다. 현재 가나안 성도들이 교회를 나가지 않는 이유는 시간이 없고 바빠서이지만 교회에 나갈 필요성을 느끼지 못하는 경우도 많았다. 가나안 성도들이 다시 교회를 나가게 된다면 중요하게 고려할 항목으로 지역사회에 대한 섬김과 봉사와 신앙생활과 일반생활의 조화를 선택했다. 또한 교회 생활을 통해서는 마음의 평안과 문제 해결과 삶의 의미와 목적을 발견하기 원했다.

아직까지 가나안 성도들은 다시 교회를 나오고 싶어 하는 비율이 높았다. 그러나 "언젠가"라는 단서가 붙어 있기 때문에 무조건 낙관적이라고 할 수 없을 것이다. 가나안 성도는 교회에서 독립하여 개인적으로 신앙을 유지하려는 경향이 있기 때문에 이러한 특성들을 고려하여 전도의 전략과 방법이 세워져야 할 것이다.

가나안 성도들이 교회를 떠나기 전에 구원의 확신을 가지고 있는 비율은 36.7%로 2013년도 정재영 교수의 조사 때보다 11.4%가 낮게 나타났고, 교회를 떠난 후에는 구원의 확신을 가진 비율이 14.3%가 줄어든 것으로 나타났으며, 가나안 신자들은 죄를 용서 받고 천국 가는 것과 예수를 믿는 것이 구원의 의미라고 생각하고 있었다. 가나안 성도들은 생각을 공유할 수 있는 자유로운 신앙 모임에 참석할 의사가 높았고, 보수적인 기독교 신앙 성향보다 종교 다원주의적인 성향이 높았으며 무종교적인 성향도 나타나고 있었다. 교회 출석 의무에 대해서는 부정적인 생각을 가지고 있었고, 타로나 윤회와 같은 다른 종교적 신앙에 어느 정도 신뢰를 보이고 있었다. 제도 교회가 신앙을 강요하거나 독선이고 폐쇄적이라는 생각이 강했고, 현재의 삶을 내세보다 더 중요하게 생각하고 있었다.

이와 같은 설문조사의 결과를 통해 다음과 같은 결론을 도출할 수 있었다.

가. 2015년 인구센서스의 종교 인구 통계 발표에서 가장 핵심적인 이슈는 무종교인의 증가와 개신교의 약진에 있었다. 2005년 발표에서는 순수 감소세를 보이던 개신교만이 증가한 것으로 나타나고 불교와 천주교는 모두 감소하면서 무종교인의 비율이 다시 종교인의 비율보다 높아진 것으로 나타난 것이다. 그런데 최근의 무종교 집단은 그 이전의 무종교 집단과는 다르다고 할 수 있는데, 최근 무종교 집단에는 종교에 소속 되었다가 이탈한 사람들이 다수 포함되어 있기 때문이다. 그런데 개신교가 증가한 원인 중의 하나로 지목된 가나안 성도는 개신교인이라는 정체성은 유지하고 있지만 교회에서 이탈한 사람들이라는 점에서 무종교 집단으로 분류되기도 한다. 그렇기에 가나안 성도는 개신교 집단과 무종교 집단의 경계에 서 있는 사람들이라고 할 수 있을 것이다.

나. 이러한 사실은 가나안 성도의 종교 성향으로 증명될 수 있을 것이다. 가나안 성도 중에 종교 다원주의적인 성향을 가진 비율이 높다는 사실을 이미 2013년 설문 조사를 통해 밝혀졌다. 그런데 이번 조사를 통해서 종교 다원주의적인 성향을 가진 가나안 성도의 비율이 더욱 높아졌을 뿐만 아니라 타종교 성향과 무신론적인 성향을 가진 가나안 성도의 비율 또한 낮지 않다는 사실이 밝혀졌다. 다른 종교에도 구원이 있을 수 있다는 종교 다원주의적인 성향을 가진 가나안 성도는 40.8%였으며, 하나님은 인정하지만 기독교인은 아니라는 유신론적 성향의 가나

안 성도는 25.5%, 하나님을 인정하지 않는다는 무신론적인 성향의 가나안 성도는 6.6%로 나타나고 있는 것이다. 뿐만 아니라 교회를 떠난 후 시간이 경과할수록 유신론적 성향의 가나안 성도와 무신론적 성향의 가나안 성도의 비율이 높아지는 것으로 나타난 것이다. 따라서 가나안 성도는 개신교 집단과 무종교 집단 사이의 경계에 있으면서 무종교 집단으로 이동하는 경향이 있다는 사실이 드러난 것이다.

다. 그동안 가나안 성도에 대한 연구는 가나안 성도가 "교회 밖"으로 나간 사람들이란 사실에 초점이 맞춰져 있었다. 따라서 가나안 성도에 대한 연구는 교회론에 대한 문제와 가나안 성도의 발생 원인으로서 세속화에 대한 논의가 중심을 이루었던 것이다. 그러나 본 조사에서는 가나안 성도의 종교성에 더욱 초점을 맞추어 연구를 진행하였다. 다른 종교에도 구원이 있을 수 있다는 종교 다원주의적인 입장은 반드시 예수를 믿어야지만 구원을 받을 수 있다는 기독교 신앙의 근간과 위배되는 것이다. 이러한 구원관이 무너진다면 반드시 기독교 신앙을 가져야 할 근거도 사라지고 전도의 필요성도 사라지고 것이다. 이번 조사 결과 보수적인 기독교 신앙 성향을 가진 가나안 성도들은 구원의 확신을 가진 비율도 높았고 교회 재출석 의사도 높았다. 그러나 종교 다원주의적인 성향이나 무신론적인 성향의 가나안 성도들은 구원의 확신을 가진 비율도 낮았고 교회 재출석 의사도 낮게 나타났다. 그렇기에 가나안 성도들의 종교 성향은 가나안 성도들이 구원의 확신을 갖고 기독교 신앙을 견지하기 위해서 반드시 개선되어야 할 부분이라고 할 수 있을 것이다.

라. 또한 이번 조사에서 주목해야 할 내용은 가나안 성도들의 재출석 의사가 줄어들고 있다는 것이다. 2013년도 조사에서는 가나안 성도들이 교회를 다시 나가고 싶다는 비율은 67.1%로 나타났지만 이번 조사에서는 교회 다시 나가고 싶다는 비율이 56.2%로 10.9%나 떨어졌다. 아직까지는 가나안 성도들이 교회로 재출석하려는 의사가 더 높게 나타나지만 점점 더 교회를 재출석하려는 의시가 줄어들고 있다고 할 수 있는 것이다. 또한 가나안 성도들이 교회를 떠난 후 경과 기간 2년을 기준으로 구원의 확신, 교회 재출석 의사가 급격하게 줄어드는 것으로 나타났다. 그리고 경과 기간에 따라 교회를 출석하지 않는 이유들을 살펴보면 점점 교회에 출석할 필요성을 느끼지 못하고 교회 밖의 신앙생활에 익숙해지는 것으로 나타난다. 따라서 교회를 떠난 후 경과 기간에 따라 다르게 대책이 세워질 필요가 있다고 할 수 있을 것이다. 교회를 떠난 기간이 짧은 가나안 성도들에게는 교회로 돌아올 수 있는 즉각적이고 실제적인 방법들을 마련하는 것이 시급하다고 할 수 있지만, 떠난 기간이 길어짐에 따라 그 시기에 맞는 지속적인 장기적인 대책 또한 필요할 것이다.

제3부

가나안 성도 전도 전략

V. 가나안 성도를 위한 전도학적 접근

지금까지 가나안 성도에 대한 설문 조사를 통해 가나안 성도들의 특성들을 살펴볼 수 있었다. 이번 조사에서 주목해야 할 점은 교회를 떠난 후 2년을 기준으로 구원의 확신, 종교성향, 그리고 교회 재출석 의사가 급격하게 줄어드는 것으로 나타났다는 것이다. 또한 시간이 흐를수록 보수적인 기독교 신앙을 가진 가나안 성도의 비율이 줄어들고 무종교적인 성향을 가진 가나안 성도의 비율이 늘어난다는 것이다. 즉, 가나안 성도는 기독교와 무종교 사이에 존재하면서 무종교인으로 이동해가는 경향이 나타난다는 것이다. 따라서 가나안 성도에 대한 대책 마련이 조속히 이루어져야 할 것으로 보인다.

가나안 성도를 위한 대책 마련으로서 가장 시급한 것은 복음 전도라고 할 수 있다. 왜냐하면 가나안 성도들이 혼자 신앙생활을 하면서 구원의 확신도 잃어버리고 종교 성향도 무신론적인 경향으로 바뀌어 가고 있기 때문이다. 따라서 가나안 성도들이 구원의 확신을 가지고 기독교 신앙 안에서 성장하기 위해서 가나안 성도를 위한 복음 전도의 전략이 마련되어야 하는 것이다.

가나안 성도를 전도하기 위해서는 먼저 올바른 전도 신학을 정립할 필요가 있다. 본 조사를 통해서도 밝혀졌지만 전도에 대한 열심을 가지고 있는 한국 교회의 성도와 목회자들이 가나안 성도에게도 열심히 교회로 돌아오라고 권유한 것으로 나타났다. 그러나 이러한 권유에 대한 가나안 성도의 반응은 마음에 와 닿지 않거나 일방적인 전도가 부담이 된다는 것이었다. 이러한 반응이 나타나는 것은 가나안 성도에 대한 전도가 대부분 단순히 교회로 나오라는 권유에 그쳤기 때문이다. 그렇기에 보다 효율적인 전도를 위해서 먼저 전도 신학을 올바로 정립할 필요가 있다.

가나안 성도를 위한 복음 전도의 과정은 크게 회심을 목표로 하는 1차적인 복음전도와 신앙의 성숙을 목표로 하는 2차적인 복음전도로 나눌 수 있다. 가나안 성도가 회심을 통해 구원의 확신을 가질 수 있도록 돕는 것이 복음전도의 1차적 목표라고 한다면, 구원의 확신을 가진 가나안 성도들이 그리스도의 제자로서 신앙의 성숙을 이루어 나가게 하는 것이 복음전도의 2차적 목표가 될 것이다. 따라서 본 장에서는 1차적 복음전도로서 가나안 성도의 회심을 위해 회심의 즉각적인 측면과 점진적인 측면에 대해 살펴보고, 가나안 성도를 위한 온전한 회심의 목표를 설정하려고 한다. 또한 2차적 복음전도로서 가나안 성도의 신앙 성숙을 위해 제자도의 목표를 설정하고 있다. 이러한 회심과 신앙 성숙을 위해서는 교회 공동체의 역할이 매우 중요하다. 그런데 가나안 성도들은 교회를 떠나 있기 때문에 가나안 성도들이 공동체 안에서 온전한 회심을 경험하고 신앙이 성장하기 위해서는 교회가 본질을 회복하려는 노력과 함께 가나안 성도를 위한 대안 공동체의 필요성도 제기된다고 하겠다.

1. 1차적 복음전도의 핵심으로서 회심

1) 복음전도와 회심의 관계

복음전도의 첫 번째 목표는 영혼을 구원하는 것이다. 그것이 그리스도인으로서의 출발점이 되기 때문이다. 그리고 영혼의 구원을 위한 가장 핵심적인 사역은 회심이라고 할 수 있다. 김선일 교수는 "전도가 사람들을 그리스도께로 돌아오게 하는 사역이라고 할 때, 회심은 전도사역의 목표에 가장 부합되는 신학적 개념이 될 것이다."[1] 라고 이야기 한다. 또한 회심에 대한 올바른 이해는 전도 사역을 위한 중요한 이해의 틀을 제공하기 때문에 복음전도의 과제를 제대로 이해하기 위해서는 회심에 대한 이해가 선행되어야 한다는 것이다. 따라서 가나안 성도를 위한 1차적인 복음전도를 위해서는 회심에 대한 먼저 살펴볼 필요가 있을 것이다.

회심(回心)이라는 단어의 문자적인 의미는 '마음을 돌이키다'라는 뜻이다. 그런데 회심의 영어 단어 conversion은 라틴어의 '함께' 라는 뜻을 지닌 com과 '돌아가다'라는 뜻을 지닌 vertere의 합성어로서 '함께 돌아가다'라는 의미를 가지고 있다.[2] 구약에서 회심에

1) 김선일, "전도적 관점에서의 회심 이해," 「신학과 실천」 52 (2016): 654.
2) 홍성철, "회심의 조감도," 『회심: 거듭남의 의미와 적용』, 홍성철 편 (서울: 도서출판 세복, 2003), 14.

대한 가장 보편적인 용어는 '슈브(שׁוּב)'인데, '돌이키다, 돌아서다, 돌아오다'라는 의미를 가지고 있다. 하나님을 떠난 이스라엘 백성을 향해 하나님께로 다시 돌아오라는 의미로 사용되었던 것이다. 루이스 벌코프(Louis Berkhof)는 '슈브(שׁוּב)'라는 단어는 죄가 하나님으로부터 인간을 분리시켰으므로 다시 하나님께로 돌아간다는 의미를 명확하게 제시해 준다고 설명한다.[3] 신약에서는 '메타노이아(μετανοίας)'라는 단어가 회심에 대한 용어로 가장 보편적으로 사용되었는데 이는 과거의 잘못된 것을 후회하고 보다 개선된 방향으로의 변화를 초래하는 마음의 변화를 의미한다.

따라서 구약과 신약에서 사용되는 회심이란 단어의 의미를 살펴보면, 회심은 하나님께로 돌아가는 것을 의미하는데 이러한 방향 전환은 마음의 변화를 통해 삶의 변화를 이끌어 내는 것이 되어야 한다. 즉, 그동안 살아왔던 삶의 방식을 벗어 버리고 하나님과 동행하는 새로운 삶을 시작하는 것이 회심인 것이다. 그렇기에 고든 스미스(Gordon T. Smith)는 회심의 목표는 변화된 인간에 있으며 원래 창조되었던 모습, 즉 예수 그리스도의 형상대로 완전히 변화된 인간의 모습을 추구한다고 이야기하면서 회심 후에 변화가 일어나야 참다운 회심이라고 주장한다.[4]

알렌 크라이더(Alan Kreider)는 초기 기독교의 자료들을 통하여 회심이 신념, 소속과 행동 영역에서 변화의 여정에 참여하는 것이었다는 것을 밝히고 있는데, 그러나 이렇게 변화를 추구하던 회심

3) Louis Berkhof, 『조직신학 하(下)』, 728-29.
4) Gordon T. Smith, 『온전한 회심: 그 7가지 얼굴』, 임종원 역 (서울: CUP, 2012), 44, 53.

이 콘스탄틴 황제의 회심 이후 제도적인 의례로 정착되고 그 의미에 있어서도 변질을 가져왔다고 이야기한다.[5] 따라서 영혼을 구원하기 위한 복음전도는 삶의 변화를 가져오는 온전한 회심이 목표가 되어야 하는 것이다. 그런데 가나안 성도들은 내세의 삶보다는 현재의 삶에 더 큰 무게 중심을 두는 경향이 크다. 또한 구원을 받으면 천국에 갈 수 있다는 사실보다는 이 세상 속에서 변화된 삶을 살아가는 것이 더 중요하다고 생각하는 경향이 있다. 그렇기에 1차적 복음전도의 목표가 진정한 회심을 통한 삶의 변화에 있다는 사실은 가나안 성도를 위한 복음전도에 있어서 더욱 강조되어야 할 복음전도의 목표라고 할 수 있다.

2) 회심의 즉각성과 점진성

리처드 피스(Richard V. Peace)는 바울의 회심과 제자들의 회심 이야기를 비교하며 회심의 즉각적인 유형과 점진적인 유형에 대해 이야기한다. 바울의 회심은 초대교회에서 매우 중심적인 위치를 차지하기 때문에 바울의 회심이 기독교 회심의 모델이 되어 왔는데, 바울의 회심은 깨달음과 돌아섬이 합하여 변화를 낳는 즉각적인 회심이었다는 것이다.[6]

---

5) Alan Kreider,『회심의 변질 : 초대교회의 회심을 돌아보다』, 박삼종외 3명 역 (서울: 대장간, 2012), 80, 96.
6) Richard V. Peace,『신약이 말하는 회심: 바울과 열두 제자들의 회심』, 김태곤 역 (서울: 좋은 씨앗, 2001), 33-43.

그러나 마가복음에 나타나는 제자들의 회심은 바울의 회심과 달랐다는 것이다. 바울의 회심은 바울에게 일어난 '사건'이었다면, 마가복음에 기록된 열두 제자의 회심은 제자들에게 일어난 '과정'으로 묘사되고 있다는 것이다.[7] 제자들의 회심 또한 바울의 회심처럼 깨달음과 회개, 믿음, 그리고 돌아섬이 나타나지만 열두 제자의 삶 속에서 느리게 과정으로서 나타났다는 것이다.

이와 같이 피스는 회심의 유형을 두 가지로 구분하면서 두 가지의 전도 방법에 대해 이야기한다. 만남전도(Encounter Evangelism)는 바울과 같이 갑작스러운 회심의 전도 방법이라면, 이와 대비되는 과정전도(Process Evangelism)는 점진적인 회심을 이룰 수 있는 전도 방법이다. 그동안 회심의 전형적인 모델은 바울이었기 때문에 회심이 갑작스럽고 즉각적인 것으로 이해되었고 바울처럼 갑작스럽게 예수님을 만나는 만남전도가 일반적인 전도 방법이었다. 그러나 피스는 제자들의 회심처럼 점진적인 회심이 있으며, 진정한 그리스도인들의 70%는 점진적인 회심을 경험한다고 주장하면서 과정전도를 강조하는 것이다.[8] 회심이 점진적으로 일어날 수 있기 때문에 온전한 회심에 이를 때까지 지속적으로 도울 수 있는 과정전도의 필요성을 강조한 것이다. 따라서 회심이 점진적으로 이루어진다는 것을 이해할 수 있어야 하며, 그 사람들이 회심의 어느 과정에 와 있는지를 찾아내는 것이 중요하게 되고, 그에 따른 복음전도의 방법이 마련되어야 하는 것이다.

---

7) 위의 책, 138.

8) Richard V. Peace, "복음전도와 회심," 홍성철 편, 『전도학』 (서울: 도서출판 세복, 2006), 178.

돈 에버츠(Don Everts)와 더그 샤우프(Doug Schaupp) 역시 회심의 과정을 유기적이라고 이라고 이야기하며, 포스트모던 시대에는 회심에 이르는 여러 단계의 문턱이 있다는 것을 이해할 때 보다 세심하게 비그리스도인들을 도울 수 있을 것이라고 주장한다. 에버츠와 샤우프는 회심을 5단계로 나누어 제시하는데,[9] 첫 번째 문턱은 불신에서 신뢰로 넘어오는 단계로 그 길의 중간에서 비그리스도인들은 기독교인을 신뢰하는 법을 배운다는 것이다. 두 번째 문턱은 무관심에서 호기심으로 넘어오는 단계로 기독교인을 신뢰한다고 해도 예수 그리스도에게는 무관심할 수 있는데 예수 그리스도에게 관심을 갖기 시작하는 단계가 두 번째 단계라는 것이다.

세 번째 문턱은 변화에 대해 닫힌 마음에서 열린 마음으로 넘어오는 단계로 비그리스도인들은 이 단계를 넘기 가장 어려워하는데, 삶의 변화에 대해 마음의 문을 열어가는 단계이다. 네 번째 문턱은 방황을 넘어 추구로 가는 단계로 삶의 변화에 문을 열고 난 다음에는 오히려 방황하는 시기가 찾아오는데 그 방황을 넘어 변화를 추구하는 단계라는 것이다. 마지막 다섯 번째 문턱은 하나님 나라로 들어가는 단계로서 비그리스도인들은 비로소 회개하고, 믿고, 자신의 삶을 예수 그리스도께 드리는 단계로 들어선다는 것이다.

이러한 에버츠와 샤우프의 비그리스도인들의 회심을 위한 5단

9) Don Everts, Doug Schaupp, 『포스트모던 보이 교회로 돌아오다』, 장혜영 역 (서울: 포이에마, 2008), 25-30.

계는 가나안 성도들이 회심에 이르는 과정을 돕기 위한 하나의 틀을 제공한다고 할 수 있다. 회심에 이르는 즉각적인 유형과 과정적인 유형이 있다는 것을 고려해볼 때, 가나안 성도에게는 과정적인 회심의 유형이 더 적합한 모델이라고 할 수 있을 것이기 때문이다. 가나안 성도들은 스스로 신앙의 문제를 고민하고 해결의 방법을 모색하는 경향이 강한 사람들이기 때문이다. 그렇기에 구원의 확신을 점검하는 것이 신앙을 강요하는 것으로 비춰지기도 하는 것이다. 따라서 가나안 성도들이 스스로 구원의 과정을 이해하고 자신의 삶의 방향을 돌이켜 예수 그리스도를 온전히 따라갈 수 있도록 그 과정을 지켜보며 매 순간마다 도울 수 있는 전도의 방법이 마련되어야 할 것이다.

3) 가나안 성도의 회심을 위한 과정

가나안 성도에게 보다 적합한 회심의 유형이 점진적인 회심이라고 할 때, 폴 히버트(Paul G. Hiebert)의 집합 이론은 가나안 성도가 회심에 이르게 하는 과정을 설계하는데 많은 도움을 줄 수 있을 것이다. 히버트는 교회와 같은 범주를 구별하는데 있어서 두 개의 변수가 결정적인 역할을 한다고 이야기하는데, 그 첫 번째의 변수는 어떤 근거에서 각양 요소들을 하나의 범주로 할당하는가에 따라 자체의 고유한 특성에 근거하여 범주를 정할 수 있는 본질적 집합(intrinsic sets)과 다른 요소들과의 관계에 따라 범주를 정할 수 있는 관계적 집합(extrinsic/relational sets)으로 구분한다.[10] 그리고 두 번째 변수는 경계에 관한 것으로 분명한 경계선을 가지는 확정 집단(well-formed sets)과 범주들 간에 서로 흘러갈 수 있는 불확정 집단(fuzzy sets)으로 구분한다.[11]

본질적 확정(경계) 집단은 어떤 과일이 사과인지 아닌지를 나눌 수 있는 분명하게 경계선이 나누어지는 존재론적 집단인데, 경계 집단 이론으로 그리스도인을 정의한다면 그리스도인과 비그리스도인 사이에 예리한 선을 긋게 될 것이고, 구원을 받기 위한 한 번의 본질적인 변화가 회심이라고 강조하게 된다.[12]

그러나 관계적 확정(중심) 집단은 관계적 특성을 사용하는데, 그것들이 다른 것들과 어떻게 관련되어져 있는가에 기초하여 사물을 나눌 수 있다. 따라서 경계선을 유지하는 것보다 오히려 중심과 중심과의 관련성에 더 중점을 두게 된다는 것이다. 이 중심 집합 이론을 그리스도인에게 적용하면 그리스도인은 예수를 따르는 자들로, 예수 그리스도를 중심으로 삼거나 삶의 주님으로 삼은 자들로 정의될 수 있으며 중심적 집합에 들어가거나 혹은 중심적 집합을 떠나는 움직임이 있을 수 있는데 바로 이것이 성경적인 회심의 의미와 일치한다는 것이다.[13] 따라서 경계 집합 이론은 즉각적인 회심의 특성을 보여주는 것이라면, 중심 집합 이론은 과정적인 회심의 특징을 더욱 잘 보여주는 이론이라고 할 수 있을 것이다. 스미

10) Paul G. Hiebert, 『(인류학적 접근을 통한)선교현장의 문화이해』, 김영동, 안영권 역 (서울: 죠이선교회출판부, 1997), 140.
11) 위의 책, 141.
12) 위의 책, 143-47.
13) 위의 책, 163-64.

스는 히버트의 집단 이론을 통하여 회심과 교회의 유기적인 관계에 대해 설명하면서 경계 집단 이론처럼 집단의 '안'과 '밖'으로 구분하는 것보다는 중심 집단 이론처럼 예수 그리스도와 맺는 관계를 중심으로 변화와 전진을 허용할 수 있는 유형이 더욱 유용하고 적절하다고 이야기한다.[14)]

중심 집합 이론은 가나안 성도들의 구원의 확신 유무와 종교 성향에 따른 회심의 과정을 이해할 수 있는 매우 유용한 틀이 될 수 있다. 가나안 성도들은 기독교인과 무종교인 경계에 있는 사람들로 가나안 성도 안에는 보수적인 기독교 신앙을 가진 사람들도 있고, 종교 다원주의적인 신앙을 가진 사람도 있고, 일반 유신론적 신앙이나 무신론적 신앙을 가지는 있는 사람들도 있기 때문이다. 이러한 가나안 성도의 종교 성향을 중심 집합 이론으로 설명하면 기독교 신앙을 중심으로 4단계로 표현할 수 있을 것이다. 또한 가나안 성도들의 구원의 확신 유무에 따라 3단계로 표현할 수 있을 것이다. 따라서 가나안 성도들의 종교 성향과 구원의 확신 유무에 따라 그들의 신앙의 위치가 예수 그리스도를 중심으로 얼마나 멀리 떨어져 있는지에 따라 회심의 방향과 변화를 설명해 준다면 더욱 효과적으로 회심에 이르도록 도울 수 있을 것이다.

14) Gordon T. Smith, 『온전한 회심: 그 7가지 얼굴』, 76-77.

2. 2차적 복음전도의 핵심으로서 제자도

1) 복음전도와 제자도의 관계

마태복음 26장 16절부터 20절에 나타나는 지상명령은 예수 그리스도께서 직접 주신 복음전도의 명령이다. 그런데 마태복음에 나타난 지상명령에서 가장 중요한 단어는 '제자로 삼다'는 것으로 지상명령의 핵심은 모든 족속으로 제자를 삼는 것이라고 할 수 있다. 복음서에서 제자란 예수 그리스도를 따르는 자들을 부르는 호칭이었는데 예수 그리스도를 닮아가기 위하여 끝까지 노력하며 계속되는 성장의 과정을 이뤄가는 사람들이라고 할 수 있다. 그런데 이렇게 그리스도인을 성장시켜 줄 수 있는 가장 중요한 도구는 '복음'으로 하나님은 이 복음 안에서 인간이 완전히 회복될 수 있는 길을 만들어 놓으신 것이다.

따라서 복음전도가 지향하는 목표점은 복음을 전하여 한 사람을 구원시켜 영생을 얻는 것만이 아니라 구원 받은 사람이 지속적으로 복음을 깊이 깨달아가고 경험해 나가면서 그리스도의 장성한 분량까지 성장시키는 것이라고 할 수 있다. 실제로 구원이란 사건은 한 사람의 신앙의 출발점이기도 하지만 제자로 살아가는 삶의 시작으로서 그리스도의 장성한 분량까지 성장해 나가야 하는 목표를 가지고 있다.

로버트 콜먼(Robert Coleman)은 예수 그리스도께서 제자를 부르시고 그 제자들을 훈련시켜 나간 모든 과정을 전도의 과정이라고 생각했기 때문에, 『주님의 전도 계획』이라는 그의 책에서 전도는 한 사람의 구원에서 끝나는 것이 아니라 그 사람을 훈련시켜 또 다른 사람을 재생산 할 수 있도록 만드는 것이라고 이야기한다.[15] 따라서 제자를 삼는 것은 복음전도에서 시작되며 다른 사람을 제자로 세울 수 있도록 성장시키는 모든 과정이 복음전도와 밀접한 관계가 있는 것이다.

하도균 교수는 마태복음의 지상명령에 나타난 복음 전도의 과정을 '가라, 세례를 주라, 가르치라'는 세 과정으로 설명한다.[16] 먼저 '가라'는 복음전도의 전제조건으로 복음을 전하여 제자를 만들기 위해서는 찾아가는 일이 먼저 선행되어야 하는데, 이미 그리스도인들이 처해 있는 삶의 터전이 바로 복음을 전해야 할 최초의 장소이자 지역이기 때문에 이미 파송된 상태인 것이다.

두 번째 과정은 '세례를 주라'는 것으로 '세례'는 예수 그리스도의 십자가의 죽음과 부활의 사건을 믿음으로 회개하여 죄에 대하여 죽고 새로운 생명으로 다시 살아나 예수 그리스도와 하나로 연합하는 사건을 말한다. 세 번째 과정은 '가르치라'는 것으로 세례를 받은 사람이 온전한 제자가 될 수 있도록 가르치는 과정이 필요하다. 그런데 가르치라는 명령에는 지키게 하라는 명령이 덧붙여져 있는데, 이것은 제자 훈련이 기독교 지식을 전수하는 것에서 끝나지 않고 지키게 하라는 지식을 지키는 삶의 전수로 이어져야 한다는 것을 의미한다. 하도균은 지상명령에 나타난 복음전도

15) 이에 대해서는 Robert Coleman, 『주님의 전도 계획』, 홍성철 역 (서울: 생명의 말씀사, 2005)를 참조하시오.
16) 하도균, "복음전도의 이유(2): 지상명령의 실천적 관점에서," 116-21.

의 과정을 이와 같이 정리하면서 세례를 준다는 것을 1차적 복음전도이고, 가르치라는 것은 2차적 복음전도로서 피전도자에게 무엇을 어떻게 해야 제자가 될 수 있는지를 가르쳐 주는 명령이라고 이야기한다.[17)]

2) 제자도의 과정과 목표

피스는 마가복음에 나타난 제자들의 회심에 대해 연구하면서 예수님께로 돌이키는 회심의 마지막 단계는 제자도로 귀결된다고 이야기한다. 또한 피스는 마가복음 8장 34절의 말씀에서 예수님은 두 가지 방법으로 제자도를 말씀하시는데, 그것은 “내 뒤를 따르라”는 것과 “나를 좇으라”는 것이다.[18)] 결국 제자도란 예수 그리스도를 따르는 것이다. 그런데 마가복음 8장 34절에서 예수님은 예수님을 따르기 위해서는 자기를 부인하고 자기 십자가를 지고 좇아와야 한다고 말씀하시는 것이다.

그렇다면 자기를 부인하고 자기 십자가를 진다는 것은 어떤 의미인가? 피스는 자기 부인과 자기 십자가를 지는 것을 제자도와 연결시키면서 자기 부인은 하나님을 거부하는 자기를 부인한다는 의미이고, 십자가를 진다는 것은 하나님의 뜻에 복종한다는 의미로서 자기를 부인하는 하나님에 대한 반역으로부터 돌이키는 행위

17) 위의 책, 118.
18) Richard V. Peace, 『신약이 말하는 회심』, 319-20.

에서 시작하여 하나님의 뜻과 방식을 받아들이는 십자가를 지는 것이라고 설명한다.[19)]

제자도의 핵심 과정인 자기를 부인하고 자기 십자가를 진다는 의미를 하나님의 뜻과 방식을 받아들이는 것이라면 그렇게 하나님의 뜻에 순종하는 사람들을 통해 하나님 나라가 이뤄진다고 할 수 있다. 하나님의 나라는 하나님의 통치로 해석할 수 있는데, 그렇기에 죄로 인하여 하나님의 통치를 거부하고 하나님을 떠난 인간이 회심을 통하여 다시 하나님께로 돌아와서 하나님의 뜻에 순종하는 것이 하나님의 나라가 회복되는 과정이라고 볼 수 있는 것이다. 그런데 이렇게 하나님 나라가 회복되어갈 때 이러한 회복은 인간만이 경험하는 것이 아니라 세상 모든 피조물의 회복과 연결되어 있는 것이다.[20)]

하나님께서는 중생을 경험한 자가 성결의 경험까지 나아가기를 바라시고, 온전한 성결을 경험한 자는 온전한 사랑을 실천하는 자로서 하나님을 사랑하는 것처럼 이웃을 사랑하고 섬기게 되는 것이다. 이와 같이 제자로 성숙되어 진다는 것은 하나님의 뜻에 순종하는 삶을 통하여 하나님의 나라를 회복해 나가며 사회적 책임을 감당하는 것이라고 할 수 있다. 그렇기에 2차적인 복음전도의 목표는 자기를 부인하고 자기 십자가를 지고 예수를 따라가는 삶을 통하여 세상 속에서 복음의 영향력을 드러내며 하나님의 나라를 회복시켜 가는 것이라고 할 수 있을 것이다.

---

19) 위의 책, 322-23.
20) 하도균, "복음전도와 사회적 책임에 관한 연구: 존 웨슬리(John Wesley)의 사상을 중심으로," 274.

3) 가나안 성도의 신앙 성숙을 위한 제자도

빌 헐(Hill Hull)은 영적 성숙의 단계를 찾는 자, 시작하는 자, 분투하는 자, 정체된 자, 안정된 자 5단계로 구분한다. 이러한 빌 헐의 영적 성숙 단계는 가나안 성도의 신앙 성숙 단계의 틀로 사용할 수 있을 것이다. 첫 번째 '찾는 자'는 종교라는 맥락 속에서 의미와 해답을 찾는 사람들인데 보통 찾는 자는 교회에 다니지 않는 사람으로 생각한다.[21] 그런데 가나안 성도의 경우 일반 유신론적 신앙이나 무신론적 신앙을 가진 가나안 성도들이 바로 이러한 '찾는 자'에 해당된다고 할 수 있다. 또한 '찾는 자'들은 대부분 진정한 영성을 찾고 있는 자들이라고 설명하는데, 일반 유신론적 신앙이나 무신론적 신앙이 아니라도 진정한 기독교의 본질을 찾는 사람들이 가나안 성도라 할 수 있기 때문에 '찾는 자'는 가나안 성도의 영적인 상태를 가장 잘 드러내는 단계라 할 수 있다.

두 번째는 '시작하는 자'인데, 이들은 열성을 갖고 도전해 보려고 하지만 아직은 신앙생활을 어떻게 해야 되는지 잘 모르는 사람들이기 때문에 건강한 제자들과 동반자로 묶어 주라고 조언한다.[22] 가나안 성도 중에도 자신의 신앙 상태를 기독교의 입문으로 이해하는 사람들이 많다. 따라서 기독교의 본질을 배워가고 예수를 따르는 삶이 무엇인지를 알아가기를 원하는 가나안 성도에게는 그의 배움의 욕구를 채워줄 수 있는 동반자를 붙여 주는 전략이 주

21) Hill Hull, 『온전한 제자도: 제자도의 모든 것을 배우는』, 박규태 역 (서울: 국제제자훈련원, 2009), 337.
22) 위의 책, 338.

요할 것이다.

세 번째는 '분투하는 자'인데, 이들은 충격을 받거나 상처를 입은 채 분투하는 사람들로 도덕에 관한 공감대가 무너져 있고, 문제에 대해 계속 이야기 하며, 자신을 희생자라고 생각할 수도 있다.[23] 직접적인 교회 안의 문제로 교회를 떠났거나 한국 교회의 타락한 모습 때문에 상처를 받고 교회를 떠난 가나안 성도들이 이에 해당할 것이다. 빌 헐은 이런 사람들은 안전하면서도 서로를 긍정해 줄 수 있는 공동체에서 지낼 수 있도록 해야 한다는 제안하는데, 사람들이 자신을 돌봐 주고 자신들의 분투를 이해하며 자신들이 앞으로 나가도록 격려해 줄 때 타인에게도 마음을 열 수 있게 되기 때문이라는 것이다.[24] 따라서 가나안 성도들이 마음을 열어 갈 수 있도록 공동체나 가나안 성도들을 이해하고 함께 해줄 수 있는 모임들이 필요하다고 할 수 있다. 그런데 가나안 성도들은 교회 안의 모임보다 더 개방적이며 자유로운 일반 모임을 선호하기도 한다. 따라서 한국 교회가 교회 모임과 차별되는 일반적인 모임을 통해 가나안 성도들이 마음을 열 수 있도록 도울 수 있어야 할 것이다.

네 번째는 '정체된 자'인데, 과거의 가르침과 경험에 의지해서 살아가는 사람들인데, 이런 사람들은 공동체에 위험할 수 있기 때문에 이들에게는 권면과 연단이 필요하다.[25] 가나안 성도 중에도 신앙이 정체된 사람들이 많이 있다. 가나안 성도들은 성경을 읽는다거나 기도를 하는 시간이 매우 적은 것으로 나타나고 있기 때문이

---

23) 위의 책, 339.
24) 위의 책.
25) 위의 책, 342.

다. 그렇기 때문에 가나안 성도들이 다시 신앙의 성숙을 이루어 나갈 수 있도록 도움이 필요하다고 할 수 있다. 가나안 성도들에게 기독교 고전과 같은 영성이 깊은 책들을 권면해 주고 함께 읽어나가면서 토론하는 시간을 가져본다면 서로에게 좋은 가르침과 배움의 시간이 되어 정체된 신앙에서 벗어날 수 있을 것이다.

다섯 번째는 '안정된 자'로서 이들은 신실하면서도 자라가는 제자들인데 다른 사람들을 훈련시키고, 다른 사람들을 섬기는 사람들이라는 것이다.[26)] 사실 가나안 성도들 중에도 이렇게 성숙한 사람들이 있다. 비록 교회에 출석하지는 않더라도 개인적으로 신앙을 성장을 이루며 다른 사람을 섬기는 사람들도 있는 것이다. 따라서 이렇게 성숙한 가나안 성도들을 찾아내고 그들을 세워 다른 가나안 성도를 도울 수 있어야 할 것이다.

3. 복음전도를 위한 교회 공동체의 역할

1) 복음전도와 교회 공동체의 관계

복음전도와 교회 공동체의 관계에서 가장 중요한 것은 교회 공동체의 건강이다. 하도균 교수는 교회 공동체가 건강하지 못하면 교회는 전도의 동력을 잃어버리기 때문에 전도의 본질을 잃어버리

26) 위의 책, 342.

고 사람을 모으고 채우는 것에 초점을 두게 된다고 이야기 한다.[27] 교회 공동체가 건강해야지만 교회 안의 사람들도 지속적으로 복음의 생명을 경험하고 능력 있게 복음을 전할 수 있게 되는 것이다. 또한 전도를 받은 사람들도 교회에 들어와서 복음의 생명을 경험하고 건강하게 성장할 수 있게 된다. 그런데 교회 공동체가 건강하지 못하면 교회는 전도의 동력을 잃어버리게 되고, 혹여 사람들이 교회에 들어온다고 하더라도 금방 다시 빠져 나가게 될 것이다. 따라서 건강한 교회 공동체를 세우는 것이야 말로 본질적인 복음전도를 실천할 수 있는 가장 강력한 동력이자 복음전도를 지속할 수 있는 기반이라 할 수 있다.

이와 같이 건강한 교회 공동체와 복음 전도는 밀접한 관계를 가지고 있다. 그런데 복음의 생명력을 유지하고 활성화하기 위해서는 교회 공동체의 유기체적인 속성이 매우 중요하다. 교회 공동체가 유기체적인 속성을 잃어버리고 조직체로서 굳어지게 되면 복음의 생명력이 활성화될 수 없기 때문이다. 김한옥 교수는 유기체로서의 교회가 조직체로서의 교회에 앞서며 교회의 본질이 가시적인 교회를 통해 구현되지만 조직체가 도움을 줄 수도 있고 방해를 할 수 있다는 점을 분명히 한다.[28] 그런데 한국 교회가 유기체로서 교회와 조직체로서의 교회 사이에서 균형을 잃어버리고 제도적인 구조를 따르고 있기 때문에 여러 가지 문제에 봉착하게 되

27) 하도균, "교회 공동체성 회복을 통한 효과적인 복음전도에 관한 연구," 569-71.
28) 김한옥, "메타교회(Meta Church)에서 목회자의 역할 모델," 「신학과 실천」 30 (2012): 10-11.

었다고 진단하는 것이다.[29)]

바로 이것이 가나안 성도들이 한국 교회를 바라보는 주된 시각이고, 교회를 떠나게 만드는 원인 중의 하나이다. 가나안 성도들은 한국 교회가 지나치게 제도화되고 세속화 되는 것에 반발하여 교회 밖으로 나간 사람들이기 때문이다. 그렇기에 한국 교회가 제도적인 구조로 전형화 되는 것에서 벗어나 유기체로서의 본질을 회복해 나가며 복음의 생명력을 되찾는 일은 가나안 성도를 돌아오게 할 수 있는 통로가 될 뿐만 아니라 복음 전도를 활성화시킬 수 있는 토대가 되는 것이다.

그런데 가나안 성도들도 언제까지나 교회를 떠나 혼자 신앙생활을 지속할 수는 없다. 이미 설문 조사에서 밝혀졌듯이 가나안 성도들이 교회를 떠난 기간이 길어질수록 구원의 확신도 흔들리고, 보수적인 기독교 신앙에서 무신론적 성향으로 변화되어 가는 것을 볼 수 있다. 가나안 성도들이 교회를 출석하지 않아도 신앙을 유지할 수 있다고 생각하는 것과는 달리 교회를 떠나 신앙을 유지하는 것에 어려움을 겪고 있는 것이다. 영국의 포스트 에반젤리컬 운동가인 톰린슨도 때론 교회를 떠나야 할 때도 있지만 궁극적으로는 다른 사람들과 영적 여정을 함께 해야 된다는 사실을 강조한다.[30)] 그렇기에 가나안 성도들도 언젠가는 다시 공동체 안으로 돌아와 함께 신앙생활을 영위해 나가야만 하는 것이다.

그러나 가나안 성도들이 곧바로 교회로 돌아오지는 않을 것이

29) 김한옥, "전인적 영성훈련이 가능한 목회구조로의 전환에 대하여,"「신학과 선교」 37 (2010): 273-75.
30) Dave Tomlinson, 『불량 크리스천』, 59-60.

다. 가능한 빨리 교회로 돌아가고 싶다는 가나안 성도보다는 언젠가 교회로 돌아가고 싶다는 가나안 성도들이 더 많기 때문이다. 또한 교회로 돌아와야 한다는 권유에 가나안 성도들의 50% 이상이 부정적인 응답을 보이고 있기 때문이다. 그렇기에 가나안 성도들의 마음이 열리는 시간이 필요할 것이다. 또한 오해와 상처들이 치유되고 회복될 수 있는 시간과 계기가 필요할 것이다.

그런데 이렇게 가나안 성도들의 상처를 치유하고 마음을 열기 위해서 한국 교회가 뼈를 깎는 노력이 있어야 할 것이다. 가나안 성도들이 다시 교회 공동체로 돌아오기 위해서는 가나안 성도들의 우려와 아픔을 불식시킬 수 있도록 교회가 본질을 회복하고 건강한 공동체를 세워 나가는 노력이 있어야 하는 것이다. 이렇게 한국 교회가 유기체적인 속성을 회복하고 복음의 생명력을 되찾아 가나안 성도들이 교회 공동체에 참여 할 수 있는 계기를 마련하지 않는다면 가나안 성도들은 계속 교회 밖에 머물다 신앙을 잃고 방황할 수밖에 없게 될 것이다.

스미스는 교회 공동체가 회심의 중재자이며, 신앙은 공동체를 통해 자란다는 사실을 분명히 한다. 그는 많은 사람들이 생각하기를 먼저 회심이 일어나고 그 다음으로 회심한 사람들이 신앙 공동체에 참여한다고 생각하지만, 그러나 그 반대로 회심은 공동체를 통해서 일어날 수 있으며 회심이 일어날 수 있는 환경을 만드는 곳이 바로 신앙 공동체라고 이야기한다.[31] 또한 회심과 더불어 영적인 성숙도 하나님의 백성들과 삶을 공유하는 과정을 통해 열매를

31) Gordon T. Smith, 『온전한 회심: 그 7가지 얼굴』, 69-71.

맺을 수 있다고 주장하면서, 예배, 교육, 섬김을 통한 공동체적인 훈련의 중요성을 강조한다. 그렇기에 사람들이 예수 그리스도께로 나오는 모든 과정에서 교회는 관리자가 아니라 산파 역할을 해야 한다는 것을 강조한다.[32)]

스미스의 주장대로 1차적 복음전도의 목적인 회심과 2차적 복음전도의 목적인 신앙 성장이 일어나기 위해서 신앙 공동체의 역할은 매우 중요하다. 그런데 신앙 공동체를 통해 회심과 신앙 성숙이 일어나기 위해서는 교회가 관리자가 아닌 산파로서의 역할을 감당해야만 하는 것이다. 특별히 교회를 떠난 가나안 성도들이 다시 공동체로 돌아와 깊은 교제를 나눌 수 있도록 하기 위해서는 더욱 더 관리가 아닌 생명을 낳기 위한 희생과 수고가 있어야 하는 것이다.

그런데 오늘날 한국 교회가 유기체로서의 속성을 잃어버리고 조직체로 굳어지며 성도들을 관리하면서 가나안 성도들이 발생하고 있는 것이다. 그렇기에 한국 교회가 생명을 낳기 위한 희생과 수고를 감수하지 않는다면 더욱 많은 성도들이 가나안 성도가 되어 교회 밖을 떠돌 수밖에 없을 것이다. 뿐만 아니라 이러한 희생과 노력 없이 가나안 성도들이 교회로 돌아오는 것을 기대하는 것은 가나안 성도를 포기하겠다는 말과 같은 것이다.

따라서 가나안 성도들이 교회 공동체로 다시 돌아올 수 있는 계기를 마련하기 위해서는 첫 번째로 교회가 유기체적인 건강함을 회복하는 일이 전제되어야 할 것이며, 두 번째로는 사랑의 수고와 섬김을 통해 가나안 성도들에게 먼저 다가가는 일이 선행되어

32) 위의 책, 78.

야 할 것이다.

2) 가나안 성도를 위한 교회 공동체의 변화

그렇다면 교회를 떠난 가나안 성도들이 다시 교회로 돌아와 공동체에 참여하여 온전한 회심과 신앙성장을 이루게 하기 위해 교회 공동체는 어떻게 변화해야 될 것인가? 또한 어떠한 방법으로 가나안 성도들을 섬겨야 할 것인가? 한국 교회가 교회의 본질과 생명을 회복하고 유기체적인 건강함을 견지해 나가기 위해서 오늘날 새롭게 부각되고 있는 선교적 교회론을 살펴보고자 한다.

오늘날 서구 교회의 현실을 자각하고 교회 본질을 회복하기 위한 새로운 교회 운동이 등장했는데, 그것이 바로 선교적 교회론이다. 선교적 교회론의 사상적 토대를 제공한 레슬리 뉴비긴(Lesslie Newbigin)은 서구 사회가 새로운 선교지로 부상하고 있다는 사실을 발견하고 삼위일체적 관계 속에서 교회와 선교를 바라보는 새로운 관점을 제시했다. 이러한 뉴비긴의 선교 사상을 계승하여 발전시킨 '복음과 우리 문화 네트워크(Gospel and Our Culture Network)'의 알란 록스버러(Alan J. Roxburgh), 마이클 프로스트(Michael Frost), 앨런 허쉬(Alan Hirsch) 등은 선교적 교회론이 실제적인 사역과 삶의 현장에서 어떻게 실천될 수 있는지를 해석함으로써 선교적 교회론이 복음주의자들에게 대중적으로 파급될 수 있도록 만들었다.

한국일은 선교적 교회론의 특징을 다음의 5가지로 정리하고 있다.[33] 첫째는 지역 교회가 선교의 주체라는 정체성을 발견한 것인데, 그동안 지역 교회들은 선교 단체나 교단 선교부를 중심으로 해외로 선교사를 파송하는 것이 선교라고 이해하고 있었던 것이다. 둘째는 교회 중심의 선교에서 하나님의 선교로 선교 패러다임을 전환하는 것인데, 교회성장을 위한 실용주의적 접근을 버리고 어떤 상황에서도 일하시는 하나님으로부터 교회의 존재 회복과 선교적 책임을 확인하고자 하는 것이다. 셋째는 선교의 목표가 개인 구원과 교회 개척으로부터 하나님의 나라의 구현으로 확대되는 것인데, 그동안 개인의 영혼 구원과 교회 개척과 성장에 맞춰 축소되어 있던 복음이 하나님의 나라에 초점을 맞추며 온전하게 회복할 수 있게 되었던 것이다. 넷째는 그동안 세계를 지리적으로 양분하여 비서구 지역만을 선교 현장으로 인식했던 서구 사회도 이제는 선교의 현장으로 인식하게 된 것이고, 다섯째는 모든 그리스도인들이 선교사로 파송 받았다는 인식의 전환으로 인해 목회자와 평신도가 동등한 관계에서 하나님 나라를 위해 협력하도록 촉구한다는 것이다.

선교적 교회론은 서구 교회가 직면한 위기 상황 속에서 시작되었지만 교회의 선교적 본질을 확인하고 회복하려는 운동으로 전 세계에 확산되고 있다. 이와 같은 선교적 교회론 속에서 가나안 성도를 위해 교회가 회복해야 될 본질들을 찾아볼 수 있을 것이다.

33) 한국일, "한국적 상황에서 본 선교적 교회: 지역교회를 중심으로," 「선교와 신학」 30 (2012): 85-90.

첫 번째는 지역 교회가 선교적 주체가 되어 그 지역을 섬기는 모습에 있다. 선교적 교회론에서는 하나님께서 교회 안에서만 역사하시는 것이 아니라 세상을 품고 세상 속에서 일하고 계시다는 것을 분명히 한다. 따라서 지역 교회가 먼저 지역을 섬기며 선교적 사명을 감당해야 한다고 생각하는 것이다. 가나안 성도들은 한국 교회가 지역 사회에는 무관심하고 개 교회 성장에만 몰두하고 있다고 비판한다. 그렇기에 선교적 교회론이 추구하는 것처럼 지역 교회가 선교적 주체성을 회복하고 먼저 지역 사회를 섬기면서 나아갈 때 교회는 본질을 회복해 나가며 가나안 성도들이 돌아올 수 있는 계기를 마련할 수 있을 것이다.

둘째는 선교적 교회론이 추구하는 하나님 나라의 복음을 회복하는 모습이다. 가나안 성도들은 개인의 영혼 구원보다는 하나님 나라의 구현에 더 관심이 많다. 그렇기에 선교적 교회론이 추구하는 하나님 나라의 구현은 가나안 성도들의 영적인 욕구와 일치한다고 할 수 있다. 물론 하나님 나라의 구현이라는 복음의 내용은 개인의 영혼 구원의 복음을 포함하고 있다는 것을 전제로 해야 할 것이다. 그동안 개인의 영혼 구원에 치우친 나머지 하나님 나라의 구현을 놓치고 있었기 때문에 여러 가지 문제들이 발생했던 것이다. 그렇기에 개인의 영혼 구원을 통해 하나님 나라의 완성을 이루어 나갈 때 복음의 균형을 회복하고 교회의 본질을 되찾아 갈 수 있을 것이다.

셋째는 선교적 교회론이 요구하는 인식의 전환에 있다. 선교적 교회론에서는 특별한 사람들만 선교사로 파송되는 것이 아니라 모든 그리스도인들이 선교사로 파송 받았다는 인식의 전환을 요구한다. 이러한 인식의 전환은 목회자와 평신도의 보이지 않는 벽을 제거한다. 가나안 성도들은 교회 안에서 제도적 위계질서로 말미암아 소통의 어려움을 겪으며 교회를 빠져 나갔다. 그런데 목회자와 평신도가 동역자의 모습으로 설 수 있다면 가나안 성도들은 교회로 돌아와 주체적으로 신앙의 의미를 발견하고 성장해 나갈 수 있는 기반을 마련할 수 있을 것이다.

이렇게 선교적 교회론 안에서 한국 교회가 본질을 회복할 수 있는 근거를 찾아 나간다면 가나안 성도들은 교회에 대한 부정적인 생각을 제거하고 교회로 다시 돌아올 수 있는 계기를 마련할 수 있을 것이다. 그런데 이러한 개혁의 노력과 함께 가나안 성도들을 섬기를 수 있는 방법을 선교적 교회론의 전도 패러다임에서 찾아볼 수 있다.

선교적 교회론의 핵심 전도 패러다임은 '성육신적 선교'라고 할 수 있다. 프로스트와 허쉬는 선교적 교회의 성육신적 선교를 '그들에게 가라(Go-To-Them)'는 유형의 선교와 전도라고 이야기 하는데, 이러한 유형의 전도는 교회만의 용어로 된 교회 프로그램에 들어오라고 요청하는 대신 그리스도를 세상 가운데 드러내기 위해 사회 속으로 침투하려고 애쓴다는 것이다.[34] 브래드 브리스코(Brad Brisco) 역시 선교적 교회가 추구하는 성육신적 선교는 우리의 삶 깊은 곳으로 들어가는 것을 의미하며, 성육신적 선교의 중

34) 위의 글, 86-87.

심은 보내진 곳에 거하는 것이라고 이야기한다.[35]

또한 브리스코는 우리가 사는 곳에서 선교적 삶을 살기 위해서는 이웃 사랑과 환대의 중요성을 강조한다. 성서적 환대는 문자적으로 "낯선 사람에 대한 사랑"을 의미하며 대가를 줄 수 없는 사람까지 환대하는 것으로, 여기서 낯선 사람들이란 기본적 관계로부터 단절된 사람들이라는 것이다.[36] 그리고 성서적 환대의 핵심은 포함되고 있다는 동질감을 갖게 하는 것이라고 이야기하면서 오늘날 교회 생활에서 환대를 주고받는 능력을 잃어버리고 거절과 배제에 익숙해 버린 것에 대해 한탄한다.[37] 따라서 관계가 단절된 사람들을 환대함으로 동질감을 느낄 수 있도록 만드는 것이 성육신적인 선교의 삶을 사는 매우 유용한 방법임을 강조하는 것이다.

가나안 성도들은 교회에 실망하고 상처 받아 교회 밖으로 나간 사람들이다. 또한 가나안 성도들의 주체적이고 비판적인 모습 때문에 때론 교회에서 거절당하고 배제되어 교회를 떠나게 되기도 한다. 그렇기에 일방적으로 교회 안으로 들어오라고 하는 전도의 방법은 매우 비효율적일 수밖에 없는데, 그러한 사실이 이번 조사를 통해 확인되었다. 따라서 가나안 성도를 전도하기 위해서는 가나안 성도가 있는 교회 밖으로 나가야 하는 것이다.

이렇게 가나안 성도가 있는 곳으로 찾아가 선교적 교회론이 제시하는 환대와 사랑을 실천할 수 있다면 가나안 성도들의 마음을

35) Lance Ford, Brad Brisco, 『선교적 교회 탐구: "하나님의 선교"로 지속 가능한 교회 만들기』, 이후천, 황영배, 김신애 역(고양: 올리브나무, 2017), 139-40.
36) 위의 책, 139-40.
37) 위의 책, 137-43.

열 수 있을 것이다. 가나안 성도들이 교회를 떠나게 된 동기들이나 이유들을 충분히 공감하면서 관계를 형성해 나간다면 가나안 성도들은 상처로 닫힌 마음의 문을 조금씩 열어갈 수 있을 것이기 때문이다.[38] 환대의 핵심이 단절된 관계를 회복하고 동질감을 주고받는 것에 있기 때문에, 가나안 성도들이 교회와의 단절된 관계를 회복하고 동질감을 느낄 수 있도록 지속적이고 변함없이 섬김을 실천해 나간다면 가나안 성도들은 어느새 교회로 돌아와 있을 수 있다.

3) 가나안 성도를 위한 대안 공동체의 필요

이와 같이 교회 공동체가 변화를 추구하며 가나안 성도를 섬긴다고 하더라도 가나안 성도들이 곧바로 교회로 돌아오지는 않을 것이다. 따라서 교회 공동체가 변화되는 과정과 가나안 성도들이 이러한 변화를 인정하고 돌아오기까지 가나안 성도들을 위한 대안 공동체가 필요하다고 할 수 있다. 가나안 성도들이 교회 공동체의 돌봄과 섬김 없이 신앙을 유지하는 것에는 여러 가지 어려움이 따르기 때문이다. 그렇기에 가나안 성도들 위한 대안 공동체의 하나의 유형으로서 이머징 교회에 대해 살펴보고자 한다.

이머징 교회(emerging church)는[39] 20세기 후반 이후 포스트모

38) 마이클 그린(Michael Green)은 예수께서 모든 경우에 사람들의 상처와 결핍을 이해하고 치유와 회복의 말씀을 나누어 주셨는데 바로 그러한 것이 효과적인 복음 전도의 핵심이라고 이야기하고 있다. Michael Green, 『현대 전도학』, 264-67.

39) 짐 벨처(Jim Belcher)는 이머징 교회를 크게 연결주의자(Relevants), 재건주의자(Reconstructionists), 수정주의자(Revisionists)라는 세 그룹으로 나누고 있다. 연결주의자는 보수적인 신학을 표방하는 복음주의 계열로 예배 형식과 설교 기법, 그

던 문화와 더불어 새롭게 나타나는 교회들을 지칭하는 용어인데, '이머징'이라는 단어가 가진 "출현하는"이라는 의미처럼 새로운 존재 양식을 띠고 출현하는 교회를 일컫는 말이다.[40] 이머징 교회는 역사가 얼마 되지 않았을 뿐만 아니라 계속해서 발전하면서 다양한 방식으로 표현되기 때문에 한마디로 정의하기가 어렵다.

최동규 교수는 이머징 교회가 포스트모던의 등장과 깊은 관련이 있다고 이야기 하면서, 서구의 모더니티에 대한 반발로 일어난 포스트 모더니티의 산물이 이머징 교회라는 것이다.[41] 이머징 교회가 포스트모던 세대의 교회 운동이라는 것은 부모 세대의 전통 교회를 모더니즘의 산물로 바라보며 전통 교회에 반발하여 새로운 교회 운동을 일으키고 있기 때문이다. 그렇기에 때론 이머징 교회가 매우 자유주의적이고 해체주의적인 모습으로 나타나기도 한다.

이에 대해 보수적인 입장에서는 이머징 교회가 정통 복음주의에서 벗어나는 경향이 있다고 비판하기도 한다. 이머징 교회가 모더니즘과 포스트모더니즘을 지나치게 단절시켜 모더니즘은 무조건 버려야 할 것으로 여기고 포스트모더니즘만이 해답인 것처럼 여기

리고 교회 지도 체제를 쇄신하는데 목적이 있다. 재건주의자는 복음과 성경에 대해서는 정통적인 시각을 갖고 보지만 현재 교회 형식과 구조는 새롭게 개혁하려고 한다. 수정주의자는 복음주의의 핵심 교리에 거리낌 없이 의문을 제기하며 포스트모던 세계에 적합한지를 의심하며 개혁을 추구한다. 이와 같이 이머징 교회 운동의 스펙트럼은 다양하지만 수정주의자 그룹에 속한 이머전트 빌리지의 급진적인 운동이 가장 주목을 받기도 하고 여러 가지 비판을 받기도 한다. Jim Belcher, 『깊이 있는 교회 : 전통 교회와 이머징 교회를 뛰어넘는 제3의 길』, 전의우 역 (서울: 포이에마, 2011), 64-66.

40) 최동규, "이머징 교회와 그것의 한국적 전개 가능성에 대한 비판적 고찰," 「신학과 실천」 32 (2012): 77.

41) 위의 글, 84.

는 모습이 너무 시대정신과 일치한다는 것이다.[42] 이러한 비판과 우려에 직면하여 이머징 교회의 방향성을 점검할 필요가 있지만, 그럼에도 불구하고 이머징 교회가 이제 막 시작해서 발전을 해 나가는 과정에 있기 때문에 이머징 교회가 가지고 있는 가능성을 지켜 볼 필요가 있다는 시각들이 일반적이라고 할 수 있다.

이와 같이 이머징 교회가 기존의 교회와 다른 새로운 도전들을 추구하는 모습은 가나안 성도를 위한 대안 공동체로 주목을 받게 한다. 이머징 교회 역시 전통 교회에 항의하며 일어난 새로운 교회 운동이기 때문에 가나안 성도들이 기존 교회에 항의하는 내용과 일치하는 부분들이 많이 있기 때문이다. 양희송 대표는 이머징 교회 운동이 영국의 포스트 에반젤리칼 운동과 결을 같이 한다고 이야기 하면서 이머징 교회의 유형론은 가나안 성도 현상을 이해하는데 유용하다고 이야기한다.[43] 이머징 교회가 전통 교회와 다른 대표적인 모습 중의 하나는 예배와 모임을 위해 일정한 공간에 자리 잡은 교회 건물을 중요하게 생각하지 않는다는 것이다.[44] 이머징 교회는 교회 건물보다는 교제가 살아 있는 공동체를 중요하게 생각하기 때문이다. 따라서 교회를 제도적 질서체계로 규정하는 것을 꺼리고,[45] 자유로운 만남을 추구한다. 그렇기에 가정에서 모이거나 카페와 같은 곳에서 모이는 것이 일반화 되어 있고, 자유로운 모임 속에서 하나님과 지체들과의 진정한 만남을 추구한다.

42) 김선일, “21세기 한국의 상황에서 이머징 교회의 선교적 가능성,” 「복음과 선교」 14(2011): 107-08.
43) 양희송, 『가나안 성도, 교회 밖 신앙』, 47-50.
44) 최동규, “특집: 선교 2세기, 이머징 처치를 주목하라; 이머징 처치와 기독교대한성결교회의 미래,” 「활천」 641.4 (2007): 41
45) 위의 글.

이머징 교회의 이러한 모습들은 교회 모임보다는 일반적인 모임을 추구하고, 제도적 질서체계 보다는 자유로운 의사소통을 추구하는 가나안 성도들에게 매우 적합한 대안 공동체의 모델이 될 수 있을 것이다. 그래서 가나안 성도를 위한 모임이나 공동체는 이머징 교회와 많이 닮아 있고, 또한 이머징 교회를 추구하기도 한다.

이머징 교회가 가나안 성도들의 대안 공동체로서 좋은 모델이긴 하지만 기존 교회가 이머징 교회로 갱신되어야 하는 것은 아니다. 일부 이머징 교회의 좋은 특징들을 받아들일 수는 있겠지만 아직 실험적인 단계에 있는 이머징 교회를 그대로 받아들일 수는 없는 것이다. 그렇다면 기존 교회는 가나안 성도들이 돌아오기까지 기다려야만 하는가? 그럴 수는 없다. 그렇기 때문에 가나안 성도를 위한 이머징 교회와 같은 실험적인 모임을 만들어 볼 수 있기를 제안한다. 가나안 성도들이 교회와 상관없이 편안하게 모여 토론하고 신앙을 실험할 수 있는 공간을 마련해 주고 리더들을 세워 섬겨준다면 가나안 성도들을 전도할 수 있는 좋은 기회를 얻을 수 있을 것이다.

이런 모임 가운데 이머징 교회가 추구하는 선교와 전도의 모습에서 가나안 성도를 전도할 수 있는 방법들을 발견할 수 있다. 홍병수 교수는 이머징 교회의 선교와 전도의 특징을 세 가지로 정리하는데, 첫째는 원심력 전도방법이고, 둘째는 켈트식 전도방법이며, 셋째는 신뢰받는 본이 되는 삶으로의 변화라고 정리한다.[46] 이

46) 홍병수, 황병준, "한국교회 전도 패러다임 변화에 관한 연구," 「복음과 실천신학」 37 (2015): 180.

머징 교회가 강조하는 전도의 방식은 첫째, 밖으로 찾아가는 전도 방법이고, 둘째, 공동체를 만들고 공동체의 교제권 안에서 자신들이 믿고 있는 것을 발견하게 만드는 점진적인 방식이고, 셋째, 전도대상자를 대상으로 취급하는 것이 아니라 진정한 마음으로 섬기는 방법이라는 것이다.[47] 이머징 교회는 전도 대상자들이 있는 곳으로 찾아가 즉흥적인 복음 전도가 아닌 먼저 교제권을 형성하고 시간을 투자하면서 사랑으로 섬기는 삶으로 복음을 전하고자 하는 것이다. 이러한 방법은 가나안 성도들에게 매우 효율적인 전도의 방법이 될 수 있을 것이다. 가나안 성도를 전도한다고 했을 때 노방전도식의 일회적인 전도는 전혀 맞지 않는 방법이라 할 수 있기 때문이다. 이미 교회를 다녀보고 복음의 내용에 익숙한 가나안 성도들에게 한 두 번의 전도를 통해서 교회로 돌아올 것이란 기대는 오히려 가나안 성도를 전도하는데 장애가 될 수 있다. 또한 주체성으로 탐구의식이 강한 가나안 성도들에게 일회성으로 그치는 전도가 아니라 지속적인 만남 가운데 자연스럽게 복음을 발견할 수 있도록 도와야 할 것이다. 가나안 성도를 진정한 마음으로 섬기면서 진실한 관계를 맺어나갈 때 가나안 성도들은 교회로부터 외면 받고 버림받은 상처를 극복하고 기독교의 진리 안으로 깊숙이 들어올 수 있을 것이다.

이러한 지속적인 만남과 섬김을 위해서는 인내하고 기다리는 자세가 필요할 것이다. 가나안 성도들은 복음에 수용적이면서 동시에 비수용적이라고 할 수 있는데, 기독교인으로서의 정체성은 버

47) 위의 글, 180-81.

리지는 않았지만 교회에 출석하지 않음으로서 거부의 의사를 표현 하고 있기 때문이다. 그렇기에 시간의 여유를 가지고 기다리지 못한다면 가나안 성도를 영원히 잃어버릴 수 있을 것이다. 사실 전도에 있어서 가장 어려운 것이 시간을 가지고 기다리는 것이라 할 수 있다. 끝내 돌아오지 않을 수 있다는 두려움과 돌아오지 않는 모습에 실망감이 커질 수 있기 때문이다. 그러나 조급해하지 않고 기다려주는 모습 속에서 가나안 성도들은 자신들을 향한 진정한 사람을 깨달을 수 있을 것이다. 그리고 그 사랑이 가나안 성도들의 마음을 돌릴 수 있는 동기가 될 수 있을 것이다.

VI. 가나안 성도를 위한 효율적인 전도 전략

포스트모던 세대는 지극히 세속적이면서도 한편으로는 초자연적 영성을 추구한다. 진리를 인식하는 과정에서도 먼저 진리가 매력적인가를 묻고 그 진리가 자신의 삶을 더욱 풍성하고 조화롭게 하고 일상의 삶과 연관성을 지니고 있어 자신의 삶과 사회를 더 낫게 만드는지를 묻고 그 다음에 개념적인 차원에서 그것이 진리이라는 증거가 무엇인지를 묻는다는 것이다. 그래서 단순한 형식적 회심이 아닌 내면의 분명한 변화를 일으키는 회심에 관심이 많은 것도 포스트모던 세대의 강점이다.[48)]

가나안 성도들 안에서 나타나는 다양한 종교적인 특성은 오늘날 다원화된 포스트모더니즘 시대의 특징을 보여주는 것이라 할 수 있을 것이다. 이렇게 다원화된 포스트모더니즘 시대에 전도의 대상자를 신자와 불신자라는 이분법적으로 접근하는 것은 전도의 효율을 매우 떨어뜨리는 접근 방법이 아닐 수 없다. 오히려 포스트모더니즘 시대에는 전도 대상자의 다양한 특성을 세분화해서 전도가 이루어질 필요성이 제기된다고 할 수 있다. 따라서 가나안 성도에 대한 연구는 포스트모더니즘 시대에 전도를 활성화 시킬 수 있는

48) 안환균, 『변증의 달인』 (서울: 생명의 말씀사, 2005), 303.

매우 중요한 매개체가 될 수 있을 것으로 보인다.

따라서 본 장에서는 먼저 가나안 성도들을 위한 기본적인 전도의 원칙을 세우고 가나안 성도들의 교회 이탈과 종교 성향에서 나타나는 다양한 특징들을 가지고 효율적인 전도의 전략을 세워보고자 한다. 먼저 회심을 위한 전도의 전략을 위해 가나안 성도의 구원의 확신, 종교 성향, 이탈 기간에 따른 특징들을 매개로 전략을 세울 것이다. 그리고 신앙 성장을 위해서는 가나안 성도의 재출석 의사, 이탈 원인, 그리고 종교 성향을 매개로 전략을 세울 것이다.

이러한 전략을 통해 가나안 성도들의 교회 이탈을 막고 가나안 성도들이 다시 교회로 돌아올 수 있는 구체적인 대책들을 세울 수 있을 것이라 여겨진다. 더 나아가서는 가나안 성도들의 교회 이탈 현상뿐만이 아니라 한국 교회 내의 이탈 현상을 줄일 수 있는 하나의 계기를 마련할 수 있을 것이다. 또한 무종교인들에 대한 연구도 활성화 될 수 있을 것이라 여겨진다. 이러한 연구가 한국 교회의 가나안 성도들에 대한 이해도를 높이고 가나안 성도에 대한 연구가 더 활성화될 수 있는 계기가 되기를 바라며, 복음전도에 대한 동기 부여와 활성화에도 이바지 할 수 있기를 바란다.

1. 가나안 성도를 위한 전도 원칙

효율적인 복음 전도를 위해서는 먼저 전도의 원칙을 세우는 일이 중요하다. 이미 언급한 바와 같이 선교적 교회론과 이머징 교회 운동 안에서 가나안 성도 현상을 통해 드러난 한국 교회의 문제점을 해결 할 수 있는 대안들을 발견할 수 있었다. 그렇기에 선교적 교회론과 이머징 교회 운동이 지향하는 전도의 패러다임을 통해 가나안 성도를 위한 전도의 원칙들을 이끌어 내고자 한다. 첫째는 전도의 패턴으로 나가는 전도를 통해 끌어오는 전도로 연결시켜야 한다는 것이다. 둘째는 주체적 탐구를 통해 명제적 복음 제시로 이어질 수 있어야 하며, 셋째는 십자가의 복음이 하나님 나라의 복음으로 확대되어 균형 있게 전해져야 한다는 것이다. 이러한 전도의 원칙은 한 가지 전도의 방법을 고집하는 것이 아니라 가나안 성도들의 특성에 맞게 다각적으로 활용되어야 하며, 한쪽으로 치우쳐져 있는 전도의 방법을 균형 있게 실천하는 것을 목표로 한다.

1) 전도의 패턴: 나가는 전도를 통한 끌어오는 전도

선교적 교회론과 이머징 교회 운동의 전도 패러다임에서 가장 강조되는 것은 교회 밖으로 나가자는 것이다. 전도해야 될 영혼들이 있는 세상 속으로 들어가서 삶의 현장에서 그들과 함께 지내면서 복음을 삶으로서 증거 해야 된다는 것이다. 이것이 예수님께서 보이신 전도의 방법으로서 오늘날 교회가 회복해야 될 전도의 모습이라고 강조한다.

선교적 교회론과 이머징 교회 운동이 이러한 성육신적 전도의 방법을 강조하는 것은 전통 교회들이 전도에 실패하는 이유가 바로 끌어들이려고만 하기 때문이라는 것이다. 전통 교회는 불신자들을 초대하면서 교회의 문화를 수용하고 교회가 인정할 수 있는 방식으로 살아가기를 강요한다는 것이다. 이렇게 자신들과 동일한 모습으로 찾아올 때 그들을 인정하고 교제를 나눈다는 것이다. 그러나 선교적 교회론과 이머징 교회 운동은 먼저 전도의 대상자들을 찾아가 그들의 언어와 문화로 교제를 나누면서 기독교의 진리를 알아갈 수 있도록 해 주어야 한다고 이야기 한다. 먼저 교제를 나누면서 자신들의 삶 속에서 복음의 진리를 발견할 수 있도록 섬기는 것이다.

존 피니(John Finney)는 로마식 전도 방법과 켈트식 전도 방법을 비교하면서, 로마식 전도 방법은 먼저 복음을 증거하고 복음을 받아들이기로 결심하면 그 다음에 교제가 이루어지는 반면, 켈트식 전도 방법은 먼저 교제를 나누고 사역과 대화를 통해 복음을 발견하고 믿을 수 있도록 섬기는 과정에서 그들도 믿고 있다는 것을 발견할 때 그들에게 헌신할 것을 요청한다는 것이다.[49] 이러한 켈트식 전도 방법이 이머징 교회 운동에서 추구하는 전도의 방식이다.

가나안 성도들은 교회에 실망하고 교회로부터 상처를 받고 교회 밖으로 나간 사람들이다. 기존의 성도들과 다른 생각과 다른 모습들 때문에 상처를 받다가 교회를 떠나게 되는 것이다. 무엇보다 가나안 성도들은 현실의 삶 속에서 신앙이 어떻게 구현되어야 하는지에 대해 관심이 많다. 그런데 일방적으로 교회로 다시 돌아오라

49) George Hunter III, 『켈트 전도법』, 80-81.

고 하는 전도는 그들의 생각과 모습이 잘못되었으니 그것을 버리고 돌아오라는 요구가 되는 것이다. 따라서 가나안 성도를 전도하기 위해서는 먼저 가나안 성도가 있는 삶의 현장으로 나아가서 그들의 고민과 그들의 생각을 이해해주고 함께 나누면서 삶 속에서 신앙이 어떻게 표현될 수 있는지를 함께 찾아가는 모습이 선행되어야 할 것이다. 그러나 이렇게 밖으로 나가는 전도는 끌어오는 전도로 연결되어야 한다.

벨처는 전통 교회와 이머징 교회의 전도를 통합하는 방법으로 투 트랙(two-track) 전략을 제시한다. 예수님께서는 사람들을 공동체로 초대하시길 좋아하셨으나 초대 받은 사람들이 진정으로 그분을 따르는지 점검하셨던 것처럼, 바깥 집단(outer circle)에서 많은 사람들을 초청해야 하지만 안쪽 집단(inner circle)으로 들어와서 더욱 그리스도께 헌신할 수 있도록 세워 나가야 한다고 이야기한다.[50] 즉, 밖으로 나가 많은 사람들과 관계를 맺고 그들의 삶에 스며들어야 하겠지만 또한 그들이 더 깊이 예수 그리스도께 헌신할 수 있도록 예수 그리스도 앞으로 끌어 들어야 한다는 것이다.

브리스코 역시 선교적 교회론의 성육신적인 선교와 끌어 들이는 방식의 선교가 무조건 대립되는 것이 아니라 두 가지가 다 공존하는 것인데 단지 어느 쪽에 중점을 둘 것인가의 문제라고 이야기한다.[51] 한편에는 끌어 들이는 방식이 강조되는 것이라면 반대편에

50) Jim Belcher, 『깊이 있는 교회 : 전통 교회와 이머징 교회를 뛰어넘는 제3의 길』, 140-45.
51) Lance Ford, Brad Brisco, 『선교적 교회 탐구: "하나님의 선교"로 지속 가능한 교회 만들기』, 44.

는 성육신적 선교가 강조되는 것으로 그 사이에 대그룹 모임, 전도 행사, 가정모임, 선교공동체, 동호회 활동, 선교 활동 참여라는 활동들을 통해 선교와 전도가 이루어진다는 것이다.[52]

따라서 가나안 성도를 전도하기 위해서 먼저 그들이 있는 삶의 현장으로 나가야 하겠지만 이러한 나가는 전도는 가나안 성도들이 복음의 진리를 깨닫고 예수 그리스도께 더욱 깊이 헌신할 수 있도록 교회 공동체 안으로 끌어들이는 전도로 이어져야 할 것이다. 가나안 성도들이 여러 가지 이유에서 교회 밖으로 나가게 되었지만, 그리고 일시적으로 교회 밖에서 신앙생활을 영위하고 있지만, 궁극적으로는 교회 안으로 들어와 공동체의 도움을 받아 신앙이 성장해야 하고 공동체를 섬기면서 신앙이 성장해야 하는 것이다. 그렇기 때문에 가나안 성도들에게 교회로 돌아오라고 하기보다 먼저 가나안 성도들이 있는 교회 밖으로 나가 그들을 만나고 섬기면서 교제를 나누어야 할 것이며, 그 이후 시간을 갖고 가나안 성도들이 다시 교회로 돌아와 함께 신앙생활을 할 수 있도록 도와야 하는 것이다.

2) 전도의 방법: 주체적 탐구를 통한 명제적 복음 제시

전통적으로 교회는 명제적인 복음의 메시지를 논리적이고 이성적으로 전달하고자 하였다. 김선일 교수는 과학과 이성의 시대의

52) 위의 책, 34-35.

사람들은 증명된 진리를 원했기 때문에 명제적 전도 방법이 효과적이었다는 것이다. 그러나 거대 담론이 해체되는 포스트모던의 시대에는 '원리'나 '법칙'이 아닌 '하나님과의 인격적 관계'에 대한 질문으로 바뀌어야 한다고 이야기한다.[53] 모더니즘 시대는 이성적이고 논리적인 것이 우선이었다. 그래서 가장 기초적인 복음의 원리들을 논리적으로 심플하게 구성한 사영리나 전도 폭발의 복음 제시 방법이 인기를 끌었고 성공적인 결과를 가져왔다.

그러나 포스트모던 시대에는 느끼고 경험하는 것을 추구한다. 그렇기 때문에 복음의 원리를 제시하고 결단을 요구하는 기존의 전도 방식은 매우 강압적이라고 느끼는 것이다. 가나안 성도들이 교회를 떠나는데 영향을 끼친 교회적인 요인들 중에 전도와 선교를 강요하는 분위기를 1순위로 선택하였다. 이 항목에는 구원의 확신을 점검하는 것이 포함되어 있었다. 그렇기에 가나안 성도들에게 기존의 방법대로 복음을 제시할 때 거부감을 느낄 수 있다. 또한 신앙의 주체성이 강하기 때문에 스스로 고민하고 탐구하면서 직접 느끼고 경험할 수 있기를 원한다. 따라서 일방적으로 복음을 전하는 것보다는 그들의 생각의 지평을 넓힐 수 있는 대화와 질문이 더욱 유용할 것이다.

윌 메거츠(Will Metzger)는 복음 전도의 과정에서 두 부류의 청취자를 비교하며 잘못된 청취자는 지나친 반응을 보이며 성급한 판단을 내리고 상대방의 말을 중단시키고 감정적인 말을 내뱉거나 그런 상황을 만드는 반면, 훌륭한 청취자는 간단한 의사표현과

53) 김선일, 『전도의 유산: 오래된 복음』 (서울: SFC 출판사, 2014), 253.

적절한 반응으로 지속적인 관심을 표현하며 이성적으로 듣고 평가하되 판단은 중지하고 감정적인 반응을 자제하고 상대의 말을 가로막지 않는다는 것이다.[54] 또한 훌륭한 청취자의 경우 상대방이 사용하는 단어보다 중요한 핵심이 무엇인지를 파악하려고 노력하면서 적절한 질문을 던져야 하며, 어려운 생각이나 문제를 언급하는 것을 적극적으로 수용하고 상대방의 대화의 내용을 생각하면서 조언을 요청할 경우에만 성경의 원리들을 제시한다는 것이다.[55]

가나안 성도와의 대화에서 무엇보다 이러한 자세가 필요할 것이다. 가나안 성도들 중에는 종교 다원주의적인 성향을 가진 사람들도 있고, 무신론적인 성향을 가진 사람들도 있다. 그러나 그들의 생각과 주장이 틀렸다고 부인하기 보다는 먼저 충분히 들어줄 필요가 있을 것이다. 인격적이고 진정성 있는 대화가 가나안 성도들의 마음과 귀를 열어 줄 수 있을 것이기 때문이다. 또한 이러한 대화에서 중요한 것은 신뢰와 우정을 쌓아가는 과정이다. 진실한 대화를 통해 영적인 우정을 쌓아 나가다 보면 신뢰를 얻어 복음을 전할 수 있는 기회를 얻을 수 있기 때문이다.

가나안 성도들이 복음의 진리들을 찾을 수 있도록 돕기 위해서 적절한 질문들이 필요할 것이다. 이러한 질문들은 가나안 성도들의 호기심을 자극할 수 있어야 한다. 구태의연한 대답보다는 계속해서 고민하면서 스스로 대답할 수 있도록 다시 질문하는 것이 좋다. 예수님께서는 183개의 질문을 받으셨지만 그 중에 3개만 대답

54) Will Metzger, 『양보 없는 전도』, 조계광 역 (서울: 생명의 말씀사, 2005), 296.
55) 위의 책.

하셨고 307개의 질문을 되 물으셨다.[56] 그렇기에 해답을 주기 위해 성급히 대답하는 것보다는 또 다른 질문을 통해 핵심에 이를 수 있도록 돕는 것이 유용할 것이다.

이러한 과정을 통해 가나안 성도들이 복음의 진리들을 발견해 나갈 때 마지막 단계에서는 명제적으로 복음의 핵심을 전해 줄 필요가 있다. 진리는 명제적이기 때문에 명제적인 과정이 필요한 것이다. 그렇기에 진리를 탐구하는 과정은 반드시 명제적 진리를 확인하는 과정으로 나아가야 할 것이며, 주관적인 진리가 아닌 객관적인 진리로서 복음을 받아들일 수 있도록 도와야 할 것이다.

노만 가이슬러(Norman Geisler)와 데이비드 가이슬러(David Geisler)는 마음을 여는 전도 대화법 4가지 유형을 소개하는데, 첫 번째는 듣기 대화(Hearing Conversations)로 전도 대상자의 말을 더욱 주의 깊게 듣고 그 안에서 잘못된 부분을 구별해 내는 것이고, 두 번째는 조명하기 대화(Illuminating Conversation)로서 질문을 사용하여 전도 대상자가 참된 진리 가운데서 자신의 모습을 볼 수 있도록 도와야 하며, 세 번째는 드러내기 대화(Uncovering Conversation)로서 복음을 받아들이지 못하도록 하는 걸림돌이 무엇인지를 찾아내야 하며, 마지막 네 번째는 다리 놓기 대화(Building Conversation)로 복음으로 이어주는 다리를 놓아야 한다는 것이다.[57] 이와 같이 가나안 성도가 탐구식 대화와 질문들을 통해 진리를 발견해 나가는 과정에서 마지막에는 반드시 복음의 진리를 명

56) Don Everts, Doug Schaupp, 『포스트모던 보이 교회로 돌아오다』, 80.
57) Norman & David Geisler, 『마음을 여는 전도 대화』, 김문수, 정미아 역 (서울: 순출판사, 2011), 42-43.

확하게 정리할 수 있도록 도와야 하는 것이다.

그러나 이렇게 명제적으로 복음을 제시하는 과정에서 주의할 것이 있다. 그것은 단 한 번의 결단으로 구원의 확신을 가지게 되리라는 기대이다. 그리고 단 한 번의 결단으로 구원의 확신을 갖게 해야 된다는 강박감도 피해야 할 것이다. 영국의 한 연구에서 최근 몇 년 사이에 신앙을 갖게 된 500명을 대상으로 조사한 결과 대부분의 사람들이 점진적인 과정을 거쳐 하나님을 발견하였고, 그 시간은 평균 약 4년이었다는 것이다.[58)]

이미 언급한 바와 같이 가나안 성도는 점진적인 전도의 대상으로 보아야 한다. 구원의 확신을 가진 사람들부터 구원의 확신이 없는 사람들까지 포함되어 있으며, 보수적인 기독교 신앙부터 무신론적 신앙까지 신앙의 성장 단계도 각기 다르기 때문이다. 그렇기 때문에 시간을 가지고 대화하면서 가나안 성도들이 복음의 진리를 발견하고 자신의 것으로 만들 수 있도록 섬겨야 할 것이다. 피스는 사건 중심의 전도는 상당히 제한된 활동에 국한될 수밖에 없지만, 과정 전도는 영적 순례에서 부딪치는 다양한 문제마다 복음을 표출할 수 있는 새로운 길을 창출할 수 있는 잠재력을 가지고 있으며, 전도 대상자들에 대한 이해 정도에 따라 다양한 전도의 방법들을 활용할 수 있기 때문에 과정 전도는 더욱 능력 있게 나타난다고 이야기한다.[59)]

가나안 성도들 중에는 스스로 고민하고 진리를 찾아가다가 오히

58) William J. Abraham, "전도신학: 전도의 핵심," 김남식 역『선교적 교회를 위한 복음전도 원리』(서울: 도서출판 광림, 2016), 47-48.
59) Richard Peace, "복음전도와 회심," 194.

려 종교 다원주의 사상이나 무신론적 사상에 많이 빠지는 경우도 많다. 그렇기 때문에 가나안 성도들이 혼자 탐구하도록 내버려 두는 것이 아니라 방향을 제시해 줄 수 있는 전도자들이 필요한 것이다. 또한 가나안 성도들 중에는 신앙의 고민과 탐구를 멈춘 경우도 많기 때문에 가나안 성도들이 복음의 진리를 발견할 수 있도록 도전을 주는 과정도 필요한 것이다. 이렇게 가나안 성도들이 기독교의 진리를 발견해 나갈 수 있도록 지속적으로 섬기는 과정 속에서 가나안 성도들의 진정한 회심을 경험하고 교회 공동체와 함께 성장할 수 있는 기회를 갖게 될 것이다.

3) 전도의 내용: 십자가 복음을 통한 하나님 나라의 복음

기존의 전도 방법들은 우리가 어떻게 하면 죄를 용서받아 천국에 갈 수 있는지를 주로 전하는 것이었다. 예수 그리스도의 십자가를 통해 우리의 죄를 씻어 주신다는 것을 믿어야 한다는 것이 복음의 핵심 내용이었던 것이다. 그러나 이러한 십자가의 복음은 하나님 나라의 복음으로 연결되어야 한다. 예수님께서는 공생애를 시작하시면서 "회개하라 천국이 가까웠다(마 4:17)"고 전도하셨다. 예수님께서 전하신 복음의 내용은 천국, 하나님 나라였던 것이다. 그런데 제자들이 케리그마, 십자가의 복음을 강조한 이유는 십자가의 복음을 통해서 하나님 나라에 들어갈 수 있기 때문이었다.

예수님의 주된 메시지는 하나님의 나라, 하나님의 통치가 가까이 있다는 것이었고, 하나님의 통치를 통해 세상의 일들을 바로잡고, 사람들과 세상이 원래 하나님이 창조하셨던 모습으로 되돌아가야 한다고 외치신 것이다. 그러므로 예수님은 이 세상에서 그리스도인이 어떻게 살아가야 하는지, 하나님의 통치를 이루어 가야 하는지에 대해 많이 말씀하셨다. 이렇게 예수님은 하나님 나라를 강조하셨는데, 이런 예수님의 천국 복음은 사도들에 의해 천국을 누릴 수 있는 예수님의 십자가와 부활의 메시지에 초점을 맞춰 전해지게 되었던 것이다. 그리고 이러한 경향은 오늘날까지 이어지며 전도자들이 십자가와 부활은 강조하였지만 하나님 나라는 죽어서 가는 나라로 축소하는 경향이 있었던 것이다. 그러나 예수님의 십자가와 부활의 복음은 예수님의 하나님 나라 선포의 성취라는 개념에서 이해되어져야 하며, 그럴 때 복음전도는 하나님 나라와 연결되어 더욱 강력하게 선포되어질 수 있는 것이다.[60]

하나님 나라의 지배와 통치 안으로 들어가기 위해서는 한 개인이 예수님의 십자가의 공로를 의지하여 죄사함을 받아 의롭다하심을 얻어야 한다. 이렇게 칭의의 구원을 통해 하나님 나라에 들어가게 된 개인은 성화의 과정인 신앙 성숙을 통해 하나님 나라를 지속적으로 누려가며 미래에 완성될 하나님 나라를 준비하게 되는 것이다. 칭의의 은혜로 하나님의 자녀가 되었지만 죄로 인해 타락한 인간이 완전히 회복되는 것은 아니기 때문에 성화의 과정을 통해 온전히 회복되어야 하는데, 바로 이것이 이 땅에서 하나님 나라를

60) 하도균, "'하나님 나라'복음에서 발견하는 효율적인 전도전략," 『변화하는 시대를 위한 전략적 복음 전도』 (서울: 성광문화사, 2018), 66-67.

누리는 삶이 되는 것이다. 이렇게 하나님 나라의 복음은 십자가의 복음과 밀접하게 연결되어 있는 것이다.[61]

이와 같이 십자가의 복음은 하나님 나라의 복음과 연결되어 선포될 때 더 완전하고 강력하게 전해질 수 있는 것이다. 그런데 그동안 복음 전도는 십자가의 복음에만 초점을 맞춰 전해지면서 한 개인의 영혼 구원만을 강조하게 되었던 것이다. 그러나 이제는 십자가의 복음과 하나님 나라의 복음이 균형 있게 선포되면서 영혼 구원을 통해 하나님 나라의 완성이라는 비전을 이루어 가야 하는 것이다.

오늘날 포스트모던 세대와 가나안 성도들은 현재의 삶에 매우 관심이 많다. 그렇기에 가나안 성도는 하나님 나라의 복음에 관심이 많았던 것이다. 따라서 가나안 성도를 위한 복음 전도에서는 더욱 더 십자가의 복음과 하나님 나라의 복음이 균형 있게 전해져야 할 것이다. 미래에 완성될 하나님 나라를 준비하기 위해 현재적 하나님 나라를 이뤄가는 삶을 강조하는 것이 더 효율적인 전도의 방법이 될 수 있는 것이다.

앨런 카피지(Allan Coppedge)는 현대 기독교 교회의 구원에 대한 두 가지 이해를 설명한다. 먼저 좁은 의미의 구원은 예수님과의 관계를 강조하며 하나님 앞에 법적으로 나아가기 위한 죄의 용서와 그 다음 단계인 천국을 바라보는, 초기의 구원과 천국을 강조한다는 것이다.[62]

61) 위의 책, 69-77.

62) Allan Coppedge, "복음전도와 제자도," 홍성철 편, 『전도학』 (서울: 세복, 2006), 212.

그런데 넓은 의미의 구원은 구원 받은 사람의 생애에서 일어나는 하나님의 모든 역사를 포함시키는데, 용서와 삶의 변화를 시작으로 지속적인 성장과 개발의 삶을 포함한다는 것이다.[63] 그리고 예수님께서는 이러한 넓은 의미의 구원을 이루시기 위해 삼위의 하나님께 나아오는 사람들에게 새로운 삶을 시작하게 하시고, 하나님의 통치 아래에서 하나님과 사람들 사이의 죄의 장벽을 제거하고, 인생의 목적과 의미를 찾게 하며, 하나님이 창조하신 본래의 목적대로 사람들을 온전하게 회복시키시며, 악의 세력으로부터 우리를 자유케 하신다는 것이다.[64]

이러한 두 가지의 구원에 대한 이해가 균형 있게 전해져야 할 것이다. 가나안 성도들에게 기독교 신앙이라는 것이 단지 죄의 용서와 내세에서의 천국의 삶을 사는 것만이 아니라 하나님과의 관계를 회복하고 삶의 의미와 목적을 찾아 하나님이 창조하신 본래의 목적대로 살아가는 것임을 가르쳐 주어야 하는 것이다. 그리하여 십자가의 복음을 하나님 나라의 복음과 연결시켜 개인의 신앙이 성장해 감에 따라 신앙 공동체 안에서도 영향력을 끼칠 수 있으며, 세상 속에서도 그리스도의 향기를 드러낼 수 있도록 도와야 할 것이다.

63) 위의 책.
64) 위의 책, 216-18.

2. 가나안 성도의 회심을 위한 전도 전략

가나안 성도의 진정한 회심을 위해 고려해야 할 가나안 성도의 특성은 구원의 확신 유무와 구원관, 그리고 종교 성향일 것이다. 구원의 확신은 회심의 결과라고 할 수 있으며, 구원관은 회심에 대한 이해라고 할 수 있고, 종교 성향은 회심의 과정과 연결될 수 있을 것이기 때문이다. 또한 이탈 기간에 따라 구원의 확신과 구원관, 종교 성향이 달라지기 때문에 이러한 특성들에 고려하여 가나안 성도를 위한 효율적인 회심 전략을 세워볼 수 있을 것이다.

1) 구원의 확신 유무에 따른 3단계 회심 전략

가나안 성도의 회심을 위한 전도 전략을 세우기 위해 첫 번째로 살펴볼 가나안 성도의 특성은 구원의 확신 유무이다. 이번 조사에서 밝혀진 것처럼 가나안 성도의 36.7%가 구원의 확신을 가지고 있었고, 63.3%의 가나안 성도는 구원의 확신이 불확실하거나 구원의 확신이 없었다. 그렇기에 가나안 성도의 구원의 확신 유무에 따라 단계를 나누어 온전한 회심에 이를 수 있도록 도와야 할 것이다. 구원의 확신이 불확실하거나 구원의 확신이 없는 가나안 성도 뿐만 아니라 구원의 확신이 있는 가나안 성도 역시 온전한 회심을 위해 도와야 할 부분이 있다. 왜냐하면 회심의 결과로서 구원의 확신을 얻을 수 있지만 구원의 확신이 회심의 전부는 아니기 때문이다.

구원의 확신을 가진 사람이 온전한 회심에 가장 가까이에 있는 사람이라면, 구원의 확신이 불분명한 사람은 중간에 위치하고, 구원의 확신이 없는 사람은 가장 바깥쪽에 위치해 있는 것으로 볼 수 있다. 그렇기에 구원의 확신이 없는 경우를 1단계로, 구원의 확신이 불명확한 경우는 2단계로, 구원의 확신이 있는 경우는 3단계로 구분하여 각각의 단계에 맞춰 온전한 회심에 이를 수 있도록 전략을 세우고자 한다. 또한 이러한 과정은 구원의 확신이 없는 1단계에서 구원의 확신을 얻는 3단계까지 하나의 과정으로 놓고 마지막 3단계에 도달할 수 있도록 돕는 것이 되어야 할 것이다. 그런데 구원의 확신이라는 특성을 통해 가나안 성도의 회심을 위한 전략을 세우는 것은 사영리나 전도폭발에서 말하는 구원의 확신 점검과는 다른 것이다. 진정한 삶의 변화를 가져오는 온전한 회심을 목적으로 앞에서 제시한 3가지 전도 원칙을 가지고 섬기는 것을 말하는 것이다.

가나안 성도들이 구원의 확신을 얻게 되는 3단계에 이를 수 있도록 돕기 위해서 가나안 성도들의 구원관을 함께 살펴보면 좋을 것이다. 구원의 의미에 대한 명확한 이해가 없다면 온전한 회심에 이를 수 없기 때문이다. 가나안 성도들이 생각하는 구원의 의미에 대해 질문했을 때, 60%이상이 예수 믿고 천국 가는 것을 구원의 의미로 이해하고 있었다. 그러나 삶의 문제를 해결 받는다거나 영적인 체험을 하는 것으로 이해하고 있는 사람들도 30% 가까이 되었으며, 구원의 의미를 잘 모르겠다는 사람들도 10%나 되었다. 이와 같이 구원의 의미에 대한 혼란을 가지고 있기 때문에 구원의 확신을 가지기는 어려운 것이다.

구원의 확신 유무와 구원의 의미를 교차 분석했을 때, 구원의 확신이 없는 1단계의 가나안 성도들은 25%가 구원의 의미를 잘 모르겠다는 응답이 가장 높았다. 구원의 확신이 분명한 3단계 가나안 성도들은 구원의 의미를 잘 모르겠다는 응답이 하나도 없었을 뿐만 아니라 82.9%가 예수 믿고 천국 가는 것이 구원의 의미라는 것을 명확히 알고 있었던 것이다. 그러나 구원의 확신이 없는 1단계 가나안 성도들은 구원의 의미를 예수 믿는 것에서부터 잘 모르겠다는 응답까지 빠짐없이 응답하고 있으며 모르겠다는 응답도 매우 높다. 따라서 1단계에 있는 가나안 성도들은 구원의 의미를 매우 혼동하고 있다고 할 수 있다. 그렇기에 1단계 가나안 성도들에게는 구원의 의미가 무엇인지를 명확하게 알게 해 주는 최우선적인 일이 될 것이다. 구원이라는 것이 무엇인지 명확하게 해주고, 기독교적인 구원의 의미를 깨달을 수 있도록 도와야 할 것이다.

구원의 확신이 불명확한 2단계에 있는 가나안 성도들은 구원의 의미를 잘 모른다는 응답이 9.1%였고, 삶의 문제를 해결 받는 것이라고 응답한 비율도 24.4%나 되었다. 따라서 2단계에 있는 가나안 성도들도 구원의 의미를 혼동하고 있다고 볼 수 있는데, 삶의 문제를 해결 받는 것이라는 생각을 많이 하고 있는 것이다. 그렇기에 2단계 가나안 성도들에게도 구원의 의미를 명확하게 해줄 필요가 있는데, 삶의 문제와 관련해서 구원의 의미를 알아갈 수 있도록 돕는 것이 좋을 것이다. 그리고 구원의 의미가 예수 믿고 천국 가는 것이라는 응답도 60% 가까이 되었지만 구원의 확신이 불명확한 것은 구원의 확신을 얻을 수 있는 체험이 적었기 때문이라고 할 수 있다. 물론 구원의 확신의 근거는 말씀에 있다. 그러나 온전한 회심은 단지 의지적인 결단이나 감정적인 체험을 포함하여 삶의 변화까지 이루어야 한다. 그렇기에 단지 지적인 복음 제시가 아니라 삶의 변화를 가져오는 온전한 회심을 삶의 현장에서 경험하도록 도와야 할 것이다.

마지막 구원의 확신을 가지고 있는 3단계의 가나안 성도들에게는 구원의 의미를 확대해 주는 것이 필요할 것이다. 앞에서 이미 언급한 바와 같이 십자가의 복음이 하나님 나라의 복음으로 확대되어야 하는 것이다. 구원이라는 것이 예수 믿고 죄를 용서 받아 천국 가는 것만이 아니라 이 땅에서도 하나님 나라가 이루어지도록 살아가면서 현재의 삶 속에서 천국을 누릴 수 있도록 도와야 하는 것이다. 현재의 삶 속에서 천국을 누린다는 것은 결국 삶의 변화를 통해 그리스도의 영향력을 끼쳐 가는 것을 의미하는 것이다. 따라서 3단계의 가나안 성도들에게는 삶의 변화를 더욱 강조해 주어야 할 것이다.

물론 3단계에서만 이러한 내용이 강조될 필요는 없을 것이다. 1단계에서부터 구원이라는 것이 예수를 믿고 천국 가는 것이라는 기본적인 이해와 함께 하나님의 통치를 이루어가는 것이라는 사실을 명확하게 할 필요가 있는 것이다. 또한 구원의 확신을 가지는 것에서 끝나는 것이 아니라 이것이 신앙 성숙의 과정인 제자도와 어떻게 연결되는지를 이해할 수 있도록 도와야 할 것이다. 구원이 단지 예수 믿고 천국 가는 것이 되어 버린다면 1차적인 복음 전도에서 끝날 수밖에 없기 때문이다. 가나안 성도들은 신앙이 현재적이어야 한다고 생각한다. 그렇기에 예수 믿고 천국 가는 미래적인 신앙이 어떻게 현재적인 신앙과 연결될 수 있는지 하나님 나라의 복음과 제자도를 통해 이해할 수 있도록 도와야 할 것이다. 이렇게 구원에 대한 본질적이고 폭넓은 이해를 가지게 될 때 가나안 성도들이 온전한 회심에 이를 수 있도록 도울 수 있을 것이다.

2) 종교 성향에 따른 4단계 회심 전략

가나안 성도의 회심을 위한 전략을 세우기 위해 고려해 볼 수 있는 두 번째 특성은 가나안 성도의 종교 성향이다. 가나안 성도들의 구원관은 종교 성향과 밀접하게 연결되어 있었기 때문이다. 보수적인 기독교 신앙을 가진 가나안 성도 중에는 구원의 확신을 가진 비율이 58.5%나 되었다. 그러나 종교 다원주의 신앙이나 유신론적 신앙을 가진 가나안 성도는 구원의 확신을 가진 비율이 10%밖에 되지 않았다. 대신 구원의 확신이 뚜렷하지 않은 비율이 각각 71.3%, 54.0%나 되었다. 그리고 무신론적인 신앙을 가진 가나안 성도는 구원의 확신을 가진 사람은 전혀 없었고, 구원의 확신이 없다는 비율이 53.8%나 된다.

또한 종교 성향별로 구원관을 살펴보면 보수적인 기독교 신앙을 가진 가나안 성도는 예수 믿는 것과 죄를 용서 받고 천국 가는 것이 구원의 의미라고 생각하는 비율이 매우 높은 반면, 종교 다원주의적 신앙은 죄를 용서 받고 천국 가는 것과 삶의 문제를 해결 하는 것이 구원이라고 생각하는 비율이 높게 나타났다. 또한 일반 유신론적 신앙이나 무신론적 신앙은 구원의 의미를 잘 모르겠다는 비율이 높아진다. 이와 같이 가나안 성도의 종교 성향은 가나안 성도의 구원의 확신과 구원관과 밀접하게 연관이 되어 있기 때문에 종교 성향의 특징에 따라 가나안 성도들의 회심을 위한 전략을 세워볼 수 있을 것이다.

종교 성향에 따라 신앙의 단계를 나눌 때, 무신론적 신앙을 가진 가나안 성도들은 1단계, 일반 유신론적 신앙은 2단계, 종교 다원주의적 신앙은 3단계, 그리고 마지막으로 보수적인 기독교 신앙을 가진 가나안 성도들을 4단계로 나누어 볼 수 있을 것이다. 무신론적 신앙을 가진 1단계의 가나안 성도들은 구원의 확신도 없고, 구원의 의미도 매우 혼동하고 있다. 따라서 1단계의 가나안 성도들에게는 먼저 영적인 질문들을 통해 영적인 관심을 가질 수 있도록 도와주어야 할 것이다. 그리고 영적인 문제의 핵심이 구원에 있다는 사실을 발견하게 하고 구원의 문제에 관심을 가질 수 있도록 도와야 할 것이다. 무신론적 신앙을 가진 가나안 성도들은 구원의 의미를 잘 모르겠다고 대답한 비율이 가장 높았고, 그 다음으로는 죄를 용서 받고 천국에 가는 것과 삶의 문제를 해결 받는 것이라고 대답했다. 따라서 삶의 문제를 구원의 문제와 연결시켜서 이해할 수 있도록 돕는 것이 중요할 것이다.

일반 유신론적 신앙을 가지고 있는 2단계 가나안 성도들에게는 하나님의 속성에 대해 나눌 수 있는 영적인 대화와 질문들이 필요할 것이다. 하나님과 다른 종교의 신이 어떻게 다른지를 발견해 나갈 수 있도록 도와야 할 것이다. 무엇보다 예수 그리스도에 대한 이해를 도와야 할 것이다. 하나님의 존재만을 이야기 할 때는 다양한 종교에서 말하는 신과 하나님이 혼동될 수 있기 때문이다. 그러나 기독교가 독특한 것은 예수 그리스도에 대한 믿음이기 때문에 예수 그리스도에 대해 폭넓은 이해를 가질 수 있도록 도와야 하는 것이다.

일반 유신론적 신앙을 가진 가나안 성도들에게 구원의 의미를 물어보았을 때, 예수 믿고 구원 받는 것이라는 대답이 종교 다원주의 신앙을 가진 가나안 성도보다 더 많이 나왔다. 그런데 구원의 확신을 가진 응답이 10% 밖에 되지 않았고 구원의 확신이 없다는 응답도 36%나 되었다. 그렇기 때문에 일반 유신론적 신앙을 가진 가나안 성도들도 기본적인 구원의 의미는 지식적으로는 알고 있다고 할 수 있다. 그러나 반복적인 학습에 의해 구원의 의미를 알고 있을 가능성이 높고, 그 진리가 자신의 것이 되지는 못했기 때문에 구원의 확신이 불확실하다고 할 수 있다. 따라서 일반 유신론적 가나안 성도들에게는 구원의 진리를 자신의 것으로 만들 수 있도록 도와야 할 것이다. 스미스는 진정한 회심은 그리스도와의 인격적인 만남이 전제되어야 한다고 이야기한다. 회심이 어떤 진리나 원리나 영적인 법칙과의 만남이 아니라 예수님과의 만남을 통해 이루어진다는 것이다.[65] 그렇기 때문에 일반 유신론적 신앙을

65) Gordon T. Smith, 『온전한 회심: 그 7가지 얼굴』, 37.

가진 가나안 성도들이 인격적으로 예수 그리스도를 만날 수 있도록 도와야 하는 것이다.

종교 다원주의적 성향의 3단계 가나안 성도들도 구원의 확신을 가졌다는 응답은 10%에 불과했다. 그러나 구원의 확신이 뚜렷하지 않다는 응답이 71.3%나 되고 있다. 또한 종교 다원주의적 성향의 가나안 성도들에게 구원의 의미를 물었을 때, 예수 믿고 천국 가는 것이라는 응답이 일반 유신론적 성향의 가나안 성도들보다 적게 나타나고 있다. 오히려 삶의 문제를 해결 받는 것이라는 응답이 더 높았다. 따라서 종교 다원주의 성향의 가나안 성도들은 구원의 의미에 대해 혼동하고 있기 때문에 구원의 확신을 갖지 못하고 있으며 다른 종교에도 구원이 있을 수 있다고 생각하는 것으로 볼 수 있다.

종교 다원주의적인 성향의 가나안 성도들에게도 예수 그리스도에 대한 이해를 분명히 할 필요가 있다. 다른 종교에도 구원이 있을 수 있다는 생각은 구원에 대한 이해와 예수 그리스도에 대한 이해가 부족한 것에서 올 수 있기 때문이다. 그렇기에 왜 예수 그리스도를 통해서만 구원을 받을 수 있는 것인지에 대한 분명한 이해를 가질 수 있도록 도와야 할 것이다. 종교 다원주의적 신앙의 가나안 성도들은 다른 종교에도 구원이 있을 수 있다고 생각한다. 그런데 그들이 구원의 확신을 가지고 있다면 기독교적인 구원의 이해와 상충되는 것은 아닌지 점검해 볼 필요가 있다. 회심을 한다는 것은 예수 그리스도를 구원자로 믿는 것만이 아니라 예수 그리스도를 따르겠다는 결단이고 예수 그리스도와 연합하는 과정이다.

따라서 종교 다원주의 성향의 가나안 성도들이 예수 그리스도를 온전히 따를 수 있도록 도와야 할 것이다.

마지막 4단계 보수적인 기독교 신앙 성향을 가진 사람들 중에도 구원의 확신을 가진 사람들도 있고, 구원의 확신을 가지고 있지 않는 사람들도 있다. 물론 구원의 확신이 불확실하거나 구원의 확신을 없는 가나안 성도들은 먼저 구원의 확신을 가질 수 있도록 도와야 할 것이다. 그러나 4단계 가나안 성도들은 온전한 회심이 첫 번째 목표가 될 수 있도록 도와야 할 것이다. 1,2,3 단계의 가나안 성도들은 구원의 확신을 가지게 하는 것이 첫 번째 목표가 되었다면 4단계 가나안 성도들은 구원의 확신을 넘어 삶을 변화를 가져오는 온전한 회심을 할 수 있도록 도와야 하는 것이다.

이를 위해서 먼저 복음과 구원에 대한 보다 폭넓은 이해를 가질 수 있도록 돕는 것이 중요할 것이다. 십자가의 복음과 함께 하나님 나라의 복음을 이해하고 경험할 수 있도록 도와야 하는 것이다. 가나안 성도들은 신앙과 삶의 일치를 중요한 가치로 여기며, 내세보다는 현재의 삶에 중심을 두는 경향이 높다. 따라서 삶의 문제들을 성경적으로 어떻게 해석하고 신앙적으로 어떻게 풀어가야 하는지를 나누면서 삶의 변화를 이끌어 가야 할 것이다. 이 땅에서 현재적 하나님의 나라를 경험하면서 미래에 완성될 하나님 나라를 소망하며 살아가는 자로 삶의 방향이 완전히 전환될 수 있도록 도와야 하는 것이다.

3) 이탈 기간에 따른 3단계 회심 전략

가나안 성도의 회심을 위한 전도 전략을 세우기 위해 세 번째로 살펴볼 가나안 성도의 특성은 교회를 떠난 후 경과 기간이다. 가나안 성도들의 교회 이탈 후 경과 기간은 매우 유의미한 변화를 보여주기 때문이다. 교회를 떠난 지 2년이 경과하는 시점부터 구원의 확신도 줄어들고, 교회를 재출석 하려는 의사도 줄어든다. 또한 경과 기간이 길어질수록 가나안 성도의 신앙 성향은 보수적인 기독교 신앙에서 무종교인 쪽으로 이동해 간다. 이와 같이 가나안 성도가 교회를 떠난 기간이 길어질수록 구원의 확신도 잃고 무신론자가 되어갈 가능성이 높기 때문에 이탈 기간에 따른 회심 전략은 매우 중요하다고 할 수 있다.

가나안 성도들의 이탈 기간의 특성을 살펴보면 교회 재출석 의사와도 밀접한 관련이 있는데, 온전한 회심은 공동체 참여를 포함하고 있기 때문에 이탈 기간에 따른 회심의 전략을 세우는데 있어서 교회 재출석 의사도 고려해서 전략을 세워보고자 한다. 스미스는 훌륭한 회심의 7가지 요소를 밝히면서, 지적인 요소로서 믿음, 참회의 요소로서 회개, 정서적 요소로서 신뢰와 용서에 대한 확신, 의지적 요소로서 결단과 헌신, 성례적 요소로서 물세례, 은사적 요소로서 성령, 그리고 마지막으로 공동체적 요소로서 그리스도인 공동체의 일원이 되는 것을 이야기한다.[66] 그렇기에 가나안 성도들의 온전한 회심을 위해 교회 공동체에 참여할 수 있는 전략을 세

66) 위의 책, 258-65.

우는 것이 최종적인 전략이 될 수 있을 것이다.

가나안 성도가 교회를 떠난 후 경과 기간에 따라 2년까지는 3단계로, 2년에서 10년까지는 2단계로, 10년 이상은 1단계로 구분할 수 있다. 그 기간에 따라 가나안 성도들의 구원의 확신과 종교 성향들의 변화가 급격히 나타나기 때문이다. 교회를 떠난 지 10년 이상이 지난 1단계의 가나안 성도들은 구원의 확신이 없거나 교회 재출석 의사가 없는 경우가 많다. 또한 종교 성향도 일반 유신론적인 신앙이거나 무신론적인 신앙이 경우도 많다. 이미 교회 밖 생활에 익숙해졌기 때문에 다시 교회로 돌아가 신앙생활을 하겠다는 의지가 없는 사람들이다. 따라서 보다 장기적인 계획이 필요할 것이다.

이 시기의 가나안 성도들은 혼자 신앙 생활하는 것에 너무 익숙해져 있거나 신앙과 거리가 먼 생활을 하고 있을 가능성이 크기 때문에 환대의 실천을 통해 관계를 지속시키는 것이 가장 큰 과제가 될 것이다. 또한 같은 생각을 가진 사람들의 모임에 참여할 수 있도록 돕는 것도 좋은 방법이 될 수 있다. 가나안 성도들은 신앙적인 모임보다는 일반적인 모임에 참석할 의사가 많았기 때문이다. 혼자 신앙 생활하도록 내버려 둔다면 교회와는 더욱 멀어질 것이며 신앙을 유지하는 것도 어렵기 때문에 비슷한 생각의 사람들이 함께 모여서 같은 고민을 나누며 신앙의 여정을 걸어갈 수 있도록 도와야 할 것이다.

또한 1단계의 가나안 성도들에게는 교회를 출석해야만 하는 이유들을 납득시킬 수 있어야 할 것이다. 따라서 이 단계의 가나안 성도와의 만남에서는 어느 정도의 기독교 신앙에 대해 변증할 수 있는 준비를 하는 것도 필요할 것이다. 그렇기에 교회의 좋은 지도자들과의 만남을 주선해 줄 수도 있을 것이다. 지도자들과의 개인적인 만남을 통해 신앙의 깊은 고민들을 나눌 수 있다면 가나안 성도들의 마음도 열리고 회심할 수 있는 기회를 가질 수 있기 때문이다.

교회를 떠난 시점이 2단계에 있는 가나안 성도들은 구원의 확신을 가진 비율이 줄어들며, 교회 재출석 의사도 줄어든다. 또한 점차 교회 나갈 필요성을 느끼지 못하며 신앙에 대한 고민이 늘어나는 것으로 나타난다. 교회를 떠난 지 2년이 경과하면서 어느 정도 교회 밖 생활에 익숙해지는 것으로 볼 수 있다. 또한 아직까지는 교회에 나가야 한다는 생각은 가지고 있지만 그렇다고 서둘러 교회를 나가야 된다는 생각이 사라지고 있는 것이다. 이 단계의 가나안 성도들도 시간을 가지고 장기적인 방법으로 접근해야 할 것이다. 좀 더 여유를 갖고 반복적인 만남을 통해 마음을 열어갈 수 있도록 도와야 할 것이다.

2단계의 가나안 성도들에게는 교회의 정규 예배보다는 먼저 소그룹 모임에 초청하는 것이 더욱 효과적인 방법이라고 할 수 있는데, 먼저 소그룹 안에서 교제를 나누면서 관계 안에서 회심을 경험하고 신앙이 성장할 수 있는 기반들을 마련해 나가면서 자연스럽게 교회 공동체에도 참여할 수 있게 될 것이기 때문이다. 또는 지역 사회를 섬기는 자리에 초청할 수도 있을 것이다. 가나안 성도들이 교회를 다시 나가고자 할 때 1순위로 가장 높은 비율로 선택된 항목이 '지역 사회에 대한 섬김'이었다. 그렇기에 지역 사회를 섬기는 행사에 초청한다면 가나안 성도들의 교회에 대한 부정적인 이미지도 개선할 수 있을 뿐만 아니라 교회를 다시 나갈 수 있는 계기를 마련할 수 있을 것이다.

가나안 성도에게는 점진적인 회심의 과정이 중요하기 때문에 관계가 지속되는 과정에서 자연스럽게 회심 할 수 있도록 도와야 할 것이다. 따라서 1,2단계의 가나안 성도들에게는 무조건 회심을 해야 된다고 밀어 붙이기보다는 예수님께서 제자들에게 행하셨던 것처럼 시간을 가지고 조금씩 성장해 나가는 과정에서 회심도 하고 그리스도의 온전한 제자가 될 수 있도록 도와야 할 것이다. 그렇기에 1,2단계의 가나안 성도들의 온전한 회심을 위해서는 회심의 요소들 중에서 지적인 요소로서 믿음, 참회의 요소로서 회개, 정서적 요소로서 신뢰와 용서에 대한 확신, 의지적 요소로서 결단과 헌신이 먼저 강조되어야 할 것이다.

마지막으로 3단계에 해당하는 가나안 성도들은 구원의 확신을 가진 비율이 높고, 교회 재출석 의사 또한 높다. 그리고 교회에 나가지 않는 이유는 자신에게 맞는 교회를 찾지 못하고 있기 때문이라고 응답한 비율이 높다. 따라서 경과 기간이 2년 이하인 가나안 성도들에게는 좀 더 적극적으로 다가가 신앙에 관련된 여러 가지 이야기를 나눌 수 있을 것이다. 이 단계의 가나안 성도는 여전히 교회 생활의 습관이 남아 있고 정서적으로 교회와 친밀감이 높은 사람들이기 때문이다. 그렇기 때문에 성경 공부나 목장 모임으로 초청해도 좋을 수 있다. 소그룹 안에서 친밀한 교제를 나누면서 신앙을 점검하면서 구원의 확신을 얻을 수 있는 기회를 가질 수 있고,

교회 공동체에 참여할 수 있도록 도울 수 있기 때문이다.

3단계의 가나안 성도들에게는 온전한 회심의 7가지 요소들을 모두 강조할 수 있을 것이다. 3단계의 가나안 성도 중에는 구원의 확신도 있고, 보수적인 기독교 신앙을 가진 사람들이 많이 있기 때문이다. 그렇기에 회심의 요소들을 한 가지씩 점검해 보면서 온전한 회심을 할 수 있도록 도울 수 있을 것이다. 대부분의 사람들이 회개와 믿음에 대해서는 익숙할 수 있지만 나머지의 요소들에 대해서는 새롭게 이해할 수 있는 기회를 가질 수 있을 것이다. 또한 한 가지씩 점검하다 보면 잃어버린 신앙을 회복할 수도 있고 새롭게 깨닫고 성장할 수도 있을 것이다. 무엇보다 공동체의 일원이 된다는 것의 의미를 나누면서 공동체에 참여할 수 있도록 도울 수 있을 것이다.

3. 가나안 성도의 신앙 성숙을 위한 전도 전략

회심의 마지막 단계는 자기를 부인하고 자기 십자가를 지고 예수를 따르는 제자도로 연결된다. 제자도의 핵심 과정인 자기를 부인하고 자기 십자가를 진다는 의미를 하나님의 뜻과 방식을 받아들이는 것이라면 그렇게 하나님의 뜻에 순종하는 사람들을 통해 하나님 나라가 이뤄진다고 할 수 있다. 이와 같이 2차적인 복음전도인 신앙 성숙의 목표는 자기를 부인하고 자기 십자가를 지고 예수를 따라가는 삶을 통하여 세상 속에서 복음의 영향력을 드러내며 하나님의 나라를 회복시켜 가는 것이라고 할 수 있을 것이다.

1) 재출석 의사에 따른 4단계 신앙 성숙 전략

가나안 성도가 신앙 성숙을 이루기 위한 전략을 세우기 위해 첫 번째로 살펴볼 수 있는 특성은 가나안 성도의 재출석 의사이다. 신앙의 성숙을 이룬다는 것은 다른 사람들을 그리스도께로 인도하고 그리스도의 온전한 제자가 될 수 있도록 섬기는 단계까지 나아간다는 것이다. 또한 신앙의 성숙은 개인적인 차원도 있지만 신앙 공동체 안에서 이루어야 할 성숙도 있으며, 세상 속에서 이루어야 할 성숙도 있다.[67] 따라서 가나안 성도의 신앙 성숙을 위해서는 공동체 참여가 필수라고 할 수 있기 때문에 재출석 의사를 통해 가나안 성도들이 교회 공동체에 참여할 수 있는 전략을 세워보고자 한다.

가나안 성도의 공동체 참여를 위한 전략을 세우기 위해 재출석 의사를 4단계로 분류할 수 있을 있을 것이다. 1단계는 교회 다시 돌아갈 생각도 없고 그것 때문에 마음도 불편하지 않은 가나안 성도들이 될 것이다. 2단계는 교회 돌아갈 생각은 없지만 그것 때문에 마음이 불편한 가나안 성도들이고, 3단계는 언젠가 교회로 돌아가겠다는 가나안 성도들이며, 마지막 4단계는 가능한 빨리 교회로 돌아가고 싶다는 가나안 성도들이 될 것이다. 1단계는 교회 출석을 거부하는 단계, 2단계는 교회 출석을 거절하는 단계, 3단계는

67) 홍성철, 『전도학 개론』, 363-80.

교회 출석에 긍정적인 단계, 4단계는 교회 출석에 적극적인 단계라고 할 수 있는 것이다. 이러한 재출석 의사의 단계들과 함께 가나안 성도들의 불출석 이유, 교회 생활 욕구, 그리고 교회 선정 요소들을 모두 고려하여 전략을 세워보고자 한다.

1단계 교회 출석을 거부하는 단계에 있는 가나안 성도들의 불출석 이유를 살펴보았더니, 교회 나갈 필요성을 느끼지 못해서라고 대답하고 있다. 따라서 1단계 가나안 성도들은 교회 출석을 거부하면서 교회 나갈 필요성도 못 느끼고 있는 것이다. 그렇기에 공동체 참여에 대한 부담을 주기 전에 먼저 관계를 형성하고 섬기는 것이 중요할 것이다. 이러한 섬김은 신앙적인 나눔보다는 먼저 그들의 실제적인 필요를 채워주는 봉사가 선행되는 것이 더 좋을 것이다. 그들의 필요를 채워주는 섬김은 복음의 메시지가 능력 있게 받아들여지는 가교가 될 수 있기 때문이다.

1단계의 가나안 성도들은 만약 교회에 다시 나가게 된다면 의사소통이 잘 되는 교회를 원한다. 그리고 교회 생활을 통해서는 첫 번째는 마음의 평안을 얻고 싶고, 두 번째는 삶의 의미와 목적을 발견하고 싶다고 이야기하고 있다. 따라서 1단계의 가나안 성도들에게는 자유롭게 의사소통이 이루어질 수 있는 편안한 환경을 마련해 주면서 교회에 대한 부정적인 생각을 지울 수 있도록 도와주어야 할 것이다. 이렇게 자유로운 의사소통이 가능한 환경에서 신앙의 의미들을 찾아 나갈 수 있도록 도와줄 때 삶의 의미와 목적을 발견하고 구원의 필요성과 공동체의 필요성을 절감하고 공동체로 나올 수 있을 것이다.

2단계 교회 출석을 거절하는 가나안 성도들은 교회 나가고 싶은 생각은 없지만 그것 때문에 마음에 불편함을 느끼고 있는 사람들이다. 그렇기에 2단계 가나안 성도들은 교회 나가야 한다는 사실에 기본적인 동의가 있는 사람들이라고 볼 수 있다. 따라서 교회 나가는 것을 멈추도록 만든 원인들을 확인하고 문제의 실마리를 찾아보아야 할 것이다. 2단계의 가나안 성도들이 교회를 나가지 않는 원인들을 살펴보니 교회에 나갈 필요성을 느끼지 못하고 있을 뿐만 아니라 교회 나가지 않아도 신앙생활을 유지할 수 있다는 생각을 가지고 있다. 따라서 2단계 가나안 성도들에게도 교회 공동체의 중요성을 설명해 줄 필요가 있을 것이다.

그런데 신앙에 대한 고민이 해결되지 않아서 교회 나가지 않는다는 응답도 매우 높게 나타나고 있다. 그렇기에 교회 출석을 하면서 신앙에 대한 고민들을 해결하지 못했기 때문에 교회 나갈 필요성을 느끼지 못한다고 할 수 있는 것이다. 이 단계의 가나안 성도들의 교회 생활 욕구를 살펴보면 신앙의 성장을 이루고 싶다는 의견이 마음의 평안 다음으로 높게 나타나고 있으며, 교회 선정 요소로는 민주적 의사소통이 지역 사회 섬김 다음으로 높게 나타나고 있다. 따라서 2단계의 가나안 성도들에게는 신앙의 문제들을 자유롭게 나누고 그 해답을 찾아갈 수 있는 환경과 도움이 필요하다고 생각한다. 이 단계의 가나안 성도들은 주체적 탐구를 통해 명제적 진리를 발견할 수 있도록 도와주는 것이 가장 유용한 전도의 방법이 될 것이다. 이렇게 진리를 발견해 나가는 과정 속에서 신앙이 자라면서 진정한 회심을 이루고 공동체에 참여할 수 있게 될 것이다.

3단계의 가나안 성도들은 언젠가는 교회 나가겠다는 생각을 가지고 있다. 그래서 교회에 나가지 못하는 이유를 살펴보면, '시간이 없고 바쁘기 때문'이라는 응답이 가장 많다. 그리고 '자신에게 맞는 교회를 찾지 못했다'는 응답이 두 번째 이유이고, '신앙의 고민이 해결되지 못해서'라는 응답이 세 번째 이유이다. 또한 3단계 가나안 성도들의 교회 생활 욕구를 살펴보면 신앙의 성장과 삶의 의미와 목적을 발견하고자 하는 생각이 높은 것을 알 수 있다. 따라서 3단계 가나안 성도들에게도 신앙의 고민들을 함께 나누면서 신앙을 성장할 수 있도록 돕는 일이 선행되어야 할 것이다. 그런데 시간이 없고 바빠서 자신에게 맞는 교회를 찾지 못하고 있기 때문에 우선은 소그룹으로 초청할 필요가 있을 것이다. 시간이 자유로운 소그룹 안에서 신앙의 의미들을 배워 나가며 신앙이 성장하다 보면 자연스럽게 공동체에 편입될 수 있을 것이다.

마지막 4단계 가나안 성도들은 교회 출석에 적극적인 마음이 있다. 그런데 이러한 마음도 시간이 흘러가면 사그라지는 것을 볼 수 있었다. 그렇기 때문에 교회 출석에 대한 마음이 열려 있을 때 교회로 돌아올 수 있도록 섬겨야 하는 것이다. 4단계 가나안 성도들의 교회 생활 욕구를 살펴보면 다른 그룹의 가나안 성도보다 구원의 확신과 신앙 성장에 대한 욕구가 높게 나오는 것을 볼 수 있다. 교회 생활을 해야 하는 이유가 구원의 확신을 얻고 신앙이 성장하기 위해서라고 생각하고 있는 것이다. 따라서 4단계 가나안 성도들은 구원의 확신을 얻고 신앙이 성장할 수 있는 계기를 만들어 주어야 할 것이다.

이렇게 4단계 가나안 성도들에게 신앙이 성장할 수 나눔을 가운데 교회 공동체에 참여해야 할 필요성을 나누어야 할 것이다. 우선 성경의 기준을 알려 줄 필요가 있을 것이다. 성경은 회심의 결과 공동체의 일원이 되는 것이 당연한 일이었다는 것을 계속해서 보여주고 있다. 그리스도인이 된다는 것은 그리스도와 연합하는 것이고, 그리스도의 몸 된 공동체에 참여하는 것이라고 성경은 이야기 하는 것이다.[68] 물론 그리스도와 연합하는 것과 그리스도의 몸 된 공동체와 연합하는 것은 동일한 것이 아니다. 그럼에도 불구하고 그리스도와의 연합은 그리스도의 몸 된 공동체와의 연합으로 우리를 인도한다.

또한 실제적으로 공동체를 통해 신앙이 성장 할 수 있는 환경과 도움을 받을 수 있기 때문이다. 우리의 신앙은 관계 안에서 표현되어야 하고 관계를 통해 성장하기 때문이다. 신앙이 성숙할수록 그리스도 안에서 온전한 회복을 바라보고 나갈 수 있어야 하기 때문에 공동체 안에서도 그러한 믿음을 구현해 나갈 수 있도록 도와야 하는 것이다.

2) 이탈 원인에 따른 4단계 신앙 성숙 전략

가나안 성도들의 신앙 성숙을 위해 두 번째로 살펴볼 특성은 가

68) 위의 책, 370-71.

나안 성도들이 교회를 떠나게 된 이탈 원인이다. 교회를 떠나게 된 이탈 원인을 살펴보면 다시 교회로 돌아올 수 있는 실마리를 찾을 수 있기 때문이다. 가나안 성도가 교회를 떠나게 된 원인은 크게 세 가지로 분류해 볼 수 있는데, 개인적인 원인, 교회적인 원인, 신앙적인 원인으로 분류할 수 있다. 그런데 교회적인 원인은 다시 교회의 시스템적인 문제인지 아니면 교회 내 관계의 문제인지에 따라 재출석 의사나 불출석 이유가 달라지기 때문에 교회적인 원인도 두 부류로 나눌 수 있다. 따라서 이탈 원인에 따라서도 4단계로 나눠서 신앙 성숙 전략을 세워볼 수 있을 것이다.

교회 시스템이나 프로그램 불만과 교회 내의 문제와 분열 때문에 교회를 떠난 가나안 성도들이 교회에 가능한 빨리 나가고 싶다는 응답이 높게 나타나고 있다. 따라서 교회의 시스템적인 문제로 교회를 떠나게 된 가나안 성도들을 4단계로 분류할 수 있다. 또한 자유로운 신앙생활과 개인적인 사정 때문에 교회를 떠나게 된 가나안 성도들은 언젠가 교회 다시 나가고 싶다는 응답이 높게 나타나고 있기 때문에 3단계로 분류할 수 있다. 목회자의 인격이나 설교에 대한 불만 그리고 교인들의 간섭과 갈등으로 교회를 떠나게 된 가나안 성도들은 교회를 다시 나가고 싶지도 않고 그것 때문에 마음도 불편하지 않다고 응답하고 있기 때문에 2단계로 분류할 수 있다. 마지막으로 신앙에 대한 회의 때문에 교회를 떠난 가나안 성도들은 가능한 빨리 다시 교회 나가고 싶다는 의견이 1%도 나타나지 않고 있으며, 교회 다시 나가고 싶지 않으며 그것 때문에 마음이 불편하지 않다는 의견도 가장 높게 나타나고 있기 때문에 1단계로 분류할 수 있다.

1단계 신앙에 대한 회의 때문에 교회를 떠난 가나안 성도들이 교회로 다시 나갈 가능성이 가장 적었다. 교회 나가지 않는 이유를 살펴보면 신앙에 대한 고민이 해결되지 않았기 때문이라는 응답도 높았지만 교회 나갈 필요성을 느끼지 못한다는 응답이 더 많았다. 교회 다니면서 신앙에 대한 회의가 생겼기 때문에 교회 다닐 필요성을 느끼지 못했다고 할 수 있는 것이다. 따라서 1단계의 가나안 성도들이 무슨 이유로 신앙에 대한 회의를 느끼고 있는 먼저 파악하는 것이 필요할 것이다. 포스트모더니즘과 같은 사회적인 풍토로 인한 것인지, 아니면 삶의 문제로 인해 신앙에 회의를 느낀 것인지, 또는 신앙인들을 보며 신앙에 대한 회의를 느낀 것인지에 따라 그에 맞는 신앙의 의미들을 나눠줄 수 있어야 할 것이다.

팀 켈러(Timothy Keller)는 회의자들이 믿기 위해서는 논쟁을 이기는 것 이상이 필요한데, 그것은 지성적이고 존경할 만한 사람들을 만나 그들을 훌륭하게 하는 큰 이유가 바로 믿음이라는 사실을 깨닫게 되어야 한다는 것이다.[69] 따라서 신앙에 대한 회의를 가진 사람들과의 교제에서 설득시키려는 노력보다는 전도자들에게 신앙이 어떤 의미인지 나눌 수 있어야 하며, 전도자들의 신앙이 삶 속에서 실제가 되는 모습을 보여주어야 할 것이다. 이렇게 전도자들을 통해 신앙의 실제를 경험한 가나안 성도들은 마음의 의심을 거두고 신앙의 세계로 들어설 수 있을 것이다.

2단계 가나안 성도들은 신앙에 대한 회의 때문에 교회를 떠난

---

69) Timothy Keller, 『센터 처치』, 오종향 역 (서울: 두란노서원, 2017), 593.

가나안 성도보다는 교회 다시 나갈 가능성이 높지만 교회 나가지 않는 이유를 살펴보면 교회 나갈 필요성을 느끼지 못한다는 응답과 교회 나가지 않아도 종교적인 삶을 유지할 수 있다는 응답이 가장 높게 나타나고 있다. 목회자에 대한 실망과 교인들에 대한 실망 때문에 교회를 떠나게 되었기 때문에 그 상처가 깊어 교회 나갈 필요성을 느끼지 못하는 것이라 할 수 있다. 따라서 2단계의 가나안 성도들은 상처가 치유되고 회복될 수 있도록 섬기는 것이 선행되어야 할 것이다.

그린은 예수께서 모든 경우에 사람들의 상처와 결핍을 이해하고 치유와 회복의 말씀을 나누어 주셨는데 바로 그러한 것이 효과적인 복음 전도의 핵심이라고 이야기한다.[70] 그런데 이러한 치유와 회복이 단지 신학적인 이야기로 전해지는 것이 아니라 전도자와의 관계 속에서 실제로 체험되어야 할 것이다. 전도자들이 사랑과 포용의 태도로 지속적으로 섬겨 나갈 때 가나안 성도들은 치유와 회복의 복음을 문자적이 아니라 실제적으로 경험할 수 있게 될 것이고, 가나안 성도들의 신앙이 그 안에서 회복되어지고 성장할 수 있을 것이다.

3단계 가나안 성도들은 개인적인 사정과 자유로운 신앙생활을 위해서 교회를 떠난 사람들이다. 이 단계의 가나안 성도들은 언젠가 교회 나가고 싶다는 의사가 매우 높게 나타나고 있다. 그런데 교회 나가지 않는 이유는 개인적인 사정 때문에 교회를 떠나게 된 경우에는 시간이 없고 바쁘기 때문이라고 응답한 비율이 높은 반

70) Michael Green, 『현대 전도학』, 264-67.

면, 자유로운 신앙생활을 위해 교회를 떠나게 된 경우에는 교회 나갈 필요성을 느끼지 못하기 때문에 교회 나가지 않는다고 응답한 비율이 높다.

물론 시간이 없고 바쁜 것은 현대인의 삶의 모습을 단적으로 표현한 것이 될 것이다. 그러나 시간이 없고 바쁜 상황 속에서도 자신이 진짜로 관심 있는 부분에 대해서는 깊이 빠져드는 것이 포스트모더니즘 세대의 특징 중의 하나이다. 그렇기 때문에 신앙이 삶의 지엽적인 요소가 아니라 본질적인 것이라는 사실을 가르쳐 줄 필요가 있을 것이다. 가나안 성도들이 교회를 다니는 기간 동안 신앙의 본질을 발견하고 경험하지 못했기 때문에 자연스럽게 교회와 멀어졌을 가능성이 높다. 그렇기에 개인적인 사정 때문에 교회에 나오지 못하는 가나안 성도들에게는 먼저는 그들의 상황에 맞춰 교제를 나누면서 신앙을 깊이 체험할 수 있도록 도와야 할 것이다.

자유로운 신앙생활을 위해 교회를 떠나게 된 가나안 성도들은 교회 내에서 민주적인 의사소통이 이루어지지 않고 권위에 눌려 주체적으로 신앙을 추구할 수 없어서 교회를 떠나게 된 것인지 아니면 개인주의적인 성향 때문에 교회를 떠나게 된 것인지 구분할 수 있어야 할 것이다. 만약 주체적으로 신앙을 탐구할 수 없는 상황 때문에 교회를 떠나게 된 경우라면 자유로운 환경 속에서 신앙을 탐구할 수 있는 소그룹으로 인도하는 것이 도움이 될 수 있을 것이다. 그런데 개인주의적인 성향 때문에 교회를 떠나게 된 경우라면 신앙을 더욱 깊이 경험할 수 있는 시간들을 통해 개인주의적인 성향을 극복할 수 있도록 도와주어야 할 것이다.

4단계 교회의 시스템적인 문제 때문에 교회를 떠나게 된 가나안 성도들은 가능한 빨리 교회에 나가고 싶다고 응답하고 있는데, 교회에 불출석 하는 이유를 살펴보면, 교회의 시스템이나 프로그램에 불만으로 교회를 떠난 가나안 성도들은 불출석 이유들 전반에 걸쳐 비슷한 비율로 응답하고 있는 반면, 교회 내의 문제와 분열 때문에 교회를 떠난 가나안 성도들은 자신에게 맞는 교회를 찾지 못해서 나가지 않는다는 응답이 가장 높게 나타나고 있다.

4단계의 가나안 성도들에게는 건강한 교회로 안내해 주는 것이 가장 실질적인 방법이 될 수 있을 것이다. 그런데 가나안 성도들에게 '우리 교회와 목사님은 좋다'라는 권유에 대해 가장 큰 거부감을 나타내고 있다. 그렇기에 건강한 교회를 소개해 준다고 해서 가나안 성도들이 교회로 돌아갈 것이라는 기대는 너무 낙관적인 기대일 수 있다. 오히려 4단계의 가나안 성도들도 편안하고 자유로운 모임으로 초청해서 그들의 신앙을 점검할 수 있는 시간들을 가질 수 있도록 도와주는 것이 더욱 효율적일 수 있다. 신앙의 본질적인 의미들과 신앙의 목표를 분명히 하고 자신의 신앙을 점검해 가는 과정 속에서 자연스럽게 교회를 나갈 수 있는 계기를 마련할 수 있을 것이다. 소그룹을 통해 건강한 공동체라는 것을 확인할 때 교회를 나갈 수 있는 마음이 열리는 것이다. 그렇기에 먼저 소그룹 안에서 건강한 교제를 나눌 수 있도록 섬기는 것이 좋은 교회로 안내하는 것보다 더 효율적인 전략이 될 수 있을 것이다.

3) 종교 성향에 따른 4단계 신앙 성숙 전략

가나안 성도들의 신앙 성숙을 위해 세 번째로 살펴볼 특성은 가나안 성도들의 종교 성향이다. 가나안 성도들의 종교 성향은 온전한 회심을 위한 전략을 세우는데 중요한 요소가 되었다. 그런데 종교 성향은 신앙 성숙을 위해서도 중요한 요소가 될 수 있는 것이다. 종교 성향은 가나안 성도들의 신앙의 상태를 단적으로 드러내주는 중요한 지표가 되기 때문이다. 보수적인 기독교 신앙이 가장 성숙된 상태라면 종교 다원주의적인 신앙이 그 다음 단계, 일반 유신론적 신앙은 세 번째 단계, 그리고 무신론적 신앙이 마지막 단계가 될 것이다.

따라서 가나안 성도들의 종교 성향을 빌 헐의 영적 성숙의 단계에 따라 나누어 신앙 성숙을 위한 전략을 세워 볼 수 있을 것이다. 빌 헐의 영적 성숙의 단계에 따라 가나안 성도들의 종교 성향을 신앙의 단계를 나누어 보면, 1단계 무신론적 신앙은 찾는 자로, 2단계 일반 유신론적 신앙은 시작하는 자로, 3단계 종교 다원주의 성향은 분투하는 자로, 마지막 4단계 보수적인 기독교 신앙은 정체된 자로 나눌 수 있을 것이다.

1단계 무신론적 신앙을 가진 가나안 성도들은 진정한 영성을 찾는 자라고 할 수 있다. 무신론적 신앙 성향을 가졌지만 일반 무신론자들처럼 신을 부인하거나 거부하는 것은 아니기 때문이다. 기독교 안에 들어와 신을 찾으려 했지만 발견하지 못하고 떠나게 된 것이라고 할 수 있는 것이다. 그렇기 때문에 무신론적 신앙을 가진 가나안 성도들이 교회를 다녔음에도 불구하고 무신론적인 신앙을 가지게 된 배경이 무엇인지 먼저 살펴볼 필요가 있다. 신이 있다고 믿었는데 없다는 쪽으로 생각이 바뀐 것인지, 아니면 믿기 위하여 기독교에 입문하기는 했지만 아직 신이 있다는 것을 확실하게 인지하지 못했는지 점검하는 일이 필요한 것이다. 이러한 점검 후에 상황에 따라 다양한 변증들을 통해 신이 있다는 사실들을 발견해 나갈 수 있도록 도와야 할 것이다.

일반 유신론적 신앙을 가지고 있는 2단계 가나안 성도들은 시작하는 자라고 할 수 있다. 하나님이 계신 것은 믿는데 아직 자신이 기독교인은 아닌 것 같다고 대답하고 있기 때문이다. 빌 헐은 이러한 자들에게 성숙한 제자들과 함께 묶어주라고 조언을 한다. 2단계에 있는 가나안 성도들에게는 성숙한 제자들과 함께 하나님의 속성에 대해 영적인 대화와 질문들을 나누는 것이 유익할 것이다. 제자들은 가나안 성도들이 하나님과 다른 종교의 신이 어떻게 다른지를 발견해 나갈 수 있도록 도와야 할 것이다.

무엇보다 예수 그리스도에 대한 이해를 도와야 할 것이다. 하나님의 존재만을 이야기 할 때는 다양한 종교에서 말하는 신과 하나님이 혼동될 수 있기 때문이다. 그러나 기독교가 독특한 것은 예수 그리스도에 대한 믿음이기 때문에 예수 그리스도에 대해 폭넓은 이해를 가질 수 있도록 도와야 하는 것이다. 이렇게 예수 그리스도에 대한 믿음을 가지게 된다면 온전한 회심과 함께 신앙이 성장해 나갈 수 있는 발판이 마련될 것이다. 일반 유신론적 성향과 무신론적 성향의 가나안 성도들은 자신의 종교 정체성에 혼동을 가지고 있는 경계 무종교인이라고 할 수 있다. 따라서 시간이 지나면 무종교인이 될 가능성이 높기 때문에, 성숙한 제자들과 함께 신앙을 찾아갈 수 있도록 긴급하게 대책을 마련해야 할 것이다.

3단계 종교 다원주의적 성향의 가나안 성도는 분투하는 자라고 할 수 있다. 물론 교회에 상처를 받고 여러 가지 문제로 인해 교회를 떠난 가나안 성도들은 모두 분투하는 자의 단계에 있다고 할 수 있다. 그러나 일반 유신론적 성향과 무신론적 성향은 그런 분투조차 포기한 사람들이라고 할 수 있다. 이미 자신이 기독교인이라는 사실을 부정하려고 하기 때문이다. 그렇기에 종교 다원주의적인 신앙과 보수적인 기독교 신앙을 가진 가나안 성도들을 분투하는 자로 표현할 수 있을 것이다. 그렇지만 종교 다원주의적인 성향을 분투하는 자의 단계로 설정하는 것은 다른 종교에도 구원이 있을 수 있다는 생각으로 혼동에 빠져 있기 때문이다. 구원의 문제가 제대로 정립되지 않는다면 기독교인이라는 정체성은 언제든지 흔들릴 수 있기 때문이다. 따라서 그들이 종교 다원주의적인 신앙을 가지게 된 이유들을 먼저 나눠볼 수 있으면 좋을 것이다. 단지 종교의 다양성을 인정하는 것인지 아니면 정말 다른 종교에도 구원이 있다고 생각하는지에 따라 전도의 내용이 달라져야 할 것이다. 정말 다른 종교에도 구원이 있다고 생각한다면 구원의 의미에 대한 점검이 있어야 할 것이다.

이와 같이 3단계 종교 다원주의적인 신앙을 가진 가나안 성도의 신앙 성숙은 구원의 문제로부터 시작해야 할 것이다. 이 때 구원의 문제가 단지 구원의 확신을 확인하는 것으로 한정지어서는 안 될 것이다. 오히려 구원에 대한 포괄주의적인 생각과 다원주의적인 생각에서 벗어날 수 있도록 도와야 하는 것이다. 이런 문제는 변증의 도움이 필요하다고 할 수 있다. 그러나 전도자는 가나안 성도가 자신의 구원의 성향에 대해 깊이 있게 고민할 수 있도록 돕는 역할이 가장 중요하다고 할 수 있다. 전도자 개인이 해답을 주려고 하지 말고 도움이 될 수 있는 신앙 서적[71] 을 추천해 주거나 관련된 세미나를 함께 참석하는 방법이 보다 효과적이라고 할 수 있을 것이다. 그러나 중요한 사실은 지적인 변증에서 멈추지 말고 반드시 기독교의 진리를 경험할 수 있도록 이끌어 주어야 한다는 것이다. 객관적인 진리가 경험되어질 때 비로소 그 진리는 자신의 진리가 될 수 있기 때문이다.

제임스 에머리 화이트(James Emery White)는 오늘날 미국의 무종교인들은 과거의 무종교인들과 다른 특성들을 지니고 있기 때문에 과거의 복음 전도 방법은 효율성이 떨어질 수밖에 없다고 이야기하면서 오늘날의 무종교인들에게 기독교 자체가 필요하다는 사실을 입증하는 것이 가장 큰 난제라고 이야기한다.[72] 왜냐하면 과거의 미국의 무종교인들은 삶과 지식에 있어서 그리스도와 교회로부터 멀리 떨어져 지내는 것이었다면, 오늘날의 무종교인들은 기독교를 유일한 신앙으로 믿지 않고 기독교가 유일한 길이라

71) 이러한 전문 서적으로는 Rice Broocks, 『신은 죽지 않았다=God's not dead: 불확실한 시대에 하나님에 대한 증거』, 김지수 역 (서울: 휫셔북스, 2016); Alister E. MacGrath, 『기독교 변증: 구도자들의 회의자들이 진리를 찾도록 어떻게 도울 것인가』, 전의우 역 (서울: 국제제자훈련원, 2014); Lesslie Newbigin, 『다원주의 사회에서의 복음』, 홍병룡 역 (서울: 한국기독학생회출판부, 2007) 등이 있다.

72) James Emery White, 『종교없음 : 종교를 갖지 않으려는 사람들에게 교회는 무엇을 해야 하는가』, 김일우 역 (서울: 베가북스, 2014), 152.

는 것을 '의심'하고 있기 때문에 기독교가 유일한 길이라는 사실을 증명해 내어야 한다는 것이다.

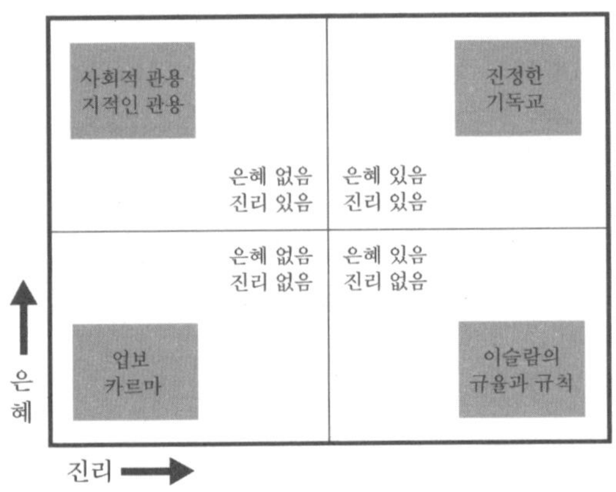

그렇기에 복음의 역동성을 보여줄 수 있는 도구로서 은혜와 진리의 그래프를 제시한다.[73] 예수께서 이 땅에 오실 때에 은혜와 진리를 함께 가지고 오셨는데, 은혜 없이 진리만 강조되면 비판적이게 되고 진리 없는 은혜는 방종이 되기 때문에 은혜와 진리가 동시에 강조될 때 복음의 역동성이 살아난다는 것이다. 다음은 화이트가 제안하는 은혜와 진리의 그래프이다. 첫 번째는 은혜도 없고 진리도 없는 관계인데 이는 옳고 그림이 임의로 결정이 나거나 개인의 선택에 의해서 결정이 나기 때문에 사람들을 업보나 카르마로 구속하는 것이다. 두 번째는 은혜는 강조하지만 진리가 없는 상태에서는 모든 것이 다 가능해지는 자유분방해지면서 혼란에 빠지

73) 위의 책. 191-202.

게 될 것이다. 세 번째는 은혜는 없지만 진리가 강조되는 것이다. 이러한 상태에서는 율법주의와 근본주의의 최악의 모습이 나타나는 것이다. 그러나 은혜와 진리가 모두 강조되는 진정한 기독교 안에서 참된 구원을 누릴 수 있는 것이다.

이와 같이 은혜와 진리의 그래프는 종교 다원주의 신앙과 일반 유신론적 신앙, 그리고 무신론적 신앙을 가진 가나안 성도들에게 왜 기독교를 믿어야 하는지를 설명해 줄 수 있는 좋은 하나의 도구가 될 수 있을 것이다.

마지막 4단계 보수적인 기독교 신앙을 가진 가나안 성도들은 정체된 자라고 할 수 있다. 보수적인 기독교 신앙을 가졌지만 교회 공동체를 떠나 방황하고 있기 때문이다. 물론 자신의 신앙을 지켜 나가며 성숙을 이루는 가나안 성도들도 있다. 그러나 대부분의 가나안 성도들은 성경을 읽거나 기도하는 시간을 많이 가지지 못하고 있는 것으로 나타나고 있기 때문이다. 따라서 4단계의 가나안 성도들에게 신앙의 성장을 이룰 수 있도록 좋은 자극들이 필요할 것이다. 또한 신앙의 목표를 분명하게 해줄 필요가 있을 것이다. 다른 사람을 섬기고 세울 수 있는 안정된 자로 성숙해 나갈 수 있도록 해 주어야 하는 것이다.

신앙이 성숙해 나갈 때 먼저는 개인의 삶 속에서 온전한 그리스도의 제자로서 성장해 나가야 할 것이다. 그러나 이러한 개인의 성장은 공동체 안에서 점검이 되고 단련이 되면서 더욱 건강하게 성장해 나가는 것이다. 그리고 마지막으로 세상 속에서 그 성숙한 신앙의 모습이 드러나야 하는 것이다. 예수님은 그리스도인들을 세상의 빛과 소금이라고 말씀하셨다. 기독교에 무관심하고 때로는 적대적인 세상 속에서 그런 세상을 사랑하며 믿음을 증명할 때 세상은 그리스도를 만나게 될 것이다. 사실 가나안 성도들도 교회에 실망하고 상처 받아 교회를 떠나게 되었다. 그렇기에 더욱 균형 잡힌 신앙의 본질을 나눠주어야 하고 성숙한 신앙으로 세상 속에 드러날 수 있도록 도전해야 하는 것이다.

에필로그

균형과 우선순위

2015년 인구센서스의 종교 인구 통계는 한국 사회의 종교 지형의 변화를 단적으로 보여주고 있다. 이제 한국 사회도 무종교인이 증가하는 탈종교의 시대로 들어서고 있으며 종교에 소속되는 것과 종교성이 반드시 일치하는 사회에서 벗어나고 있다고 할 수 있을 것이다. 이렇게 한국의 종교 지형의 변화를 극명하게 나타내는 현상 중의 하나가 가나안 성도의 출현이다. 가나안 성도가 급속도로 증가하는 흐름 속에서 더 이상 가나안 성도의 출현을 무시하거나 외면할 수는 없는 상황이다. 그렇기에 가나안 성도에 대한 편견을 내려놓고 가나안 성도가 교회를 나갈 수밖에 없었던 이유들을 살펴보고 가나안 성도를 도울 수 있는 방안을 마련해 보고자 하였다.

가나안 성도들은 반드시 교회에 다니지 않는다고 하더라도 신앙을 유지하고 성장시킬 수 있다고 주장한다. 그러나 설문 조사의 결과에서 나타나듯이 가나안 성도가 교회 밖으로 나가 신앙을 유지한다는 것이 쉽지만은 않았다. 또한 기독교 신앙은 개인적인 측면만 있는 것이 아니라 공동체적인 측면과 사회적인 측면이 있다. 그렇기에 가나안 성도들이 임시적으로 교회 밖에서 신앙을 유지할 수 있더라도 공동체의 도움이 필요한 것이 현실이며, 결국에는 다시 공동체로 돌아와야 할 것이다.

그러나 가나안 성도들에게 먼저 교회로 돌아오라는 요구는 설득력도 부족하고 순서도 맞지 않는다. 가나안 성도들이 교회를 떠나는 원인을 살펴보면, 개인적인 이유로 교회를 떠나는 경우도 많지만 교회 내부의 문제도 크게 작용하고 있는 것이 사실이기 때문이다. 또한 교회 공동체의 건강은 공동체 구성원들의 건강과 밀접한 관련이 있기 때문에 교회가 본질을 회복하고 개혁하기 위한 노력이 먼저 필요할 것이다. 그리고 그러한 노력과 함께 가나안 성도들의 닫힌 마음을 열고 기독교의 본질적인 신앙을 발견하게 하기 위한 구체적인 사랑의 섬김이 필요할 것이다.

가나안 성도를 목회하고 있는 목사님과의 대화에서 목사님은 가나안 성도를 목회하면서 느끼는 어려움에 대해서도 나눠주셨다. 그것은 목사님께서 원초적인 복음과 기독교 사상을 나누려고 하면 가나안 성도들이 거부감을 보인다는 것이다. 물론 급진적인 가나안 성도의 경우라고 할 수 있지만 교회와 가나안 성도 사이에 보이지 않는 벽이 있다는 느낌을 지울 수 없었다. 가나안 성도를 위한 연구를 진행하면서 무엇보다 편견을 내려놓고 객관적인 시각에서 균형 있는 방향을 제시하기 위해 노력하였다.

나와 같이 평범한 한국 교회의 성도가 가나안 성도들이 교회 밖에서 신앙생활을 하겠다는 주장을 터무니없는 주장으로만 생각하지 말고 그들의 아픔과 고민을 보기 원했던 것이다. 또 한편으로는 가나안 성도들이 기존 교회에 대한 불신을 내려놓고 그들의 시각에서는 편협해 보이는 보수적인 신앙(예를 들면 교회로 반드시 돌아와야 한다는 주장과 같은)을 고집하는 이유를 고민해 볼 수 있었으면 좋겠다는 생각을 했다.

그리고 우선순위를 설정하기를 바랐던 것이다. 인간은 연약함은 어느 쪽으로든 치우치게 되어 있기 때문이다. 보수적인 신앙을 견지하려다가 나와 조금은 다른 생각을 가진 사람들을 포용할 수 없는 편협함에 빠지든지, 아니면 그 편협함을 비판하다가 보수적인 신앙의 진리까지도 놓치게 되는 것이다. 그렇기에 여전히 보수적인 입장을 우선순위에 놓으며 가나안 성도들을 포용할 수 있는 방법을 찾으려 했던 것이다. 기독교 2000년의 역사에서 보이는 교회를 강조하고 그 안에서 십자가의 복음을 강조하며 영혼 구원에 매진했던 이유들이 분명히 있기 때문이다.

부족한 연구를 마무리하면서 그 연구에 대한 반응이 궁금해진다. 나 나름대로는 균형을 맞추고 우선순위를 정하기 위해 노력했지만, 보수적인 기독교인들과 가나안 성도 모두에게 불만족스러운 결론일 수도 있다는 생각이 들었기 때문이다. 그러나 이 연구는 먼저 한국 교회를 향해 던지는 이야기이다. 나와 같은 선입견을 가지고 있는 보수적인 신앙인들에게 가나안 성도를 천하보다 귀한 한 영혼으로 먼저 바라볼 수 있기를 부탁하는 것이다. 만약 가나안 성도들이 예수 그리스도께서 목숨을 버리시면서 구하고자 했던 한 영혼이라는 사실을 기억할 수만 있다면 가나안 성도들과의 대립을 멈추고 진정으로 그들이 살릴 수 있는 방법들을 찾아낼 수 있을 것이라고 생각했기 때문이다.

그러나 두 번째 이야기는 가나안 성도들에게 들려 줄 수 있는 이야기를 써 볼 수 있기를 바란다. 가나안 성도들이 진정한 기독교의 진리들을 발견하고 신앙이 성장하면서 세상 속에서 영향력을 끼쳐 나가는 이야기를 들려 줄 수 있기를 바라는 것이다. 이 글은 가나안 성도에 대한 기초적인 연구에 지나지 않기 때문에 가나안 성도에 관심 있는 더 능력 있는 연구자들이 가나안 성도들과 씨름하면서 그 이야기를 계속해서 펼쳐 나갈 수 있기를 진심으로 바란다.

[설문지]

기독교(교회)에 관한
종교의식에 관한 설문

[설문지]

기독교(교회)에 대한 종교의식에 관한 설문

안녕하세요?

저는 서울신학대학원에서 '실천신학(전도학)'에 관한 박사학위 논문을 준비하고 있습니다. 아래의 설문은 20세 이상의 성인남녀를 대상으로 기독교(교회)에 대한 의견과 특별히 기독교의 구원에 대해 어떻게 생각하고 계신지에 관한 내용을 담고 있습니다. 본 조사는 통계법 33조(비밀의 보호)에 의거하여 응답해 주신 세부 조사결과는 통계 목적 이외에는 절대 다른 용도로 사용하지 않을 것을 약속드립니다. 바쁘시더라도 잠시만 시간을 내어 조사에 응답해 주시면 대단히 감사하겠습니다.

사전질문 1. 귀하의 나이는 만으로 어떻게 됩니까?

① 10대 => 설문종료 ② 20대 ③ 30대

④ 40대 ⑤ 50대 ⑥ 60대 ⑦ 70대 이상

사전질문 2. 현재 귀하의 종교는 무엇입니까?

① 기독교(교회) ② 가톨릭(성당) => 설문종료

③ 불교 => 설문종료 ④ 기타 => 설문종료

⑤ 없다 => 설문종료

사전질문 3. 현재 교회를 다니고 있습니까?

① 예 => 설문종료 ② 아니오(가끔 나간다)

1. 과거 교회를 다닌 기간은 얼마나 되십니까?

① 1년 미만 ② 1-4년 ③ 5-9년

④ 10-14년 ⑤ 15-19년 ⑥ 20년 이상

2. 교회를 떠난 지는 얼마나 되셨습니까?

① 1년 미만 ② 1-2년 ③ 3-5년

④ 6-9년 ⑤ 10-15년 ⑥ 15년 이상

3. 교회를 떠난 시기는 언제 입니까?

① 고등학교 이전 ② 고등학교 졸업 후 20대 ③ 30대

④ 40대 ⑤ 50대 ⑥ 60대 이후

4. 귀하는 교회를 떠나는 문제로 얼마동안 고민하였습니까?

① 한 달 이내 ② 2-5개월 ③ 6-11개월

④ 1년 이상 ⑤ 별로 고민하지 않았다

5. 교회를 떠나는 문제로 고민하고 있었을 때 누구와 상담을 하였습니까? 모두 선택해 주십시오.

① 담임 목회자 ② 부교역자 ③ 교회 내 지인(교우)

④ 가족 ⑤ 교회 밖 지인 ⑥ 없었다 ⑦ 기타:

6. 교회를 떠나게 된 결정적인 이유가 무엇입니까? 가장 큰 이유 2가지만 선택해 주십시오.

① 교회의 시스템이나 프로그램에 대한 불만

② 목회자의 인격이나 설교에 대한 불만

③ 교인들 간의 간섭이나 갈등

④ 신앙에 대한 회의

⑤ 자유로운 신앙생활을 원해서

⑥ 교회 내의 문제와 분열

⑦ 개인적인 사정 때문에

⑧ 기타:

7. 귀하가 교회를 떠나는 일에 있어서 다음 항목은 어느 정도의 영향을 끼쳤나요? 1-7번까지 우선순위를 정해주세요.

문 항	우선순위
① 전도와 선교를 강요하는 분위기(구원의 확신 강요)	
② 종교적 욕구(경험)를 충족하지 못해서	
③ 지나친 봉사와 훈련의 강요	
④ 강압적이고 일방적인 의사소통	
⑤ 개인의 삶과 신앙에 대한 지나친 간섭	
⑥ 교회 내의 권위주의적이고 비민주적인 분위기	
⑦ 교회 밖의 세상에 대해 지나치게 배타적이고 무관심한 태도	

8. 교회를 떠난 이후 다시 교회로 돌아오라는 권유를 받은 적이 있습니까?

① 1-2번 ② 3-4번 ③ 5-6번 ④ 7번 이상 ⑤ 없다 => 12번으로 이동

9. 교회를 다시 나오라고 권유한 사람들은 누구입니까? 모두 선택해 주십시오.

① 가족이나 친척 ② 친구나 직장 동료

③ 교회 교인들 ④ 목사나 전도사 ⑤ 기타:

10. 교회를 다시 나오라는 권유는 주로 어떤 내용이었습니까? 모두 선택해 주십시오.

① 복음의 내용을 전해주었다

② 믿는다면 반드시 교회를 나가야 한다고 설득하였다

③ 자신의 교회와 목사님이 좋다고 설득하였다

④ 신앙적 고민에 대해 함께 나누었다

⑤ 자신의 경험을 나누어 주었다

⑥ 기타:

11. 귀하가 교회로 다시 나오라는 권유를 받았을 때 어떤 생각이 들었습니까?

① 권유자의 말에 전적으로 동감이 되었다

② 권유자의 말이 설득력은 있지만 크게 와 닿지는 않았다

③ 천편일률적인 권유 내용이 마음에 와 닿지 않았다

④ 나와 상관없는 일방적인 권유가 부담스러웠다

⑤ 기타:

12. 현재 귀하는 다시 교회를 나가고 싶은 마음이 있습니까?

① 가능한 한 빨리 다시 교회에 나가고 싶다

② 당장은 아니지만 언젠가 다시 교회에 나가고 싶다

③ 교회에 다시 나가고 싶지는 않지만 교회를 나가지 않는 것이 불편/불안하다

④ 교회를 다시 나가고 싶지도 않고 그것 때문에 마음이 불편하지도 않다

13. 현재 교회를 나가지 않는 가장 큰 이유는 무엇입니까?

① 시간이 없고 바빠서

② 자신에게 맞는 교회를 찾지 못해서

③ 신앙에 대한 고민이 해결되지 않아서

④ 교회에 나갈 필요성을 느끼지 못해서

⑤ 교회에 나가지 않아도 종교적(영적)인 삶을 유지할 수 있어서

⑥ 기타:

14. 만약 귀하가 다시 교회에 나간다고 한다면 다음의 요소들은 얼마나 중요하게 작용될까요? 1-7번까지 우선순위를 정해주세요.

항목	우선순위
① 교회의 크기와 시스템	
② 목회자와 인격과 설교	
③ 성경적인 가르침과 기독교 본질에 대한 헌신	
④ 교회 구성원들의 분위기와 신앙 성숙도	
⑤ 민주적이고 자유로운 의사소통	
⑥ 신앙생활과 일반생활과의 조화	
⑦ 지역사회에 대한 섬김과 봉사	

15. 만약 귀하가 교회에 다시 나가게 된다면 교회생활을 통해 얻고자 하는 것이 무엇입니까? 모두 선택해 주십시오.

① 구원의 확신(죽음 이후의 삶) ② 삶의 의미와 목적 발견

③ 성도들과의 교제 ④ 신앙의 성장

⑤ 마음의 평안과 문제 해결 ⑥ 종교적(영적)인 체험

⑦ 기타:

16. 교회를 떠나기 전 귀하는 구원의 확신이 있었습니까?

① 분명히 있었다 ② 뚜렷하지 않다 ③ 없었다

17. 현재도 귀하는 구원의 확신이 있습니까?

① 분명히 있었다 ② 뚜렷하지 않다 ③ 없었다

18. 교회에서 말하는 구원이란 무엇이라고 생각하십니까? 모두 선택해 주십시오.

① 예수 믿는 것 ② 죄를 용서 받고 천국 가는 것

③ 삶의 문제를 해결 받는 것 ④ 영적인 체험을 얻는 것

⑤ 잘 모르겠다 ⑥ 기타:

19. 현재 교회에 다니지는 않지만 기독교 신앙 모임에 참여할 생각이 있습니까?

① 성경 공부나 말씀 묵상 모임

② 부흥 집회 또는 신앙수련회

③ 선교 단체의 모임(C.C.C, 예수전도단 등)

④ 교회는 아니지만 일요일에 모이는 신앙 모임

⑤ 비슷한 생각을 가진 사람들의 신앙 모임

⑥ 편안하고 자유로운 신앙 모임

⑦ 모임에 참여할 생각이 없다

⑧ 기타:

20. 현재 귀하는 다음 항목 중 어느 것에 해당되십니까?

① 기독교에만 구원이 있다고 믿는 기독교인이다

② 기독교인이지만 다른 종교에도 구원이 있을 수 있다고 생각한다

③ 하나님의 존재를 인정하지만 기독교인은 아니다

④ 하나님의 존재를 인정하지 않는다

21. 귀하는 다음의 사항들을 어떻게 생각하는지 ○ 해 주십시오.

항 목	매우	조금	그저 그렇다	별로	전혀
① 점이나 타로와 같은 것들이 도움이 될 때가 있다	5	4	3	2	1
② 기독교 신앙이 있다고 반드시 교회 다닐 필요는 없다	5	4	3	2	1
③ 죽음 이후가 아니라 현재의 삶이 더 중요하다	5	4	3	2	1
④ 교회를 다닐 때 신앙을 강요받는다는 느낌을 받았다	5	4	3	2	1
⑤ 윤회 사상(전생)을 믿는다	5	4	3	2	1
⑥ 교회는 너무 독선적이고 폐쇄적이다	5	4	3	2	1

※ 통계 처리를 위한 질문입니다. 다음 사항에 대하여 답해 주십시오.

22. 귀하의 성별은 어떻게 됩니까?

① 남 ② 여

23. 귀하의 학력은 어떻게 됩니까?

① 중학교 졸업 또는 이하 ② 고등학교 졸업 ③ 대학교 졸업 이상

24. 귀하의 직업은 무엇입니까?

① 자영업/생산직/서비스직 ② 사무직/관리직/전문직 ③ 학생

④ 전업주부 ⑤ 기타:

25. 귀하 가정의 월수입은 어느 정도입니까?

① 200만원 미만 ② 200~400만원 미만 ③ 400만원 이상

④ 전업주부

26. 현재 귀하가 살고 계신 지역은 어디입니까?

① 서울 ② 인천/ 경기도 ③ 강원/충청

④ 전라도 ⑤ 경상도

설문에 응해주셔서 대단히 감사합니다.

참고문헌

강성도. 『종교다원주의와 구원』. 서울: 대한기독교서회, 1997.
교회성장연구소 편. 『불신자들이 호감 가는 교회: 한국교회 불신자 전도전략에 대한 연구』. 서울: 교회성장연구소, 2005.
권오문. 『종교의 미래를 말한다』. 서울: 생각하는 백성, 2015.
김두식. 『교회 속의 세상 세상 속의 교회』. 서울: 홍성사, 2010.
김도훈. "이머징 교회의 교회론에 대한 연구," 「장신논단」 36 (2009): 9-40.
김선일. 『전도의 유산: 오래된 복음의 미래』. 서울: SFC 출판부, 2015.
______. "선교적 교회론의 복음주의적 수용연구: 실천신학적 관점에서," 「복음과 실천신학」 36 (2015): 147-183.
______. "21세기 한국의 상황에서 이머징 교회의 선교적 가능성," 「복음과 선교」 14 (2011): 95-123.
______. "전도적 관점에서의 회심 이해," 「신학과 실천」 52 (2016): 653-679.
김한옥. "메타교회(Meta Church)에서 목회자의 역할 모델," 「신학과 실천」 30 (2012): 7-30.
______. "전인적 영성훈련이 가능한 목회구조로의 전환에 대하여," 「신학과 선교」 37 (2010): 263-291.
김현준. "'교회 밖' 신앙모임의 종교적 기능: 한국 개신교 포스트-복음주의 탄생과 성격에 관한 시론," 「현상과 인식」 41 (2017): 167-189.
목창균. 『현대 복음주의』. 서울: 황금부엉이, 2005.
박성원, 권수영. "'가나안 성도'들의 탈(脫) 교회에서의 신앙경험에 대한 연구," 「한국기독교상담학회지」 28 (2017): 69-106.
박종원. "한국 가나안 성도 출현과 이해를 통한 변증학적 고찰: 교회론을 중심으로," 「복음과 선교」 34 (2016): 51-91.
박찬용. "청년 신자의 탈교회화 과정연구: 한국 개신교 사례 분석," 석사학위논문, 서강대학교 대학원, 2016.
성해영. "'무종교의 종교(Religion of no Feligion)' 개념과 새로운 종교성: 세속적 신비주의와 심층심리학의 만남을 중심으로," 「종교와 문학」 32 (2017): 1-28.
송재룡. "종교 세속화론의 한계: 탈세속화 테제의 등장과 관련하여," 「사회와 이론」 7 (2005): 121-150.
안환균. 『변증의 달인』. 서울: 생명의 말씀사, 2005.
양희송. 『가나안 성도, 교회 밖 신앙』. 서울: 포이에마, 2014.
______. 『다시, 프로테스탄트』. 서울: 복 있는 사람, 2012.
이상화. 『2028 한국교회 출구전략: 교계전문가 65인이 내놓은 한국교회 미래 전망』. 서울: 브니엘, 2017.
이원규. 『한국교회의 사회학』. 서울: 북코리아, 2018.
______. 『인간과 종교』. 서울: 나남출판, 2006.
임영빈, 정재영. "한국 무종교인에 관한 연구: 무종교인과 탈종교인의 분화를 중심으로," 「종교 연구」 77 (2017): 65-93.

장일권. 『복음전도의 새로운 관점에서 본 하나님 나라의 회복』. 서울: 퀘쉐트 전문 전도인 훈련원, 2010.

정재영. "인구센서스에 나타난 종교 인구 변동의 의미: 한국의 종교 상황, 이렇게 변하고 있다," '개신교는 과연 약진했는가?' 특별 포럼, 청어람 ARMC, 학원복음화 협의회, 한국교회탐구센터, 2017년 1월 5일.

______. 『교회 안 나가는 그리스도인: 가나안 성도를 어떻게 이해할 것인가』. 서울: IVP, 2015.

______. "종교 세속화의 한 측면으로서 소속 없는 신앙인들에 대한 연구,"「신학과 실천」 39 (2014): 575-606.

______. "'소속 없는 신앙인'에 대한 연구,"「현상과 인식」 37 (2013): 85-108.

______. 『한국교회의 종교사회학적 이해』. 서울: 열린출판사, 2012.

______. 『한국교회, 10년의 미래』. 서울: SFC 출판부, 2012.

조기연. "이머징 워십의 예배학적 이해,"「신학과 실천」 20(2009): 43-70.

조성돈. 『한국 교회를 그리다』. 서울: CLC, 2016.

조해룡. 『하나님, 교회 그리고 세상: 선교적 교회론의 실천방안과 대안』. 서울: 도서출판 소망, 2013.

중앙일보 중앙SUNDAY 미래 탐사팀. 『10년 후 세상: 개인과 삶과 사회를 바꿀 33가지 미래상』. 서울: 청림, 2012.

지용근. "종교 인구 조사결과, 신뢰할 만한가?,"'개신교는 과연 약진했는가?' 특별 포럼 , 청어람 ARMC, 학원복음화협의회, 한국교회탐구센터, 2017년 1월 5일.

______. "한국 개신교인의 교회 선택과 교회 생활에 대한 여론조사 결과보고서,"평신도의 교회 선택과 교회 생활 만족도에 대한 조사 연구 세미나, 21세기 교회연구소, 한국교회탐구센터, 2016년 11월 25일.

채병관. "한국의 '가나안 성도'와 영국의 '소속 없는 신앙인'에 대한 비교 연구,"「현상과 인식」 40(2016): 161-182.

______. "뒤르케임, 부르디외, 에르비외-레제의 관점으로 본 21세기 한국개신교회의 안과 밖,"「담론」 201(2016): 79-102.

최동규, 전석재, 박관희. 『미래세대의 전도와 목회』. 서울: 대한기독교서회, 2015.

최동규. "이머징 교회와 그것의 한국적 전개 가능성에 대한 비판적 고찰,"「신학과 실천」 32 (2012): 73-103.

______. "특집: 선교 2세기, 이머징 처치를 주목하라; 이머징 처치와 기독교대한성결교회의 미래,"「활천」 641. 4 (2007): 38-45.

최현서. 『현대전도학: 전도의 원리와 방법 & 훈련과 전략』. 대전: 침례신학대학교출판부, 2009.

최현종. 『오늘의 사회, 오늘의 종교』. 서울 : 다산출판사, 2017.

______. "제도화된 영성과 한국 종교 지형의 변화: 가톨릭과 개신교를 중심으로,"「종교와 문화」 22 (2012): 137-156.

______. 『한국종교인구변동에 관한 연구』. 부천: 서울신학대학교출판부, 2011.

하도균. “복음전도와 사회적 책임에 관한 연구: 존 웨슬리(John Wesley)의 사상을 중심으로,” 「선교신학」 51 (2018): 259-288.
______. “복음전도의 모형으로써 ‘사랑’에 관한 연구: 존 웨슬리(John Wesley)의 사상을 중심으로,” 「선교신학」 47 (2017): 343-378.
______. 『조선에서 시작된 전도행전』. 서울: 베드로서원, 2016.
______. 『십자가와 하나님 나라』. 서울: 소망, 2015.
______. 『전도바이블』. 서울: 예수전도단, 2014.
______. “세속화 시대의 효율적인 복음전도에 관한 연구”, 「신학과 실천」 41 (2014): 513-538.
______. “하나님 나라와 복음전도,” 「복음과 실천신학」 31 (2014): 133-162.
______. “교회 공동체성의 회복을 통한 효과적인 복음전도에 관한 연구.” 「신학과 실천」 36 (2013): 561-588.
하도균, 이경선. “다종교사회에서 복음주의 기독교의 전도전략: 세속화와 탈세속화 이론을 근거로,” 「신학과 실천」 56 (2017): 625-653.
한국기독교목회자협의회. 『한국 기독교 분석 리포트: 2018 한국인의 종교생활과 의식조사』. 서울: URD, 2018.
한국일. “한국적 상황에서 본 선교적 교회: 지역교회를 중심으로”, 「선교와 신학」 30(2012): 75-115.
한인철. 『종교다원주의의 유형』. 서울: 한국기독교연구소, 2000.
학원복음화협의회. 『청년 트렌드 리포트: 우리 시대 청년들은 무엇으로 사는가』. 서울: IVP, 2017.
호서신학대학교 편. 『교회란 무엇인가?』. 광주: 한국장로교출판사, 2005.
홍성철. 『전도학 개론』. 서울: 도서출판 세복, 2014.
______편. 『회심: 거듭남의 의미와 적용』. 서울: 도서출판 세복, 2003.
______편. 『전도학』. 서울: 도서출판 세복, 2006.
황병준. “이머징 교회 운동 패러다임에 관한 연구: 문화코드, 리더십, 셀 그룹, 전도개념을 중심으로,” 「신학과 실천」 38 (2014): 227-260.
홍병수, 황병준. “한국교회 전도 패러다임 변화에 관한 연구,”「복음과 실천신학」 37 (2015): 160-195.
Abraham, William J. “전도신학: 전도의 핵심,” 김남식 역. 『선교적 교회를 위한 복음전도 원리』. 서울: 도서출판 광림, 2016: 39-52.
__________. *The logic of evangelism*. Grand Rapids. Mich.: W.B. Eerdmans, 1989.
Barna, George. Kinnaman, David. 『처치리스』. 장택수 역. 서울: 터치북스, 2015.
Belcher, Jim. 『깊이 있는 교회 : 전통 교회와 이머징 교회를 뛰어넘는 제3의 길』. 전의우 역 . 서울: 포이에마, 2011.
Bellah, Robert N. *Beyond Belief*. New York: Harper & Row, 1970.
Berger, Peter L.『종교와 사회』. 이양규 역. 서울: 종로서적, 1982.
Broocks, Rice, 『신은 죽지 않았다=God's not dead: 불확실한 시대에 하나님에 대한 증거』, 김지수 역, 서울 : 횃셔북스, 2016.

Berkhof, Louis. 『조직신학 하(下)』. 권수경, 이상원 역 . 서울: 크리스챤 다이제스트, 1994.

Chaeyoon, Lim. MacGregor, Carol Ann. Robert D, Putnam. "Secular and Liminal: Discovering Heterogeneity among Religious Nones," 「*Journal for the Scientific Study of Religion*」 49 (4): 596-618.

Chester, Tim. Timmis, Steve. 『교회다움 : 교회를 교회답게 하는 두 가지 중심』. 김경아 역. 서울: IVP, 2012.

Choung, James. 『냅킨전도』. 이지혜 역. 서울: IVP, 2009.

Coleman, Robert. 『주님의 전도 계획』. 홍성철 역. 서울: 생명의 말씀사, 2005.

Crabb, Lawrence. 『영혼을 세우는 관계의 공동체』. 김명희 역. 서울: IVP, 2013.

Davie, Grace. *Religion in Britain since 1945: Believing without belonging.* Oxford: Oxford University Press, 1994.

Dempsey, Ron D. 『성경만큼이나 관심 있게 보아야 할 교회 밖 풍경』. 김순일 역. 서울: 요단, 2004.

Everts, Don, Schaupp, Doug. 『포스트모던 보이 교회로 돌아오다』. 장혜영 역 . 서울: 포이에마, 2008.

Fay, William, Shepherd, Linda Evans. 『두려움 없이 전하라』. 전의우 역. 서울: 국제제자훈련원, 2006.

Ford, Lance, Brisco, Brad. 『선교적 교회 탐구: "하나님의 선교"로 지속 가능한 교회 만들기』. 이후천, 황병배, 김신애 역 . 고양: 올리브나무, 2017.

Frost, Michael. Hirsch, Alan. 『새로운 교회가 온다: 문화 속에 역동하는 21세기 선교적 교회를 위한 상상력』. 서울: IVP, 2009.

Fuller, Robert C. *Spiritual, but not religious: understanding unchurched America.* New York: Oxford University Press, 2001.

Geisler, Norman & David. 『마음을 여는 전도 대화』. 김문수, 정미아 역. 서울: 순출판사, 2011.

Getz, Gene. 『서로 사랑하자: 성경적 복음전도의 모형』. 하도균 역. 서울: 세복, 2014.

Greear, J. D. 『담장을 넘는 크리스천』. 정성묵 역. 서울: 두란노, 2016.

Green, Michael. 『현대 전도학』. 박영호 역. 서울 : 기독교문서선교회, 1994.

______. *Evangelism through the local church.* Nashville: A Division of Thomas Nelson Pub. 1992.

Hiebert, Paul G. 『(인류학적 접근을 통한)선교현장의 문화이해』. 김영동, 안영권 역. 서울: 죠이선교회출판부, 1997.

Hirschman, Albert O. 『떠날 것인가, 남을 것인가』. 강명구 역. 서울: 도서출판 나무연필, 2016.

Hull, Hill. 『온전한 제자도: 제자도의 모든 것을 배우는』. 박규태 역. 서울: 국세세사훈련원, 2009.

Hunter III. George. 『켈트 전도법』. 황영배, 윤서태 역. 경기: 한국교회선교연구소.
Jones, Scott J. *The Evangelistic Love of God and Neighbor. San bernardino,* CA: Abingdon Press, 2014.
Keller, Timothy. 『센터 처치』. 오종향 역. 서울: 두란노서원, 2017.
Kung, Hans. 『교회란 무엇인가』. 이홍근 역. 서울: 분도출판사, 1978.
Kinnaman, David. 『청년들은 왜 교회를 떠나는가』. 이선숙 역. 서울: 국제제자훈련원, 2015.
Kreider, Alan. 『회심의 변질』. 박삼종, 신광은, 이성하, 전남식 역. 서울: 대장간, 2012.
Kuiper, R. B. 『하나님 중심의 복음 전도』. 신현광 역 . 서울: 대영사, 1988.
__________. 『전도신학』. 박수준 역. 서울: 소망사, 1980.
McGrath, Alister E. 『신학의 역사 : 교부시대부터 현대까지 기독교 사상의 흐름』. 소기천, 이달, 임건, 최춘혁 역. 서울: 지와 사랑, 2013.
______________. 『기독교 변증 : 구도자들의 회의자들이 진리를 찾도록 어떻게 도울 것인가』. 전의우 역. 서울: 국제제자훈련원, 2014.
Mercadante, Linda A. *Belief without Borders: Inside the Minds of the Spiritual but not Religious,* New York: Oxford University Press, 2014.
Metzger, Will. 『양보 없는 전도』 조계광 역. 서울: 생명의 말씀사, 2005.
Newman, Randy. 『전도, 예수님처럼 질문하라』. 윤종석 역. 서울: 두란노, 2013.
Newbigin, Lesslie. 『다원주의 사회에서의 복음』. 홍병룡 역. 서울: IVP, 2007.
______________. 『헬라인에게는 미련한 것이요』. 서울:IVP, 2005.
______________. 『오픈 시크릿』. 홍병룡 옮김. 서울: 복 있는 사람, 2012.
Peace, Richard V. 『신약이 말하는 회심 : 바울과 열두 제자들의 회심』. 김태곤 역. 서울: 좋은 씨앗, 2001.
Rainer, Thom S. 『우리가 교회 안 가는 이유』. 이혜림 역. 서울: 예수전도단, 2007.
___________. 『불신자를 교회로 이끄는 신선한 전도혁신』. 가진수 역. 서울: 베다니출판사, 2003.
Richardson, Rick. 『스타벅스 세대를 위한 전도』. 노종문 옮김. 서울: IVP, 2008.
Smith, Gordon T. 『온전한 회심 : 그 7가지 얼굴』. 임종원 역. 서울: CUP, 2012.
Snyder, Howard. 『하나님의 나라와 오늘의 도전』. 탁영철 역. 서울: 기독지혜사, 1991.
_____________. *The Radical Wesley & Patterns for Church Renewal, Downers Grove,* IL: Inter Varsity Press, 1980.
Stark, Rodney and William Sims Bainbridge. *The Future of Religion: Secularization, revival and cult formation,* Berkeley: University of California Press, 1985.
Sweet, Leonard. 『넛지 전도』. 유정희 역. 서울: 두란노, 2014.
Thompson, W. Oscar. King, Claude V. 『관계중심전도: 미처 알지 못했던 전도의 비밀』. 이혜림 역. 서울: 생명의 말씀사, 2009.
Tomlinson, Dave. 『불량 크리스천』. 이태훈 역. 서울: 포이에마, 2015.
Van Gelder, Craig, Zscheile, Dwight J. 『선교적 교회론의 동향과 발전』. 최동규 역.

서울, CLC, 2015.
Volf, Miroslav. 『광장에 선 기독교』. 김명윤 역. 서울: IVP, 2014.
White, James Emery. 『종교 없음』. 김일우 역. 서울: 베가북스, 2014.
Wright, Christopher J. H. 『하나님 백성의 선교』. 한화룡 역. 서울: 한국기독학생회 출판부, 2012.
Zuckerman, Phil. 『신 없는 사회』. 김승욱 역. 서울: 마음산책, 2012.
_________. *Faith No More: Why People Reject Religion*. Oxford University Press, 2012.

인터넷 사이트

KOSIS 국가통계포털. http://kosis.kr/.
청어람ARMC. http://ichungeoram.com/cat/secular-saints.